삶의 힘을 키우는
오디세이학교

삶의 힘을 키우는
오디세이학교

길을 찾는 열일곱 살을 위한
인생학교 이야기

정병오 · 김경옥 편저

삶의 힘을 키우는 오디세이학교

아이들에게 생기를 되찾아줍시다

오디세이학교가 첫 항해를 시작한 지도 5년의 시간이 흘렀습니다.

2014년 7월 교육감 취임 이후, 저는 여러 현장에서 고등학생과 만나 그들의 목소리를 들을 수 있었습니다. "학업 일정 따라가기도 버거워 공부 말고 다른 꿈은 꿀 수조차 없어요.", "하고 싶은 것을 해보면서 숨을 쉴 수 있으면 좋겠어요." 학생들의 이런 간절한 이야기를 듣고 떠오른 생각이 "방황의 학교를 만들어보자"는 것이었고, 이것이 오디세이학교를 탄생시킨 작은 씨앗이 되었습니다.

우리나라 중등교육, 특히 치열한 대입경쟁을 목전에 둔 고등학교는 경쟁의 틀 위에 세워져 있습니다. 내신 등수와 수능 점수가 곧 자신의 가치인 양 평가되는 구조는 우리 아이들에게 크나큰 상처를 주고 있습니다. 경쟁에 밀린 학생들은 물론 앞선 학생들도 '언제 뒤처질지 모른다'는 불안감에 시달립니다. 스스로를 돌아보고 또 세상을 폭넓게 볼 수 있는 기회를 갖지 못한 채 아이들은 앞만 보고 달리거나 일찌감치 포기하곤 합니다. 상처를 입는 사람은 선생님들도 예외가 아닙니다. 많은 교사들이 입시제도라는 장벽 앞에서 교육의 열의를 잃고 무력감에 빠져 있습니다.

물론 당장 입시 구조를 바꿀 순 없겠지요. 하지만 적어도 아이들에게 내면의 힘을 길러줄 수 있는 방법을 찾아야겠다고 생각했습니다. 견고한 경쟁 교육 틀에 작은 틈을 내고 그 틈을 통해 공교육의 새로운 희망 모델을 제시해야겠다고 다짐했습니다.

이런 고민들이 모여 2015년에 출발한 것이 바로 오디세이학교였습니다. 일반고등학교 1학년 학생이 본교에 적을 두고 일 년 동안 다양한 대안교육 과정을 통해 자기 자신을 돌아보고 새로운 배움의 길을 모색하는 곳입니다. 이 과정을 마친 학생들은 이듬해 원적 학교로 복교합니다. 오디세이학교 생활을 마무리하는 자리에서 본 아이들의 모습은 생기로 가득했고 배움의 열정이 느껴졌습니다. 그 1년이 단순히 '쉼'의 시간이 아니라 보다 치열한 '성장'의 시간이었음을 확신할 수 있었습니다.

오디세이학교는 일반고 학생들에게 자신을 돌아보고 세상을 바라보는 시야를 넓혀 주었다는 점 이외에도, 공교육과 대안교육이 협력해 새로운 교육의 물꼬를 튼 점에서 큰 성취가 있었습니다. 민관이 상호신뢰를 바탕으로 장단점을 보완하여 이른바 '민관협치'의 좋은 모델을 만들어냈습니다. 이러한 성취는 지난 20여 년간 대안교육의 주체들이 쌓아온 교육적 역량에 대한 신뢰가 있었기에 가능했습니다. 여러 대안학교들이 함께하지 않았다면 오디세이학교라는 그림은 감히 상상하기 힘들었을 것입니다. 지난 5년 동안 현장에서 묵묵히 애써주신 선생님들께 다시 한 번 감사의 말씀을 드립니다.

최근, 다른 지역 교육청에서도 오디세이학교에 관심을 갖고 비슷한 시도를 하고 있습니다. 경남교육청에서 '창원자유학교'를 열었고, 충북교육청에서는 덴마크의 애프터스콜레를 모델로 한 기숙형 학교를 준비하고 있으며, 전북, 강원 지역에서도 관심을 보이고 있습니다. 오디세이학교가 좀 더 널리 알려져서 더 많은 학생들이 자기 길을 찾는 데 도움을 받을 수 있기를 바랍니다.

지난 5년간의 오디세이학교를 되돌아보는 시간은 앞으로의 오디세이학교를 새롭게 설계하는 시간이기도 합니다. 멈추어 있지 않고 항상 새로운 내일을 꿈꾸는 오디세이학교, 그 안에서 우리 아이들이 만들어갈 소중한 꿈과 도전을 응원합니다.

2019년 10월
서울시교육감 조희연

차례

아이들과 함께 성장하기

공교육과 대안교육이 만나다

1부

일 년의 모험을 마치고

청소년거리축제에서 외북 공연 중 _ ⓒ 오디세이꿈틀

생기로 반짝거린 나날들

조규원
오디세이꿈틀 1기. 명지전문대학 청소년교육복지과 2학년에 재학 중이다.
음악과 마라탕, 언니와의 대화를 좋아하는 평범한 대학생이다.

학교 가기 싫어

나는 중학교 때부터 학교 가기를 싫어했다. 중학교에는 '내신'
이라는 게 있어서, 반 분위기가 초등학교와는 전혀 달랐다. 아이
들은 은근히 서로를 경쟁자로 의식하기 시작했고, 성적이 안 좋
은 아이들은 다른 친구와 자신을 비교하며 좌절하거나 포기했다.
성적이 좋은 애들은 선망의 대상이 됐지만 불안해하기는 마찬가
지였다.

일기 쓰기와 독후감 대신 노트 필기와 시험기간이라는 게 생겼
다. 그리고 나는 학원에 다니게 되었다. 왜 공부를 해야 하는지도
이해하지 못한 채 학교 쉬는 시간에는 학원숙제 하고, 학원 쉬는

시간에는 학교숙제를 해야만 집에 가서 잘 수 있었다. 밤 10시가 넘어 집에 들어갈 때면 너무 피곤하고 우울했다. 나는 점점 삶의 모든 것들에 무감각해져 갔다. 학교에서 하는 심리검사에 지나치게 솔직하게 체크했던 나는 자살위험군으로 분류되는 바람에 학교 상담실에서 개인상담을 받아야 했고, 그 사실을 담임선생님으로부터 전해 들은 엄마는 나한테 자살을 하지 않겠다는 약속을 받아내기도 했다.

그나마 인생에 낙이 있다면 엄마의 권유로 듣게 된 청소년 인문학 강의와 책, 음악이었다. 인문학 강의를 들으면 내가 왜 공부를 해야 하는지 생각해볼 수 있었고 시야가 넓어지고 똑똑해지는 것 같아서 좋았다. 가장 즐거웠던 것은 나를 둘러싼 사회와 철학에 대해 배울 때였다. 당시의 나는 세상과 사람들을 이해할 수 없었고, 그랬기 때문에 더 이해하고 싶었던 것 같다.

그때 읽었던 책 중에 하나가 이반 일리치의 『탈학교 사회』였다. '학교가 없는 세상'이라니, 너무 좋을 것 같아서 그 책에 빠져들었다. 결국 그 사회에서도 공부는 해야 했지만 학교에서 공부하는 것보다는 확실히 나아 보였다. 또 내가 가장 좋아했던 철학자는 푸코였다. 지금도 물론 좋아하지만 그때 내가 왜 푸코를 유독 좋아했는지 생각해보면 그때의 나에게는 온 세상이 하나의 거대한 감옥처럼 느껴졌었기 때문이 아닐까 싶다.

인문학 강의에서 푸코에 대한 이야기를 듣는 것만으로도 흥미가 생겨 도서관에서 『광기의 역사』를 빌려 읽다가 그걸 본 선생님께서 『감시와 처벌』을 선물해주시기도 했다. 어쨌든 거의 매주 책을 읽고 강의를 듣고 글쓰기를 해야 했는데, 처음에는 글쓰기를 정말 싫어했다. 그런데 시간이 지날수록 어떤 주제에 몰입해서 내 생각을 멋진 문장으로 표현해내는 데 욕심과 흥미가 생겼다. 글을 쓸 때 정말 몰입해서 쓰는 스타일이라 글을 완성하고 나면 긴장이 풀리면서 온몸에 힘이 빠지고 그런데도 뭔가 짜릿하고 보람이 있었다. 그 느낌에 중독된 나는 글쓰기에 익숙해져 칭찬을 들을 때쯤에는 작가가 되어야겠다고 생각했다.

하지만 꿈이 생겨도 여전히 학교는 가기 싫었다. 인문학 강의에 나오는 아이들은 대부분 대안학교를 다니거나 홈스쿨링을 하고 있었고, 나는 학교와 입시제도를 비판하는 책을 읽으면서도 여전히 학교를 다녀야 했다. 글과 삶이 너무 달라서 그렇게 살 수밖에 없는 나 자신과 주변 상황이 너무 싫었다.

그래도 주위 어른들의 권유로 사립 여자고등학교를 가게 되었다. 미션스쿨이었는데, 공부를 엄청 시키고 규제도 심한 학교였다. 여자중학교를 다녔던 나는 우리 집에서 5분 거리인 공립 남녀 공학 고등학교에 가고 싶었지만 그 학교 언니오빠들이 동네에서 담배를 많이 피고 오토바이를 타고 다녀서 평판이 별로 안 좋다 보니 나에게는 선택권이 없었다. 고등학교에 들어간 나는 거의 매일 집에 와서 학교 그만두고 싶다고 울었다. 그나마 중학교 때까지는 상위권이었던 성적도 떨어지기 시작했고 주변에 친구도 없고, 꿈도 없어졌다.

엄마는 학교를 다니며 점점 생기를 잃어가는 나를 보고 오디세이학교라는 곳이 있는데 한번 지원해보겠냐고 했다. 그날부터 나는 오디세이학교를 다니기 위해 학교생활을 버텼다. 내가 오디세이학교를 가야겠다고 생각했던 이유는 내가 왜 배워야 하는지 납득할 수 있고, 배움의 기쁨을 느낄 수 있으며, 친구들과 성적 걱정 없이 놀 수 있는 그런 학교를 다니고 싶었기 때문이다. 미래에 행복하기 위해서 현재를 견디는 게 아니라 지금 당장 행복하게 살고 싶었다.

사실 오디세이학교에 가겠다고 하면 할머니, 할아버지, 아빠가 다 반대할 게 뻔했기 때문에 합격할 때까지 엄마 이외의 주변 어른들에게는 비밀로 했다. 지금 생각해보면 내가 그런 짓을 할 수 있었다는 게 놀랍고 웃기다. 얼마나 학교가 다니기 싫었으면 싶기도 하다. 어쨌든 1학년이 되고 2~3개월이 지난 뒤 5월 말쯤부터 오디세이학교를 다닐 수 있게 되었다.(첫해여서 1학기가 늦게 시작되었다._엮은이 주)

오디세이학교 면접을 보고 담임선생님께 말씀드렸을 때 별다른 반대는 하지 않으셨다. 내가 학교생활을 힘들어한다는 것을 알고 계셨기 때문일 것이다. 다만 고등학교 1학년이라는 중요한 시기에 입시공부와 먼 학교를 가는 것과 복교 후에 대한 걱정을 하셨던 것 같다. 오디세이학교에 간다는 사실을 주위 어른들께 알렸을 때는 다들 생각보다 담담하게 받아들여 약간 놀랐다. 어렸을 때부터 고집이 셌기 때문에 말을 해도 결국 내 마음대로 할 거라고 생각하셨던 것 같기도 하고, 내가 비밀로 하면서까지 이렇게 뭔가를 하려고 했던 적이 처음이라서 그런 것 같기도 하다. 그래도 똑부러지는 애니까 자기가 잘 판단해서 하겠지 하셨지만 나중에는 걱정이 되는지 학교 가면 뭐 하냐고 이것저것 캐물으시기도 했다. 그래도 시작은 내 예상보다 순조로웠던 것 같다.

생기를 되찾다

오디세이학교 생활을 한 단어로 표현하라고 한다면 '도전'이라고 말할 것이다. 정말 모든 것이 도전이었다. 우선 고등학교에 입학한 이후로 친구가 없었던 내게는 다른 친구들에게 먼저 말을 걸고, 웃고, 친하게 지내는 것 자체가 도전이었다. 다른 친구들이나 선생님들은 그런 내 모습을 보면서 외향적이고 밝은 친구로구나 했을지도 모르지만, 사실 너무 힘들어 집에 가는 버스에서 울면서, '대인기피증이 아닐까' 생각하기도 했다. 지금 생각해보면 이전에는 내 인생에서 오디세이학교를 다니면서 만났던 친구들만큼 소중한 친구가 없었기 때문인 것 같다. 친구들과 잘 지내고 싶다 보니 관계에서도 솔직하기보다는 언제나 모범답안을 찾으려고만 했던 것이다.

그 외에도 밴드, 합창, 연극, 여행기획, 인턴십, 향제품(방향제, 향수, 양초 등) 만들기, 영화를 선정해 애들 앞에서 수업하기, 랩,

외북 등 처음 해보는 것, 예전에 해봤지만 이렇게 재미있는지 몰랐던 것들이 너무 많았다. 물론 처음에는 힘들고 '이런 걸 왜 해야 하지?' 싶었다. 공부 말고는 할 줄 아는 게 없었던 내가 새로운 것들에 도전하면서 막막함과 걱정을 느낀 것은 어쩌면 당연한 일이었다. 재미없고 귀찮을 거라고 생각했던 것들도 실제로 해보니 재미있고 보람 있었다. 그리고 그런 경험들이 쌓이면서 '나도 하면 되는구나'라는 생각이 들자, 더 이상 새로운 것이 무섭지 않게 되었다. 오디세이학교에서 가장 재미있었던 활동은 합창과 연극이었다. 잘하고 못하고를 떠나서 친구들과 다 같이 뭔가를 만들고 표현해내는 게 좋았고, 몰입과 하나되는 느낌, 무대에서의 짜릿함은 그전까지는 경험해보지 못한 것이었다. 그 경험 덕분에 복교 후에 연극부 오디션을 보기도 했다.

좋았던 것들이 많지만, 오디세이학교가 나에게 준 무엇보다도 소중한 것은 친구들과 함께한 추억이다. 아침에 일어나서 '오늘은 애들이랑 뭐하고 놀지?' 생각하면서 학교에 가고, 밤에는 '내일 애들이랑 뭐하고 놀지?' 하면서 잠들었던 것 같다. 나한테는 학교에서 배우는 것들이 놀이처럼 느껴져서인지, 예전에는 월요병을 달고 살았는데 오디세이학교를 다닐 때는 학교에 가는 게 부담되거나 싫었던 적이 한 번도 없었다. 내가 오디세이학교에 대한 글을 쓴다고 하니 엄마는 그때를 회상하며 "네 표정이 참 밝아졌지"라고 하셨다. 내가 생각해도 가장 큰 변화는 역시 표정이 밝아진 게 아닐까 싶다.

복학과 자퇴 그리고 진학

2학년으로 복교한 나는 꽤나 방황했던 것 같다. 여전히 학교수업을 따라가기가 어려웠고, 다른 친구들은 다들 작년에 같은 반이었던 친구들과 꽤 친해진 것 같았다. 그래도 하나 달라진 것이 있다면 그저 포기하고 체념했던 예전과는 달리 학교생활을 재미있게 해보려고 노력했다는 것이다. 1학년 학기 초에 들었던 문예창작 동아리가 인원 부족으로 없어지는 바람에 새로운 동아리에 들어가야 했다. 나는 두려움과 귀찮음을 극복하고 연극부 오디션을 봐서 합격했다. 스탭과 달리 배우는 은근히 경쟁률이 센데도 합격해서 기분이 좋았다. 또 독서와 토론을 할 수 있는 방과후 프로그램도 신청했다.

문제는 연극부에 제대로 된 활동이 없는 데다 학교 축제에서 공연할 수 있는 시간이 10분 남짓이라 10분도 안 되는 시간 동안 무대에 서기 위해 내부 오디션을 또 봐야 한다는 것이었다. 또한 독서와 토론을 하면서도 내가 원하는 삶과 현재 삶의 괴리만 느낄 뿐 달라지는 게 없었다. 게다가 당시 예술치료학과를 가고 싶었던 나는 학사과정에 예술치료학과가 별로 없어 지방대를 가야겠다고 엄마한테 말하자, 엄마가 지방대에 가는 건 별로 좋은 선택이 아닌 것 같다고 해서 반 포기 상태가 되어, 왜 학교를 다녀야 하는지 다시 고민하게 되었다. 결국 학교를 다니는 것이 현재 입시제도에서 수시전형의 폭이 넓어진다는 것 이상의 이유를 찾지 못한 나는 학교를 자퇴하게 되었다.

　물론 자퇴를 하는 건 무서웠다. 자퇴를 결심하게 된 시점은 폐렴에 걸려 입원했을 때다. 학교를 안 가니까 너무 행복해서 '차라리 병이 낫지 않았으면' 하고 바라는 자신을 보고 학교에 더 머무르는 건 나에게 조금도 도움이 되지 않는다는 결론을 내렸다. 그렇다고 자퇴 후의 계획이 서 있지는 않았다. 특히나 주위 어른들이 쉽게 허락할 만한 현실적이고 훌륭한 계획은 더더욱 없었다. 그 당시 나는 꿈도 목표도 없었고, 그냥 살고 싶었다. 주변 어른들께 학교를 그만두고 싶다고 말씀드렸고, 당연히 엄청 반대하실 거라고 생각했던 할머니, 할아버지도 복교 후 다시 생기가 없어진 나를 불쌍하게 여기셨던지 검정고시를 보는 조건으로 허락해 주셨다.

　학교를 나온 나는 오디세이학교 여름방학 특강에 갔다가 선생님의 권유로 참여하게 된 청소년 인문학 잡지 편집위원 일에 본격적으로 뛰어들었다. 회의하고, 글을 쓰고, 편집을 하고, 세미나를 하고, 영화제를 기획해서 운영하기도 하고, 여행도 가고, 송년회를 준비하고 사회를 보거나 강의 보조를 하는 등 다양한 활동들을 했다. 그리고 학교밖청소년자립교육센터 틔움에서 제빵이나 여행, 도서관 봉사활동, 검정고시 공부, 와플을 만들어 판매하는 아르바이트를 했다. 고1 때만큼은 아니지만 자유롭고 걱정 없던 시간이었다.

　그때만 해도 대학에 가야겠다는 생각이 없었다. 검정고시 준비도 고등학교 졸업 조건으로 자퇴 허락을 받았기 때문에 하는 거였다. 어쩌면 그 이후부터 대학입학까지는 정말 기적 같은 우연의 축복을 받은 걸지도 모른다.

대학을 준비하게 된 것은 지금 내가 하고 있는 활동과 관련된 학과에서 더 공부해보는 게 어떠냐는 엄마의 권유와 어떻게든 나를 대학에 보내려고 했던 할아버지, 할머니, 아빠의 닦달 때문이었다. 여전히 대학에 가야 하는 납득할 만한 이유를 찾지 못했던 나는 거의 공부를 안 한 상태로 수능을 봤고, 그래도 다행히 정시 지원에서 눈에 띄었던 '청소년교육복지과'에 들어갈 수 있었다. 이 학과를 선택한 건 내가 지금까지 해왔던 것들과 가장 관련이 있는 학과라고 생각했기 때문이다.

대학에 와서 느낀 것은 내가 전공을 잘 찾아왔다는 것이다. 입학 후 정말 바쁘게 일 년 반을 보냈다. 공부하랴, 대외활동 하랴, 알바 하랴 눈코 뜰 새 없이 바쁜 생활을 버틸 수 있었던 건 꿈이 있기 때문이다. 청소년 상담복지 분야 일을 하고 싶기 때문에 졸업 후 편입과 대학원 진학도 할 생각이다.

스물한 살이 된 지금도 인생에서 가장 행복했던 때가 언제냐고 물어보면 망설임 없이 오디세이학교를 다녔던 때라고 대답한다. 이 학과에 온 것도 내가 그때로 다시 돌아가고 싶기 때문이 아닐까 생각하기도 한다. 오디세이학교를 다니면서 나는 해보지 않은 일에 도전하는 자세와 자신감, 원하는 삶을 살기 위한 노력과 성취감을 배웠고, 내가 원하는 방식으로 어른이 될 수 있었다.

나는 청소년들이 세상의 자유롭고 흥미진진하고 아름다운 많은 것들을 경험하지 못한 채 어른이 되는 것을 볼 때 너무 안타깝다. 그렇기에 청소년들에게 인생에서 가장 행복한 시간이자 앞으로의 삶을 결정짓는 계기를 선물하고 싶다. 내게 오디세이학교가 그랬던 것처럼.

인생은 속도보다
방향이 중요하다

오디세이꿈틀 2기. 서울대학교 식품영양학과 1학년에 재학 중이다.
요리에 꾸준한 흥미를 갖고 식품 분야의 전문인을 목표로 공부하고 있다.
아직 명확한 꿈은 없기에 항상 넓게 배우려고 노력한다.

이 길이 맞을까

나는 평범한 중학생이었다. 공부든 운동이든 특출나게 잘하거나 흥미가 없었다. 하지만 예전부터 꿈이 많았다. 부품을 조립하고 로봇을 조종하기까지의 과정이 재미있어 로봇공학자를 꿈꾸기도 했고, 사람들 앞에서 화려하게 손재주를 부리는 마술사가 신기하고 멋있어서 마술사를 꿈꾸기도 했다. 그러다 중학교를 졸업할 무렵에는 요리사가 되고 싶어졌다. 먹는 것도, 요리하는 것도 좋아했다. 하지만 앞으로 어떻게 해나가야 할지 모른 채로 시간만 흘려보내는 것 같아 공허하고 불안했다. 이것이 내가 오디세이학교에 지원한 이유이다.

인생은 속도보다 방향이 중요하다 25

'삶의 의미와 방향을 찾는' 오디세이학교를 다니면서 내 꿈이 무엇인지 차근차근 생각해보고 온전히 나를 위해 일 년이라는 시간을 쓰고 싶었다. 오디세이학교 면접을 볼 때 받은 질문 중에 지금도 기억에 남는 게 하나 있다. "예전에 마술사라는 꿈을 가졌다가 포기했다고 하셨는데 지금의 요리사라는 꿈은 그것과 어떻게 다르다고 말할 수 있나요?"

요리사라는 꿈에 확신이 있다고 생각했던 나는 흔들렸다. 일단 맛있는 것을 먹으면 행복했다. 먹는 것을 좋아하기도 했고 요리에도 흥미가 있었다. 하지만 그때는 한창 스타 셰프들이 방송에 나오기 시작한 시기였고, 셰프들의 멋있는 모습만 보고 생긴 일시적인 흥미일지 모른다는 불안감이 생겼다. 분명 좋아하는 일이긴 하지만 요리사라는 꿈이 유행처럼 금방 사라질 수도 있겠다고 느꼈다. 면접에서 제대로 대답하지 못한 나는 오디세이학교에서 이 질문에 대한 답을 찾기로 결심했다.

오디세이학교는 굉장히 특별하고 충격이었다. 먼저, 주체가 되어 움직이지 않으면 힘든 활동들이 많았다. 선생님이 주도권을 잡고 수업을 이끌어 가는 일반학교와는 달리, 오디세이학교는 자치회의, 프로젝트 수업, 여행까지 학생들이 주체가 되어 계획하고 활동했다. 꿈을 찾겠다는 생각으로 지원한 인턴십 중점과정 또한 내가 주체적으로 꾸려가야 했다.

프로젝트 수업은 관심사가 비슷한 친구들이 모여 관련 활동을 하는 수업이다. 요리에 관심이 있는 친구들을 모아 활동을 기획하고 실행에 옮기는 것까지, 학생들이 직접 이끌어가는 '살아 있는 수업'이었다. 1학기에는 '더불어 삶'을 주제로 학교 가까이 있는 동묘시장에서 허락을 받아 팝콘, 솜사탕을 팔아 그 수익금으로 봉사활동을 했다. 2학기에는 한국 음식을 외국 사람에게 알리는 식문화 교류, 박람회 구경, 여러 나라 요리 체험을 했다.

학생들이 활동을 이끈다는 것은 프로젝트 수업의 가장 큰 장점이자 단점이었다. 어떤 친구들은 철저한 계획을 세워 활동하는 반면 어떤 친구들은 어영부영 시간을 보내기도 했다. 다행히 나는 열심히 활동한 결과, 요리 프로젝트에서 많은 경험을 할 수 있었다. 시장에 허락을 구하고, 메뉴를 선정하고, 조리기구를 빌려 연습하고, 학교 앞에서 장사하기까지 우리 손이 가지 않은 곳이 없었다.

식문화 교류활동은 한식을 외국인에게 소개해주는 영상에서 아이디어를 얻어 직접 친구들과 이태원으로 가서 진행하였다. 낯선 장소에서 낯선 사람에게 다른 언어로 말하는 일은 어려웠지만, 이 또한 도전이었으며 우리 음식과 문화를 전파하는 데 작게나마 기여했다는 뿌듯함이 있었다. 또한 여러 요리 박람회를 가보면서 음식과 요리를 다양한 관점에서 볼 수 있게 되었다. 이런 경험들은 점점 진로에 대한 생각을 바꿔놓았다.

오디세이학교에서는 유독 여행을 많이 다녔다. 학교를 벗어난 배움은 교훈을 주기도 하며 때로는 생각의 전환을 가져왔다. 2016년 여름, 나주로 농촌활동을 떠났다. 나주여성농민센터에서 4박5일을 보내며 농사일을 거들었다. 뜨거운 여름 태양 아래 난생 처음 고춧대도 묶어보고, 양파도 뽑으며 다들 한마음 한뜻으로 땀을 흘렸다. 마지막 밤에는 농민들을 초대해 공연도 하고 맛있는 음식을 함께 나누기도 했다. 무엇보다도 음식과 농촌을 연결지어 생각해보는 계기가 되어준 이 활동이 기억에 남는다.

우리가 먹는 농산물은 농민들의 엄청난 노력과 정성으로 만들어진다. 학교 수업에서 들은 생생농업유통, 소녀방앗간의 김가영 대표님이 말씀하신 생산자와 소비자의 이익의 균형, 농촌과 상생하는 식당 이야기와도 연결지어 생각하면서 로컬푸드를 이용해 요리하는, 지역사회와 관계를 맺으며 가치를 창출하는 요리사를 꿈꾸게 되었다.

7월에 떠난 여름여행의 주제는 '장인여행'이었다. 기획자로 참여한 나는 역시나 음식과 연관지어 '장 명인'인 고은정 선생님을 찾아뵙기로 했다. 지리산에 있는 고은정 선생님의 제철음식학교에 들러 이야기를 나누고, 근처 절에서 템플스테이를 했다. 장에 대해서 이야기를 나누기도 했는데, 선생님이 담그신 장과 시판되는 장을 비교하며 먹어봤을 때 입에 익숙하고 맛있는 장은 공장에서 만든 장이었던 것이 충격이었다. 템플스테이를 하면서 발우공양 때 한 끼 식사에 감사하는 마음가짐도 인상 깊었다. 맛도 중요하지만, 건강에 이로운 요리와 음식의 가치를 다시 생각하게 되었다.

그리고 학년 말, 인턴십을 나가게 되었다. 며칠은 '사단법인 끼니'에서 업무를 도왔고, 하루는 한국사찰음식체험관에 나갔다. '끼니'에서는 예전 블로그 자료를 정리하는 일도 하고 '차'를 주제로 한 '맛 콘서트' 준비를 집중적으로 도왔다. 맛 콘서트는 한 음식에 대해 강연자를 모셔 함께 음식을 먹으면서 이야기 나누는 프로그램이다. 와인처럼 티 소믈리에도 있다는 것을 처음 알았고, 음식에 대한 이런저런 이야기를 나누는 것이 흥미로웠다. 음식에는 이야기가 있다는 것을 알게 되었고, 그 이야기를 음식에 담아낼 수 있는 인문학적 소양을 갖춘 사람이 되어야겠다고 다짐했다.

오디세우스의 모험담처럼

오디세이학교는 오디세우스의 모험담같이 내 인생에서 큰 '여행'이자 '도전'이었다. 입학식의 주제였던 '~해도 괜찮아'에 대한 수많은 답변 중, '불안해도 괜찮아'라고 한 친구의 말이 생각난다. 처음에 나도 오디세이학교에 들어와 불안했다. 나보다 더 많은 시간을 공부하면서 지내는 주위 친구들을 보며 내가 선택한 이 길이 맞는지, 내가 틀린 것은 아닐지 불안감이 컸다. 하지만 지금 나는 말할 수 있다. 오디세이학교에서 보낸 일 년은 내 인생의 전환점이자, 인생은 속도보다 방향이 중요하다는 것을 깨닫게 해준 가장 뜻 깊은 시간이었다.

이 시점에서 질문이 생긴다. 그럼 나는 지금도 요리사가 꿈인가? 대답은 '아니다'이다. 오디세이학교를 다니며 내 관심사가 요리에만 국한되지 않는다는 것을 알게 되었다. 요리만이 아니라 음식, 식품, 문화에 걸쳐 더 폭넓게 생각할 수 있게 되었다. 요리사를 꿈꾸며 요리에 특화된 고등학교로 진학을 꿈꾸던 나는 일반고 2학년으로 들어가 공부를 계속하기로 마음먹었다. 요리사만 바라보고 공부를 하면 내게 열려 있는 더 많은 가능성을 배제하게 된다는 생각이 들었기 때문이다.

처음에는 힘든 점이 많았다. 겨울방학 동안 1학년 과정을 마무리하는 동시에 2학년 과정도 선행해야 했지만 꿈이 있는 만큼 공부의 동기와 목표는 명확했다. 적극적으로 식품동아리를 찾아서 활동도 하고, 오디세이에서처럼 모든 학교 활동에 적극적으로 참여했다. 그렇게 2년을 보낸 결과 나는 바라던 대학의 식품영양학과에 들어오게 되었다. 음식과 요리를 식품과 과학 쪽으로 연관지어 생각하게 되었고, 이과를 선택하여 음식 속의 과학적 원리를 공부하고 싶었다. 현재는 명확한 꿈이 없다. 식품이라는 관심 분야는 뚜렷하지만, 관심의 폭을 넓혀서 차차 진로를 찾아갈 계획이다.

오디세이학교는 형식적인 틀이 없고 자신이 그 안에서 일 년을 어떻게 꾸려갈지를 정한다. 지금의 내가 3년 전으로 다시 돌아간다면, 더 적극적으로 참여하여 3년 전의 나보다 더 많이 배울 수 있지 않을까 하는 아쉬움이 남을 정도로 오디세이학교는 나에게 다양한 가능성을 보여주고 기회를 열어준 학교이다. 정말 많은 것을 배우고 경험하며 지금의 내가 있게 해준 오디세이학교가 고맙다. 오디세이라는 '모험'에 함께해준 선생님들, 친구들, 부모님에게도 고맙다는 말을 전하고 싶다.

인생을 공부하기에
최적화된 공간

공교육 교사들이 따로 꾸리는 오디세이혁신파크 1기를 수료했다.
현재 인문계 고등학교 3학년이다. 집요하게 생각이 많은 편이다.

아빠의 설득

처음부터 내가 관심을 가지고 찾아본 게 아니었다. 학교에서
오디세이학교에 대해 안내했을 때는 '그냥 이런 데가 있구나' 하
며 공책 모퉁이에 적어놨다가 아빠에게 심드렁하게 얘기한 것이
시작이었다. 그런데 지나가듯 한 말에 부모님께서 관심을 갖고
며칠 뒤 이 학교를 나에게 권하셨다. 그렇지만 두려움이 많았던
열여섯 살의 나는 애매모호한 반응을 보였고, 부모님은 한 달 가
량 나를 설득하셨다. 단기적으로 봤을 때는 불리할 수도 있겠지
만 장기적인 측면에서 봤을 때 색다른 경험을 하고 사람들과 관
계 맺는 법을 배울 수 있는, 내 삶에 큰 도움이 되는 인생에 몇 번
없을 기회라고 하셨다.

오지 않을 것 같던 중학교 졸업이 다가오자 나는 막연한 불안감을 느꼈다. 반 친구들이 자신의 진로를 정하고 특성화고나 특목고에 진학할 때 나는 아무것도 정하지 못했다는 불안감이었다. 내가 무엇에 관심이 있는지, 어디에 재능이 있는지도 몰랐던 나는 뒤처진 듯한 느낌이 들어 상당한 스트레스를 받고 있었다. 그리고 고등학생이 되어 '등급'이라는 성적표를 받을 생각을 하니 두려웠다.

그러던 어느 날 아빠와 드라이브를 하며 대화를 나누다가 청소년 시절의 끝이 꼭 진학이나 취업으로 정해질 필요가 없다는 것과 학교에서는 그 두 갈래 길만 내게 제시한다는 것을 알게 되었다. 아빠는 내게 삶을 주체적으로 살아가는 이들이 많음을 알려주시며 내가 학생으로서 정해진 길을 가지 못해 불안해 하기보다 여유를 가지고 다양하고 폭넓게 진로를 고민해보길 바란다고 말씀하셨다. 믿었던 학교에 뒤통수를 맞은 느낌이 들었다. 그게 나의 미래에 대한 고찰의 시작이었다. 약간 얼이 빠진 내게 아빠가 이때다 싶었는지 오디세이를 다시 추천했고, 그제야 나는 불안보다 기대를 품고 오디세이에 지원서를 내밀게 되었다.

나를 표현하는 법, 글쓰기를 익히다

오디세이학교를 다니며 많은 것이 변했지만 그중에서 내게 가장 유익한 변화는 '글 쓰는 습관'이 든 것이다. 오디세이학교에서는 글을 써야 할 때가 많았다. 1학기 시작을 알리던 '시작의례' 원고부터 수업 중 하나였던 '나, 글쓰기' 수업, 매달 써서 공유하는 '월별 리뷰'와 오디세이 전체 인문학 모임, 학기말 배움공유회 등등.

초등학생 때는 줄곧 글쓰기 상을 받곤 했으나 중학교 들어서는 책도 안 읽고 글도 쓰지 않았던 나에게 글쓰기는 쉽지 않았다. 그렇지만 '나, 글쓰기' 수업에서 이레(교사의 별칭)의 무한칭찬과 정성 가득한 피드백을 통해 글 쓰는 일에 관심을 갖게 되었고, 그 뒤로 '잘 써야 한다'는 관념을 버리고 다양한 글을 맘대로 써보면서 '솔직한 글'을 써낼 줄 알게 되었다. 그때부터 나는 글을 안 쓰고는 못 사는 사람이 되었다.

나는 일상 속 개인과 공동체로서의 삶을 글에 여과 없이 담아내기 위해 월별 리뷰를 쓰기 전 3~4일 전부터 고민하는 시간을 갖곤 했다. 주로 현재 내가 어떤 상황에 처해 있으며 내 감정의 방향은 무엇인지, 내가 골몰히 생각하는 주제는 무엇인지, 주변인들과의 관계는 어떠한지, 나는 그들에게 어떤 영향을 받는지, 현재의 오디세이는 내게 무슨 의미인지 고민했다. 삶을 성찰하는 시간을 정기적으로 가지면서 평소 머릿속에 잠깐 두둥실거리다가 사라지던 생각과 감정들이 가시화되기 시작했다.

나는 자연스럽게 능동적으로 내 삶의 여러 문제와 주제들에 대해 고민하게 되었다. 주로 이러한 많은 고민거리들은 일상생활

속 주위 사람들과의 대화와 그들의 행동 속에서, 혹은 수업의 내용이나 사회의 이슈 등을 통해서 많이 해소되었다. 이러한 배움을 글로 담아내고 그 솔직한 글들을 오디세이 친구들과 공유하면서 그들은 나에 대해 더 알게 되었고 나도 그들을 알게 되었다. 더불어 그들이 공유한 글들을 통해 발전한 모습을 볼 때 배움에 대한 갈망까지도 생겨났다.

이후 나는 학년 말 개인수료 프로젝트에서 리뷰, 기행문, 메모, 시, 대화수집 등 내 글을 잔뜩 모아놓은 책을 펴냈다. 여러 문제를 풀어가는 과정 속에서 불안해 하던 모습과 무언가 깨달았을 때 느꼈던 감정이나 생각을 적어놓은 책이다. 책의 제목은 '괜찮은 자몽'이다. 먼저 '자몽'은 나의 닉네임이었고(오디세이혁신파크에서는 이름 대신 닉네임을 불렀다. 친구는 물론 선생님에게도) 뜻은 '우울하다고 놀라지 마세요! 저는 괜찮습니다'와 '나는 괜찮은 사람이다' 두 가지이다. 정말 솔직하게 고민과 불안을 기록했고, 그 고민들이 많이 해소되었다는 뜻이다. 이렇게 오디세이에서 들인 글쓰기 습관은 나를 조명하는 가장 편한 방식이 되었고, 내 인생의 길잡이가 되었다.

치열한 논의의 장, 자치회의

길잡이, 학생 가릴 것 없이 다 참여했던 자치회의는 내게 타인을 이해할 수 있게 해준 소중한 시간이었다. 오디세이는 다른 일반학교보다 자치회의 시간이 많고 길다. 왜냐하면 진짜 의논이 필요해서 회의를 하기 때문이다. '담배와 폭력 금지' 이외의 모든 교칙은 우리가 정했다. 엄청 사소한 것부터 치열하게 고민하면서 이뤄졌다. '음료를 마시고 컵을 치우지 않는데 어떻게 해야 좋을까?', '다들 귀찮아서 신발을 신발장에 넣지 않는데 어떻게 해야 좋을까?', '수업시간에 핸드폰을 자주 만지는 사람들이 있어 집중력이 끊기는데 어떻게 해야 좋을까?', '지각했을 때(규칙을 어겼을 때) 벌을 주지 않고 자신의 행동에 책임지게 하는 방법은 무엇이 있을까?' 등등.

처음엔 자치회의에 미숙해서 규칙을 정할 때 서로의 말이 다 끝나기 전에 얘기하다 기분이 상하기도 했고 팽팽한 양측 간의 접점을 찾아내기가 힘들었다. 그러다 주어진 시간 내에 끝내지 못하고 서로 지치는 때도 많았다. 그렇게 해서 어렵게 만든 규칙이 처음부터 잘 지켜지지 않을 때는 서로를 불신하고 자치회의 때 다시 문제를 제기해 다시 원점에서 회의를 하게 되기도 했다. 그러나 그렇게 반복된 자치회의 속에서 우리는 서서히 변하기 시작했다. 항의를 받은 이들은 점점 자신의 행동을 바꾸려 노력했고, 항의하던 이들도 시간이 오래 걸리더라도 기다리겠다는 마음가짐을 계속 다잡으려 노력했다. 그렇게 서로 이해하고 배려하려고 열심히 노력한 결과 서로가 조금씩 바뀌는 모습을 보게 되었고 점점 신뢰도 쌓이기 시작했다.

우리는 규칙 이외에도 시시때때로 관계에서 문제가 생길 때면 자치회의로 풀어나갔다. 그래서 어떤 날은 회의라기보다 이야기 나누기에 가까운 때도 있었다. 누군가 싸웠을 때 그 문제를 덮어 두지 않고 공론화했다. 책상을 치우고 의자를 둥글게 배치해 서로 마주보고 솔직하게 자신의 이야기를 조심스럽게 꺼냈다. 그렇게 이야기를 나누자 신기하게도 관계 문제가 해결되었고, 더불어 다른 이들이 예민하다 느낄까봐 이전에는 말하지 못했던 어려움과 고민을 얘기하는 시간이 되기도 했다.

나는 당시 학교에서 틀어진 관계는 어쩔 수 없다고 생각하는 경향이 있었다. 원만하게 해결된다면 좋지만 굳이 배움을 같이하는 공동체라는 이유로 해결해야 할 필요는 없다고 생각했고, 조금 불편하겠지만 관계가 가깝지 않더라도 배움에는 큰 지장이 없을 거라 생각했다. 오디세이학교를 다니기 전에는 정말 굳이 꼭 관계를 회복할 이유가 없었던 것 같다. 학교 공부와 상관이 없었고 늘 있는 일이었기 때문이다. 그러나 오디세이에서는 관계의 틀어짐이 나와 다른 이의 배움에 큰 영향을 미쳤다. 심지어 그 관계를 회복하는 일조차 오디세이에서는 배움이었다. 이렇게 정면으로 부딪치고 진짜 화해하는 공동체는 처음이었던 나에게 그 시간은 참 귀중하고 신기한 경험이었다.

서로 열심히 솔직하게 얘기하고 쌓아간 그 시간들 덕분인지 지금까지도 나에게는 오디세이가 참 안전한 공동체로 남아 있다. 내가 좀 더 솔직해도 괜찮고 그 친구들이 나에게 좀 더 솔직해져도 받아줄 수 있는 그런 공동체. 불편하다고만 생각했던 공동체가 편할 수도 있구나 하는 생각이 들었고, 공동체 안에서 느낄 수 있는 연대와 소속의 즐거움도 많이 느끼게 되었다.

배운 대로 살 수는 없을까

이렇게 오디세이에서 보낸 일 년은 나에게 좋은 추억, 후회 없는 알찬 일 년이었다. 본교로 돌아가고부터는 그 경험이 새로운 책임감으로 다가왔다. '시민'과 '차별'에 대해 배우고 생각한 사람으로서, 안전한 공동체를 경험한 사람으로서, 배려와 존중을 어렵게 이뤄내고 배운 사람으로서, 자연이 겪는 아픔에 슬퍼한 사람으로서, 글쓰기를 배운 사람으로서, 배운 대로 살아야 한다는 책임감이었다.

그러나 복교한 뒤 일 년 동안 배움처럼 살아내지 못했던 시간들이 더 많았다. 다른 친구들은 어떠했을지 모르지만, 나는 오디세이학교에서처럼 배움에 열망을 갖고 살지 않았다. 나의 게으름으로 인해 주요 과목의 기초를 단단히 다져놓지 않은 상태로 2학년으로 복교해 성적 때문에 많은 스트레스를 받은 것도 한몫 했다. 그래서 나의 2학년 생활은 조금 우울하고 힘이 없었다.

고3이 되어 돌이켜보니 일반 고등학교에 적응을 못했다기보다는 나는 아직 여유가 더 필요한 사람이었던 것 같다. 오디세이를 마치고 2학년으로 복교할 때 한 가지 큰 생각거리를 안고 갔다. 과연 나한테 대학이 필요한가? 부모님은 내게 대학을 강요하지 않으셨고, 나는 대학을 갈 정도로 배우거나 하고 싶은 일이 특별히 없었다. 그리고 결정적으로 오디세이를 다니면서, 그냥 남들이 하니까 나도 하는 것은 나를 잃어버리는 길이라는 생각이 들었다. 그래서 더욱 그냥 넘어갈 수 없는 어려운 고민이었다.

그런데 주위 많은 친구들은 대학 가는 걸 너무나 당연하게 생각했다. 아직 꿈을 찾지 못한 친구들도 대학교는 먹고살려면 꼭 가야 한다고 하니, 대학이 내게 필요한가를 고민하던 나로서는 참 이질적인 일이었다. 나는 아직 달릴 준비가 안 되어 있는데 주위 친구들은 저만치 달려가니, 2학년 생활이 '나의 열여덟 살'보다는 '일단 뭐라도 생활기록부를 채워야 하는 급한 학년'으로 다가와서 더 불안했다. 그러니까 나는 조금 더 생각할 여유가 필요한 그런 아이였다. 그런 상태에서 내가 배운 대로 못 사는 게 절망으로 다가왔던 것이다.

그 결과 나는 오디세이에서의 생활을 동경하게 되었다. 때때로 지난 기록들을 살펴보면서 내가 한 말에 스스로 감탄하고 놀라워하면서도 씁쓸하고 속상해 했다. 여전히 오디세이는 나의 좋은 공동체이자 추억이었지만, 동시에 괴리감을 느끼게 하는 요소였다. 괴로운 마음에 1학년 때를 떠올리며 글을 써보려 했지만 속에 공허와 분노가 가득해 쓰는 글마다 끔찍했고 내용도 똑같았다. 어느 순간부터는 한 문장도 쓰기가 힘들어 점점 글을 안 쓰게 되었다. 또 주위 사람들에게도 나에 대해 말하는 것이 부끄러웠다. 학교에서는 밝게 행동했지만 집에 들어가면 방에 가만히 누워 있기 일쑤였다. 그렇게 적응을 못한 상태가 일 년이 넘어 3학년 1학기까지 이어졌다.

성장의 발판이 되어준 오디세이학교

내가 다시 회복된 것은 고3 여름방학 때였다. 평소 대화할 때는 격려와 위로를 해주시던 엄마가 화를 내며 "너 생각이 멎은 애 같아!" 하고 소리 질렀던 날이 있었다. 내가 내 삶을 내 일이 아니라는 듯이 무심하게 말했기 때문이다. 그 말이 며칠이 지나도 잊히지 않았다. 그리고 그 뒤에 엄마랑 오디세이 생활에 대해서 길게 대화한 날이 있었다. 글을 쓰기가 너무 어렵다고 하자 엄마가 오디세이 때는 네가 자유로웠기 때문이고 지금은 네가 어딘가 스스로 막아버려서 그런 거라고, 그날의 말에 대해 부연설명을 해주셨다. 또 오디세이에서의 나를 이야기하며 내가 얼마나 가능성이 있는지, 열일곱 살의 그 경험이 얼마나 소중한지 내게 다시 상기시켜주셨다. 그 말이 계속 내 머릿속에 각인되듯 남아 날 서서히 깨워갔다.

나는 다시 나를 조명하기 위해 노력했다. 중독 수준이던 폰 사용량을 조금씩 줄이기 시작했고 다시 글을 쓰기 시작했다. 점차 솔직한 글을 쓸 수 있게 되었다. 글로 나를 솔직히 털어놓을 수 있게 되자 내가 해야 할 말과 행동들이 조금씩 명확해지기 시작했다. 하루를 포기하는 습관이 점점 사라졌다. 곧이어 진학에 대한 부담감 없이 내가 정말 배우고 싶은 분야가 생겼고, 대학교를 가고 싶다는 바람도 생겨났다. 그렇게 요즘은 많이 회복된 상태이다. 글도 많이 쓰고 오디세이 때처럼 요즘은 자신에게든 주위 사람들에게든 솔직하게 말할 수 있을 정도로 나를 소중히 여기게 되었다. 이제는 오디세이 때의 나를 동경하는 마음이 조금 줄었고, 그때의 추억은 좋은 성장의 발판으로 남았다.

요즘은 내가 착각했던 것은 아닐까 하는 생각이 들기도 한다. 나는 오디세이학교에서 나의 운명 같은 진로를 정할 수 있을 거라 기대하며 입학했다. 그러나 오디세이가 끝나갈 때 나는 여전히 마음속에 불안이 남아 있었고, 진로를 정하지 못해 스스로 실망한 상태였다. 그때 한 선생님과 대화하며 그 생각이 큰 착각임을 알게 되었다. 그 선생님은 다른 오디세이의 길잡이셨는데, 학생들이 졸업할 때 삶의 방향을 확고히 정하는 경우는 아주 드물다고 말씀하셨다. 그리고 열일곱 살에 자신의 진로를 정하는 게 바람직한 일이 아닐 수도 있다고 하셨다. 이와 마찬가지로 오디세이를 떠난 뒤에도 내가 오디세이 때처럼 살 수 있을 거라는 생각과 배운 대로 세상을 바로 살 수 있을 거라는 생각이 나의 착각과 오만이 아니었을까. 오디세이는 '인생을 공부하기'에 최적화된 공간이었는데 말이다.

오디세이에서의 경험은 물론, 그 이후의 넘어졌던 시간들조차
도 나에겐 큰 배움이 되었다. 앞으로도 나는 계속 배워나갈 것이
다. 한때는 내가 넘어졌기에 실패작이라 생각했지만 이제는 배움
을 삶에 적용시키는 그 과정 속에서 넘어지더라도 다시 일어나며
나를 소중히 할 수 있을 정도의 단단함이 생겼다.

나는 오디세이학교에서
진로를 찾았을까

정서현
오디세이꿈틀 2기. 동덕여자대학교 문헌정보학과에 재학 중이다.
사람과 이야기에 관심이 많다.

시간이 별로 없다!

오디세이학교에 입학한 이유는 진로를 찾지 못해서였다. 어려서부터 부모님께 진로의 중요성에 대해 곧잘 들었고 그래서인지 미래에 대한 고민이 많았다. 부모님과 진로 이야기를 나눌 때마다 다른 관점에서 생각해볼 거리를 던져주셨다. 예를 들어 내가 좋아하는 일이지만 돈이 안 되는 일이니 포기할까 말하면 돈을 벌 수 있는 다른 경로를 생각해보라는 식이다. 부모님은 내가 미래를 다양한 면에서 고려해보고 신중하게 선택하기를 바라신 거라 생각한다. 하지만 부모님은 내 말을 쉽사리 인정하지 않으셨고, 내 입장에서는 '사회는 위험 요소로 가득 차 있고 내 생각은 항상 틀렸다'는 식으로 들렸다. 지금은 부모님의 말이 도움이 된다고 생각하지만 그때는 그 말 때문에 오히려 미래가 더 어렵고 부담스럽게 느껴진 거 같다.

중학생 때 진로를 결정하는 건 힘든 일이다. 사실 어른들 중에도 자기 진로를 제대로 아는 사람은 없을 것이다. 하지만 그때는 하루 빨리 내 진로를 찾아야 된다고 생각했다. 대입을 목표로 하고 있었기 때문이다. 대학에 입학하는 나이가 정해져 있다고 생각했던 나는, 내게 주어진 시간이 별로 없기 때문에 가능한 짧은 시간 안에 진로 문제를 해결해야 한다고 생각했다. 오랜 기간 시간과 돈을 들여 교육을 받고 졸업해서 일을 하다가 사실은 적성에 맞지 않다고 말하는 상황은 피하고 싶었다. 진로를 정하는 것이 무리라면 최소한 전공이 적성에 맞지 않아 방황하는 일만큼은 피하고 싶었다. 대학 입학 전후로 들어가는 비용도 적지 않고 우리 집은 여유 있는 편이 아니어서 비용이 적게 들어갈 때 빨리 고민을 끝내버리자고 생각했다.

나는 진로를 선택하는 기준을 스스로 정하고 싶었다. 그것이 힘들다면 내가 무엇을 좋아하고 싫어하는지 내 성향이라도 파악하고 싶었다. 중학교 다닐 동안 고등학교 공부의 일 년치는 미리 끝내놓았다. 그리고 고등학교는 대학교 입학을 전제로 한다면 선택적으로 결정할 수 있는 부분이라고 생각해 학교에서 뭐라 하든 무시했다. 고등학교를 어떻게 다니든 대학에 입학하면 그만이라고 생각했다. 그래서 지금 내게 필요한 환경을 제공해줄 수 있는

기관을 원했고, 마침 담임선생님이 오디세이학교를 알려주셔서
지원하게 되었다.

친구들과 부대끼며

　진로를 찾기 위해 오디세이학교에 입학했지만 사실 새로운 교
육에 대한 기대도 없지 않았다. 그리고 어떤 친구들이 올지도 궁
금했다. 입학식 날까지는 좋았다. 내 기수에서 입학식은 학생들
이 스스로 준비했다. 나는 일 년 동안 무언가를 해보려고 입학한
열의 있는 아이들과 한 조가 되었다. 이제까지 학교 활동에 열정
적인 아이들을 본 적이 없던 나는 활기찬 아이들을 만나 이야기
를 나눈 것만으로 정말 기뻤다. 다른 사람과 함께 무언가를 만들
어내는 과정이 즐거울 수 있다는 걸 처음 알았다. 내가 배정받은
꿈틀학교에도 비슷한 아이들이 있을 거라고 생각했다. 앞으로의
생활이 기대가 됐고 마음은 들떠 있었다.
　그렇지만 처음의 설렘은 얼마 지나지 않아 깨졌다. 교육과정은
좋았는데 학생들이 그걸 뒤엎었다. 막상 꿈틀학교에 와보니 함께
열심히 하던 애들은 모두 다른 기관으로 갔는지 눈빛이 흐리멍텅
한 아이들이 모여 있었다. 그리고 아이들은 첫인상처럼 무기력했
고 하루를 어떻게 놀지 그것만 생각하느라 바빠 보였다. 또한 수
업 시간에 쉴 새 없이 수다를 떤다든지, 수업 중간에 이탈을 한다

든지, 함께 생활하는 공간에 쓰레기를 버린다든지, 개성이란 이름으로 온갖 이기주의를 정당화했다. 내가 다른 아이들과 비교해서 나았다고 잘난 척을 하려는 게 아니라 나름대로 불만을 갖고 있었다는 거다.

초반에는 반 아이들도 학교 분위기도 싫어서 자퇴하거나 복교하고 싶다는 생각을 했다. 하지만 자퇴나 복교를 하면 지금까지 열심히 고민한 의미가 없는 거 같아서 하지 않았다. 오디세이학교는 적어도 생각할 수 있는 시간과 성장할 수 있는 기회를 주니 지금은 여기에 있는 편이 낫겠다 싶었다. 그 대신 내가 할 수 있는 걸 하고, 얻을 수 있는 것들을 모두 얻고 가자고 생각했다.

우리 기수는 사건 사고가 많았다. 그렇다고 특별히 심층적인 상담이 필요한 친구가 있는 건 아니었다. 주변에서 쉽게 볼 수 있는 평범한 친구들이었다. 그런데 오디세이학교가 마법을 부린 건지, 친구들이 분란을 일으키는 걸 좋아하는 성격인 건지 툭하면 문제를 만드는 일이 많았다. 그래서 매일같이 수업을 미루고 선생님들과 친구들이 모여서 사건을 어떻게 받아들이고 해결할지 논의해야 했다.

처음에는 수업시간을 빼앗기는 거 같아서 모이는 시간이 싫었다. 나는 배우기 위해서 학교에 왔지 다른 사람 뒤치다꺼리나 하러 온 것이 아니라고 생각했기 때문이다. 그렇지만 공동체 내에서 일어난 일은 함께 해결해야 한다고, 배움의 일환이고 참석할 수밖에 없다고 해서 차라리 문제를 빨리 해결하자고 생각했다.

하지만 다른 사람의 감정이 맺어지고 풀어지는 과정은 내가 생각한 만큼 쉽게 이루어지는 일이 아니어서 곤란한 경우가 많았다. 다른 사람에게 공감해야 했고 다른 사람의 말을 듣고 상황을 이해하려 애써야 했다. 이해하고 공감하지 않고서는 어떤 문제도 풀기가 어려웠다. 적어도 모든 사건에 연루되어 있지 않은 방관자처럼 굴면서 무언가를 말하기는 어려웠다.

모든 과정을 설명하기는 어렵지만 수없이 모여서 이야기하는 시간을 지나면서 나는 생각하는 방식도 감정의 방향도 조금씩 변화해갔다. 이질적이고 심지어 거부감이 들기까지 했던 사람을 조금이나마 이해하게 되었다. 막 산다고 생각했던 남자애가 사실은 순박한 성격에 다른 사람과 좋은 관계를 원할 뿐이라는 걸 알게 되었을 때는 충격 그 자체였고, 속을 알 수 없고 편한 일만 찾는다고 생각했던 여자애가 남몰래 힘들어 하는 친구 곁에서 위로해주는 따뜻한 마음을 가졌다는 걸 알게 되었을 때는 내가 건방지구나 싶었다. 그밖에도 친구들의 수많은 면모를 보면서 마음속에 다른 사람이 들어갈 수 있는 공간이 조금씩 생겨났다. 물론 그렇다고 해서 모든 행동이 이해될 수 있고 존중되어야 한다고 생각하는 건 아니다. 그렇지만 이러한 과정을 통해서 사람을 있는 그대로 받아들이고 다양성을 인정하게 되었다고 생각한다.

나는 모든 사람이 자기 한계를 깨고 성장해나갈 필요는 없지만 적어도 오디세이학교에 왔으면 나아져야 한다고 생각했다. 여기는 어떤 방식으로든 성장하려는 학생들을 위한 학교이기 때문이다. 그러자면 나아지고 싶어 하는 마음을 전체가 공유해야 한다고 생각해 비슷한 생각을 갖고 있는 친구들을 모아서 회의를 했다. 그래야 변화가 일어난다고 생각했다.

선생님들께 계획을 알려 시간과 공간을 빌렸다. 그리고 전체 친구들을 모아서 의사를 전달했다. 처음 의견을 공유한 다음날 신기한 일이 벌어졌다. 그날은 꿈틀학교 발표회였고 나는 다음에 언제 모여서 회의를 할지 생각하면서 정시에 학교에 도착했다. 그런데 친구들이 새벽같이 와서 청소를 마치고 발표회의 사전준비를 하고 있었다. 그때 놀라기도 하고 당황스럽기도 하고 벅차기도 했던 기억이 난다. 이후 역동적인 분위기를 지속할 수 있는 방법을 함께 찾아 나섰다.

한 친구가 1학기 동안 분위기가 어수선했던 건 공간의 문제도 있다는 말을 꺼냈다. 학생들 간에 결속력이 부족한 이유는 학생과 공간이 유리되어 있기 때문이다. 그래서 소속감을 느낄 수 있게 공간을 꾸며보자는 이야기가 나왔다. 친구의 의견이 수용돼서 공간 꾸미기 프로그램이 진행되었다.

그리고 다음 학기에는 바람대로 친구들 사이에 긴장감이 생겼다. 그렇지만 내가 기대했던 만큼 탄력적이지는 않았고 무기력한 친구들은 계속해서 무기력했다. 그때서야 성장과 변화는 매우 느리게 일어난다는 걸 알았다. 변화를 시도해도 바뀔 수 있는 건 이전 학기보다 긴장된 분위기 하나뿐이라는 것도 알았다. 급격한 변화를 바라는 건 내 욕심이었던 거다. 하지만, 친구들 누구나 지금보다 나아지고 싶어 한다는 걸 알게 되었다. 내가 보기에 노는 거 같아 보여도 친구들은 나름대로 노력하고 있으며 현재 단계에서 최선의 열정과 끈기를 보이고 있다고 생각하게 되었다. 누구나 마음속으로는 지금보다 나아지고 싶어 하고 나름대로 노력을 하기에 지금이 현재 상태에서 최선인 거다. 내가 생각하기에는 그랬다.

조급함이 사라지고

나는 결론적으로는 오디세이에 있기를 잘했다고 생각한다. 겨우 일 년에 불과했지만 일찍이 다른 사람들과 함께하는 경험을 해서 다행이라고 생각한다. 그렇지 않았으면 사람들을 자의적으로 나누고 적대하며 내 생각만이 옳다고 여기는 고집스러운 사람이 되었을지도 모른다. 물론 자신의 단점을 알게 된 것 외에도 나의 장점과 성향을 파악하고 계발하는 데도 도움이 되었다. 특히 끊임없이 갈등에 직면하면서 주어진 상황을 비판적으로 바라보고 문제의 핵심을 파악하는 능력도 많이 길러졌다.

마지막으로 오디세이학교를 통해 내가 얻은 것은, 마음의 여유다. 나는 대학이 중요하다고 생각해서 이전부터 나름대로 열심히 공부를 해왔다. 나는 하루빨리 돈을 벌어서 나를 책임질 수 있는 사람이 되고 싶었다. 부모님께 경제적으로 의존해서 살지 않고 내가 선택한 일에 책임을 지고 자유롭게 살고 싶었다.

그런데 오랫동안 집착하고 긴장했던 탓인지 항상 불안했다. 감정을 조절하는 면이 서툴렀거나 내가 감당하기에 벅찼다고 생각한다. 그래서 가만히 있으면 숨이 막힐 때가 많았다. 가만히 있으면 괜히 불안했다. 그때마다 길잡이 교사는 오히려 나를 보고 아무것도 하지 말라고 하거나 마음 편히 즐겨보라고 말씀해주셨다. 정확히는 여유를 가지라는 말이었지만 나는 그 말이 무슨 뜻인지 모르고 나도 내가 어떤 상태인지도 모르겠어서 한동안 애매한 상태로 있었던 기억이 난다. 다만 내가 만약에 마음 편히 있게 된다면 자기 것도 제대로 챙기지 못하고 멋대로 행동하는 사람이 될 거 같아서 무서웠다.

한동안은 적극적으로 무언가를 하지도 않고 편하게 쉬지도 못하는 상태로 며칠을 보냈다. 하지만 아무리 생각해도 지금 상태가 길잡이 교사가 말한 여유는 아니라고 생각해서 오디세이에 다니는 일 년 동안은 가능하면 아무 생각도 하지 않고 쉬려고 노력했다. 처음에는 죄책감이 들었지만 마음이 점점 편해져갔다. 그리고 경직되어 있던 생각도 유연해지고 다양한 감정을 느끼고 표현할 수 있게 되었다. 사실 일 년은 사람을 바꾸기에는 매우 짧은 시간이어서 고등학교를 지나고 대학생이 돼서야 여유와 휴식을 구분하고 이들이 주는 유익함을 알게 되었다.

글을 다 쓰고 보니 오디세이학교에서 처음 목적이었던 진로는 찾지 못한 것 같다. 대학생이 된 지금도 내가 선택한 전공이 맞는지 안 맞는지 모른다. 수업이 재밌는 걸 보면 가장 우려하던 상황은 피한 거 같다. 하지만 목적과는 상관없이 나는 오디세이에서 나와 다른 사람을 인정하고 받아들이는 법을 배웠다. 그리고 여유와 휴식이 주는 유익에 대해서도 알게 되었다. 다른 사람을 이해하는 건 나를 받아들이는 일이기도 했다. 나는 전보다 개방적이고 낙관적이며 안정적인 사람으로 변했다.

여유를 가질 수 있게 된 것이 나에게 가장 많은 도움이 되었다고 생각한다. 사람의 일에는 항상 앞으로 나아가기를 방해하는 온갖 장애물이 기다리고 있어서 긴 시간 동안 이를 버티면서 앞으로 나아가기 위해서는 오히려 휴식을 취하고 여유를 가져야 하는 것 같다. 그래야 다른 사람뿐만 아니라 나에게 너그러워질 수 있고 힘든 일이 다가오더라도 버틸 수 있기 때문이다. 내가 오디세이학교에서 배우고 알게 된 것들은 앞으로 어떤 일을 하든 도움이 될 것이다.

주체적으로 산다는 것

조민형
오디세이민들레 4기. 올해 일반 고등학교 1학년으로 돌아가
2학기를 맞은 시점에서 지난 한 해를 돌아보았다.

짜릿했던 멘토여행

올해 학교에서 열린 진로 UCC대회에 내가 출품한 영상은 "꿈은 대학이나 직업과 같이 what(무슨 일을 하며 사는 것)이 아니라 how(어떻게 살 것인가)에 대한 것"이라는 주제를 담았다. 영상을 만들면서 오디세이학교 때 생각이 많이 났다. 오디세이학교에서 배운 것이 그런 내용이고, 내가 그 영상을 생각하고 만들 수 있었던 것도 그때의 생활 덕분이다.

오디세이학교에서는 꿈에 대한 고정관념과 부담감을 깰 수 있었다. 평소에 길잡이들이 해주시는 말씀을 통해서도 배웠지만, 특히 10월에 떠났던 멘토여행에서 그것을 크게 느꼈다. 몇 가지

질문을 가지고 해답을 찾으면서 여러 가지를 경험하는 기획여행이었다. 많은 질문들 중 하나는 "돈을 많이 벌지 않아도 성공했다고 할 수 있는 삶은 어떤 삶인가?"였고 그 질문의 답을 듣고자 오디세이 길잡이교사로 일하다 목수로 전향하신 필립 님, 서울에서 완주로 내려와 자신만의 길을 개척하고 계신 통통 님과 홍홍 님, 그리고 완주에서 우리가 묵었던 게스트하우스 운영자 김병수 님을 만나 뵈었다.

각자 정말 다른 삶을 살고 계셨기에 같은 질문에도 해주시는 말씀은 각양각색이었다. 네 분은 우리가 준비해간 질문과 더불어 우리의 궁금증과 고민에 도움되는 많은 말씀들도 해주셨는데, 자신이 좇는 가치에 대해 옳고 그름은 없지만 그 가치를 쫓는 이유가 분명히 있어야 한다고 했다. 자신이 욕망하고 있는 것이 진정한 욕망인지 살펴보며 자신을 알아가는 것이 중요하다는 말씀도 해주셨다.

예전부터 돈이란 내게 굉장히 중요한 가치였기 때문에 질문 자체에 큰 공감과 기대를 걸지 않았지만, 여행을 하면서 질문을 넘어 그 이상의 것을 배웠다. 그동안 품어오던, 해봤자 별로 달라지는 게 없지만 자꾸 하게 되는 걱정이나 생각들에 대한 해답을 얻었다. 가장 크게는, 먼 미래에 대해 막연한 걱정을 하지 말아야겠다고 느꼈다. 그리고 또 꿈이라는 것을 거창하고 부담스럽게 여기지 않고 내가 좋아하는 일과 가까운 미래의 조그만 목표 같은 것으로 편하게 생각하는 여유를 갖게 되었다. 언제나 현실적으로 생각하면서 이리저리 재고 따지던 내가 멘토여행에서 처음으로 '조금은 낭만적이어도 된다'고 느꼈다. 그때 그 새로운 기분의 짜릿함은 아직도 잊을 수 없다.

세상을 바라보는 눈을 열어준 수업들

세상과 마주하는 수업이었던 '시민학', 관계와 무의식에 대해 공부했던 '관계심리학', 그리고 몇 번의 강연 같은 것들도 타인과 세상을 바라보는 내 시각과 생각을 크게 바꿔놓았다. 특히 '시민학'과 '관계심리학' 수업은 지금까지도 가장 기억에 남고, 내게 큰 영향을 준 수업이다.

'시민학' 수업은 생각의 좌표에 대해 공부하며 나의 주체성을 돌아보게 했고, 수많은 사회 이슈들에 대해 공부하면서 나와 세상을 살피게 해주었다. 인상 깊었던 주제로는, 페미니즘과 난민 혐오다. 그밖에도 청소년 참정권, 사형 제도, 나의 삶 등 다양한 주제들에 대해 이야기하고 공부하였는데, 그 주제에 대해 과제로 에세이를 꾸준히 쓰면서 생각을 글로 표현하는 훈련도 했다. 잘 모르던 이슈에 대해 새롭게 알게 되고, 관심이 많던 이슈에 대해서는 더 깊게 공부하면서 세상을 바라보는 힘이 생겼다. 내 생각(과연 정말 내 생각일지는 항상 검토해야겠지만)이 생겼고, 그래서 비판하는 힘이 생겼다. 부당한 것에 문제의식을 느끼고, 어디서 무엇이 어떻게 잘못됐는지 구조적으로 비판할 수 있게 되었다. 나와 직결되는 문제를 그저 내 시선에서만 보는 것이 아니라, 더 큰 문제를 더 넓은 시야로 볼 수 있게 된 것 같다. 그때 그렇게 배운 것들은 지금 다니고 있는 일반 고등학교에도 적용된다. 이 평범하고 평범한 고등학교에서 일어나는 여러 가지 문제들과 부당한 점들이 보였다. 그래서 더 많은 문제의식을 느끼는 만큼 더 많이 불편하고 답답했다.

'관계심리학' 수업은 이름 그대로 인간관계를 심리학적으로 접근하는 시간이었다. 약간의 이론을 제외하면 항상 활동수업으로 이루어졌다. 요상한 감정이 번번이 들었다. 그것은 아마 무의식이라는, 내가 그전까지 알고 있던 것과 아주 다른 세계를 접했기 때문일 것이다. 거의 수업 때마다 했던 '가족 세우기'는 한 사람을 정해 그의 가족이나 조직의 대리인을 무의식의 장에 세워 역할극을 하게 하는 것이다. 주인공은 무의식의 장 안에서 움직이는 대리인들을 통해 자신의 가족이나 조직이 처한 상태를 좀 더 객관적으로 볼 수 있게 된다. 나도 주인공으로 서보고, 다른 사람의 대리인으로도 서보면서 많은 것들을 느끼고 배웠다. 그 배움이 타인을 좀 더 객관적으로 볼 수 있게 해준 것 같다. 단점이라면 사람들의 속이 너무 훤히 들여다보여 슬플 때도 있다는 것이다.

나에게 가장 큰 영향을 준 이 두 가지 수업들 외에도 오디세이 학교에서 얻었던 수많은 경험과 배움이 내가 더 단단하고 영리하게 세상과 마주할 수 있도록 만들어준 것 같다.

주체적으로 산다는 것

처음 오디세이학교에 입학했을 때 내 목표 중 하나는 나 자신을 알아가는 것이었다. 나에 대해 너무 모른다고 생각했기 때문이다. 그래서 수많은 활동 속에서 나를 보려고 노력했고 나에 대해 탐구하려고 애썼다. 난 아직도 가끔 내가 낯설고 나에 대해 잘 모르겠다. 하지만 지금 와서 돌아보면, 오디세이학교가 나를 지켜주고 자아를 잘 확립할 수 있도록 도와주는 환경이었다고 생각한다. 모든 수업과 활동 하나하나가 스스로 생각하고 부딪치고 말하고 쓰는 것들이었다. 그리고 길잡이교사들이 나라는 사람에게 관심을 가져주고 궁금해 했다. 그래서 절로 내 생각이 생기고, 내가 좋아하는 것과 잘하는 것을 더 확실히 알게 되고, 내 가치관을 돌아보게 되고, 내 삶에 대해 생각해보게 되었다.

그렇게 한 해를 보내고 난 뒤, 난 일반 고등학교로 돌아갔다. 1학년 복교와 2학년 복교 중 선택할 수 있었는데, 난 1학년 복교를 택했다. 사실 오디세이학교에 입학할 때부터 그렇게 선택하기로 생각해두고 있었기 때문에 1년이 끝나갈 때 큰 고민 없이 결정할 수 있었지만, 그렇지 않은 다른 친구들은 시간이 갈수록 복교 여부와 학년에 대한 고민을 깊게 했다. 내가 복교를, 그것도 1학년 복교를 택한 가장 큰 이유는 성적과 교과과정에 대한 두려움 때문이었다. 오디세이학교에서도 일주일에 하루는 교과수업을 하지만, 일반 고등학교보다는 터무니없이 적은 시간이었다. 그래서 1학년으로 복교해 기본기를 더 탄탄히 다져 조금이라도 더 좋은 성적으로 더 좋은 대학교에 진학하고 싶었다. 다른 친구들은 나이나 친구 문제로 1학년 복교를 꺼리는 경우가 많았는데, 나는 그때까지 한 해 빠른 년생으로 살아왔고, 중학교 졸업 후에 멀리 이사를 한 탓에 1학년과 2학년 어디에도 친구가 없어서 딱히 그런 고민은 하지 않았다. 하지만 그런 상황이 아니었다고 해도 내 선택은 변하지 않았을 것이다.

최근 들어서는 2학년으로 복교하지 않은 것이 조금은 후회가 된다. 학교에 대한 불만이 쌓이기 시작했기 때문이다. 주체성을 강조하고 실제로도 주체적이고 능동적으로 활동해야 했던 오디세이학교와 달리 일반 고등학교에서는 능동적으로 할 수 있는 일이 별로 없다. 그저 시키는 대로, 주어지는 대로 해야 하는 일들이 대부분이다. 모든 질문에는 교과서라는 하나의 답이 존재하고, 대부분의 활동은 한 자리 숫자의 등급으로 평가된다. 그리고 나란 사람 자체에 대해 물어봐주고 관심 가져주는 사람도 없다. 상담은 그저 입시 상담뿐이다. 또 교실과 수업 상태는 생각보다 훨씬 열악하다. 정말 어린 열일곱 살들이 많고, 유치한 어른도 많다.

올해 일반고에 입학하고 지금까지 단 하루도 학교에서 나를 잃어간다는 느낌이 사라진 적이 없다. 그전에도 확실한 자아를 찾았던 건 아니지만, 그렇다고 지금 이런 상황과 상태는 절대 아니었다. 내가 좋아하던 게 뭔지 까먹고, 꿈꾸던 게 뭔지 까먹고, 내 가치관도 점점 잃어 문제의식도 덜 느끼게 되었다. 오디세이학교에서 보낸 일 년이 통째로 사라지는 기분도 들고, 모든 걸 잃어버리는 것 같아 처음엔 많이 속상했다. 지금도 그렇긴 하지만, 그래도 이제는 이렇게 기억을 더듬으며 글도 쓰고, 오디세이학교 수료 때 썼던 책도 펴보고, 학교에서 했던 이런저런 활동들을 뒤져가며 나를 잃지 않으려고 애쓰는 중이다. 아무 생각 없이 수동적으로 하라는 것을 해야 할 때는 수동적으로 움직이는 나를 자각하고 주체적인 나를 깨워서 상황에 따라 행동해야겠다고 느낀다. 내가 지금 당장 능동적으로 행동하고 생각한다고 해서 100% 그런 사람이 된 것은 아니라는 걸 이제는 조금 알 것 같다.

작년 오디세이학교에서 참 좋은 사람들과 좋은 커리큘럼 속에서 많은 배움을 얻었지만 하루하루가 언제나 힘차고 뜻 깊었던 것은 아니었다. 길이 안 보여 무서울 때도 많았고, 기대했던 만큼 성과가 없을 때도 있었고, 생각이 많았던 만큼 고민도 더 많았다. 우울감에 찌들어 하루를 보낸 날도 셀 수 없다. 나랑 다른 가치관을 가진 몇몇 사람들과 함께하는 일도 쉽지 않았다. 페미니즘 얘기를 꺼낼 때 이어지는 정적과 지겹다는 듯한 눈초리에 정말 외로웠고, 그 경험은 아직까지도 트라우마처럼 남아 있다. 하지만 격려와 응원을 해주신 분들도 많았다. 그래서 이상향에 가까운 곳이었다고 말할 수 있다.

그래도 작년 한 해 난 참 열심히 살았고 지금도 그때를 생각하며 열심히 살고 있다. 인생에서 지금의 고등학교 환경이 끝이 아니라 또 다른 환경이 펼쳐질 것이고, 난 또 다른 고민을 하고 있을 것이다. 확실한 건, 빛났던 오디세이학교 한 해 동안의 배움이 날 크게 도와줄 것이고, 그럴 수 있도록 계속 되새길 거라는 것이다. 열심히 살다 보면 언젠간 또 그렇게 이상향에 가까운 환경을 만날 수 있을 거라고 생각한다.

나는 부적응을 선택했다

박진슬
오디세이하자 2기를 수료하고 일반 고등학교로 돌아가
입시 준비를 하다 지금은 다른 진로를 모색중이다.

대안학교의 대안

중학교 3학년, 나는 기숙학교로 진학하고 싶었다. 당시 고등학교 3학년이던 누나를 보면서 나는 고등학교 생활을 다르게 보내야겠다고 생각했다. 매일같이 싸우면서 가족 모두가 힘들어지기보다, 부모님 영향에서 벗어나 학교에서 같이 생활하기를 원했다. 친구들과 더 많은 시간을 보내고 싶었던 걸 수도 있겠다. 그러나 기숙학교를 가기에는 점수가 너무 낮았다. 그때 아빠가 농담처럼 툭 던졌다. "간디학교는 어때?"

열심히 인터넷을 뒤져보았다. '간디학교가 어떤 곳이기에 아빠가 의미심장한 미소를 지었을까?' 하는 의문으로 시작된 탐색이었다. 간디학교의 시간표를 보니 놀라웠다. 내가 보기에는 온종일 노는 것 같았다. 그저 부러웠다. 공부가 어지간히 하기 싫었던 모양이다. 그러면서도 불안했다. "이 학교를 나와서 내가 할 수 있는 일이 있을까?" 하는 생각이 앞섰다. 이전까지는 대안학교를 사고치는 애들이나 다니는 학교로 알았다. 나와 내 친구들 모두 '대한학교'로 알고 있었으니. 나는 '대한학교'가 나라에서 운영하는 교도소처럼 학생들을 다루는 학교인 줄 알았다.

그해 겨울 간디학교 학교체험 캠프에 갔다. 나는 이 학교에 다니고 있는 사람들은 졸업 후에 무엇을 할지에 관한 답을 가지고 있을 거라 생각했다. 하지만 그 기대는 바로 접어야 했다. "이 학교를 나와서 무엇을 할 거냐"는 나의 질문은 "벌써 그런 걸 생각하냐"는 말에 묻혀버렸다. 하지만 나는 대안학교라는 곳이 성적과 상관없이 모두를 소중히 여기고, 그곳에 가면 모두 다 중요한 사람이 될 수 있는 곳이라는 것을 알게 되었다.

담임선생님께 간디학교에 다녀온 이야기를 하자 선생님은 오디세이학교를 권했다. 마침 입학설명회가 열렸다. 입학설명회 때 설명을 들어도 어떤 학교인지 잘 알 수가 없었다. '넘나들며 배우기' 등 쉽게 이해가 되지 않는 말들도 많았다. 하지만 입학을 결정하는 일은 어렵지 않았다. 무엇보다 1년을 보낸다는 점이 마음에 들었다. 나는 대안학교에 가고 싶었지만 확신이 차지 않은 상태에서 3년을 보내기는 두려웠다. 그 상황에서 한 해만 보낼 수 있는 대안학교가 있다니, 좋은 선택이었다. 나에게 오디세이학교는 대안학교의 대안이었던 셈이다.

다른 사람의 신발을 신고 걸어보기

학교생활에서 가장 인상에 남는 것은 회의다. 오디세이학교에서의 회의는 우리에게 직접 관련된 문제나 주제, 예를 들면 수업 시간에 핸드폰 보는 일, 지각 등을 해결할 방안을 다 같이 찾는 자리였다.

회의를 거듭하면서 우리는 규칙이 없으면 정신없고 효율적으로 토론을 못한다는 점을 알았다. 그래서 토론규칙을 정해 교실에다 대문짝만하게 걸어두었다. 많은 다른 활동들이 있었지만, 나는 토론이 가장 인상 깊었다. 내 말끝에서, 친구의 말끝에서 우리의 교칙이 생겨나오는 경험 덕에 나는 내가 이 학교의 구성원임을 느꼈다. 전에 내가 입학하기도 전에 존재했던 학교 교칙들과는 다르게 말이다.

오디세이학교에서 편집부 활동은 가장 많은 시간을 들여 열심히 했고, 가장 재미있었던 활동이다. 격월로 오디세이학교 기사를 실은 잡지를 만드는 일이었다. 별거 아닌 줄 알고 시작했는데, 그 작은 소식지를 만들기 위해 밤늦도록 학교에 남아 회의하고 집에 와서도 새벽까지 글을 써야만 했다. 그리고 다음날 또 학교 일과를 마치고 모여서 글을 수정하고 소식지 구성에 대해 논의해야 했다. 하지만 나는 글을 쓰는 일이 즐거웠다. 쓰고 난 후에 여러 사람이 내 글을 보고 재미있다, 잘 썼다 인정해줄 때 자랑스러웠다. 그 즐거움에 편집부를 일 년 내내 해왔다. 덕분에 글로 내 생각을 정리하고 남에게 전달하는 방법도 배웠다.

그런데 2학기가 되자 나는 퍼졌다. 1학기 때 너무 열심히 생활한 탓도 있겠지만, 무엇보다 방향을 잃었다. 가장 나를 힘들게 한 것은 친구들이 나와 다르다는 점이었다. 나는 회의를 정말 중요하게 생각했다. 어떤 문제에 대해 모두가 제 몫을 못했음에 책임을 지고 같이 해결책을 찾아 나가는 점이 오디세이학교가 다른 학교와 두드러진 차이점이라고 생각했다.

그런데 실제 오디세이학교는 적극적으로 참여해서 자발적으로 문제를 해결하고자 하는 친구들만 모여 있는 곳이 아니었다. 아니, 그런 친구들은 오히려 소수였다. 문제를 해결하려는 의지가 있는 사람은 적었고, 문제를 일으키는 사람은 매일 매일 반복되거나 그보다 큰 문제를 가지고 왔다. 내가 특히 힘들었던 것은 같은 안건이 반복되는 거였다. 앞서 머리를 맞대고 해결책을 찾고 규칙을 세워놨는데 그것을 어겨버리면, 나만 오디세이학교를 사랑하고 규칙을 소중히 여기고 다른 사람들은 학교를 부정하는 것 같아 괴로웠다. 그 당시 바깥사람들이 오디세이학교에 대해 뭐라 하는 것은 상관없었지만, 같이 학교를 다니는 친구들이 학교생활을 부정하는 모습을 보이는 건 견디기 힘들었다.

그래서 2학기에는 그런 친구들에게 회의라는 도구를 이용해서 공격적으로 대했다. 1학기에는 나도 그럴 수 있으니 다시 이런 문제가 일어나지 않으려면 무엇을 해야 할지 얘기했다면, 2학기에는 왜 너희들은 반성의 기미가 없는지, 막상 회의 시간에 아무 말도 안 할 거면 회의를 왜 하는지 따졌다. 언제 한번 내가 사회를 맡은 날에는, 늘 잘못을 저지르고 아무 말도 안 하는 그 친구들이 괘씸해서, 늘 회의에 적극적으로 참여하는 친구들 발언을 제한하고 "왜 그랬는지는 자신들이 제일 잘 아니까 우리끼리 추측하고 대책을 세우지 말고, 저 친구들이 직접 나와서 설명하기 전까지 아무 말도 하지 말자"고 제안했던 적도 있다. 나는 그날 회의라는 도구를 이용해서 친구들에게 범행 동기를 추궁한 꼴이었다. 내가 오디세이 회의에서 가장 감정적으로, 그리고 공격적으로 그들을 괴롭힌 날이었다.

지금 생각하면 그런 식의 회의 진행은 하지 말았어야 했다. 2학기에 나는 감정적이었고 때로는 비겁했다. 그렇게 학교생활을 한 결과 내 별명은 '왕부장', '제5의 길잡이'였다. 별명을 붙이거나 부른 친구들은 다른 의도가 없었겠지만, 그 별명은 나의 불명예 기록이다. 오디세이 생활 내내 강압적으로 회의를 끌고 갔다는 뜻이니까. 졸업 때 서로에게 준 졸업상장에 '부장님 나이스 상'이라고 적혀 있는데, 가끔 그 상장을 보면서 그때 생활을 반성한다.

졸업을 앞두고도 나의 이런 태도는 달라지지 않았다. 나만 열심히 하고 남들은 열심히 하지 않아서 문제상황이 바뀌지 않는 것 같았다. 졸업발표회를 앞두고 나는 선생님과 상담을 했다. "재들은 나 같은 애들한테 미안하지도 않을까요? 왜 저렇게 맨날 규칙 어기고 또 회의하고 또 어기고 또 회의하게 만드는 걸까요? 오디세이에서는 우리가 직접 규칙을 만들고 직접 학교를 구성해나가는 게 가장 중요한 거 아니예요?"라고 물었다. 그러자 선생님은 "그건 네 생각"이라고 하셨다. 각자가 생각하는 오디세이는 다르다며, 어떤 친구들은 오디세이에서 쉬었다 가는 것을 중요하다고 생각할 수도 있고, 또 다른 학생들은 자유로워지는 것이 중요한 것일 수도 있다고 하셨다. 그 말들을 듣고 내가 여태까지 친구들을 내 관점에서만 바라봤다는 것을 깨달았다.

나는 '역지사지'라는 말을 좋아했다. 어떤 사람이 처한 상황에서 나도 같은 판단을 할 수밖에 없다면 옹호했다. 하지만 만약 내가 같은 상황이라도 충분히 다른 판단을 할 수 있는데 그렇게 하지 않으면 정말로 미워하고 질타했다. 그때 내가 그런 상황이었다. '나는 아무리 그런 상황이더라도 규칙을 어기지 않을 텐데'라는 생각에 가득 차서 그 친구들은 많이 미워한 것이다. 그렇지만 나는 그 친구들이 어떤 부모 밑에서 어떤 사람들을 만나며 자라왔는지, 오늘은 또 그 친구가 어떤 사람들을 만나게 될지는 고려하지 않았다. 인디언 속담에는 '그 사람의 신발을 신고 1마일을 걸어보기 전까지는 그를 판단하지 말라'라는 말이 있다. 그런데 나는 그 사람의 신발은 신기는 신었는데 걸어보지도 않고서 "나도 신발 신어봤는데 별것도 아니더라, 엄살 부리지 말라"고 그 사람에게 말한 격이다.

다시 공교육에서, 비정상과 싸우기

오디세이학교에 다니면서 그동안 봐왔던 사람들과 다른 사람들을 만났다. 기존의 학교와는 다른 문화 속에서 살면서, 다른 학교에서는 다루지 않았을 주제에 대해 이야기를 나누기도 한다. 나는 오디세이학교를 다니는 동안 이런 환경이 내게 미치는 영향을 실제보다 적게 평가했던 것 같다. 오디세이학교에서는 어른들과 학생들 모두 별명을 불렀다. 별명을 쓰는 것은 어른들과 수평적인 관계를 만들 수 있다는 것을 의미했다. 어른들에게 다가가기 쉬운 환경이었다. 페미니즘에 대해서도 많은 이야기를 나누곤 했었다. 어려울 수도 있는 사회적 논란에 대해서 자유롭게 이야기할 수 있었고, 나와 의견이 다른 사람이 많고 내가 소수였어도 내 의견을 펼치는 데 두려움이 없었다. 오디세이학교는 그랬다.

일반 고등학교에 복교하고 나서는 많은 부분이 달랐지만, 이 부분이 가장 어려웠다. 누구도 합의된 결과를 기다리지 않았다. 학교를 운영하는 사람들은 대학을 많이 보낼 방법이라면 윤리적 고려 없이 진행하였고, 문제를 제기하기가 굉장히 어려운 환경이었다. 학생들은 교사의 지시에 무조건 따라야 했고 이의를 제기하면 문제시되었다. 교사들의 모든 행동에는 학생들의 동의를 구하는 절차도 없었고, 그들을 설득하려면 입시에 유리한 일이어야만 했다. 그들의 좋고 나쁨의 기준은 입시였다. 생활 속에서 많은 비정상과 마주해야 했다. 성적순으로 좋은 자습실 제공하기, 성적순으로 0교시 강제하기, 교사들의 성차별적 망언, 교사용 화장실 등 여기가 학교인지 학원인지 헷갈릴 정도였고, 몇몇 교사들은 자격이 의심스러웠다.

그중 가장 참을 수 없었던 것은 무투표 회장 선출이었다. 회장은 성적순으로 뽑고 부회장은 투표로 정하는 것을 받아들일 수 없었다. 선생님은 작년에도 똑같이 했다며 그대로 진행했다. 학생회장은 학생들을 대표하는 사람이며 우리 반의 의견을 전체 학생회에 잘 전달하는 역할이다. 비록 누구한테는 별것 아닌 학급 회장 선거라도 나에게는 중요했다. 중요한 회장선거를 선생님이 맘대로 정한다니, 나는 한 사람의 시민으로서 서울시교육청에 우리 반의 재선거와 선거제도를 바꾸어 달라는 민원을 넣었고 받아들여져서 재선거를 하게 되었다.

사실 일반학교의 제도가 완전히 문제가 있었던 것은 아니었다. 잘 지켜지지 않았을 뿐 학생인권조례도 있었고, 학교 교칙도 완벽하진 않지만 기본적인 민주주의 사항에 대해서는 잘 적혀 있었다. 지금 생각하면 나는 학교를 상대로 더 잘 싸울 수 있었는데 그러지 못했다. 학생인권조례를 핸드폰에 저장해 매일같이 숙지하고 다니면서도 머리 염색 금지에 대한 논의나 교복 착용에 대한 학생 투표 요청을 하지 않았다. 가능성이 없다고 생각해 적극적으로 싸우지 않았다고 핑계를 댈 수 있지만, 사실 시도만으로도 의미가 있었을 것이다. 적어도 회장 선거에 출마하여 실제로는 열지도 않으면서 교칙과 인권조례에만 존재하는 학생회의를 개최했어야 했다.

현실이 어쩔 수 없다고 지쳐 내가 멈춘 순간 정말 아무것도 바뀌지 않았다. 내가 더 노력했어야 했다. 학생회의 개최만 성공했어도 회장에 대한 개념이 많이 달라지지 않았을까. 만일 내가 더 적극적으로 싸웠더라면 변화의 가능성은 더 많지 않았을까. 오디세이에 있을 때부터 일반학교의 실태에 대해 확실히 파악하고 그곳에서 살아갈 준비를 하고 나갔어야 했다. 내가 준비해야 했던 것은 '비정상과 싸우기'였다. 이 점에서 나의 일반 고등학교 시절 2년은 낭비에 가까웠다. 더 의미 있는 시간을 보낼 수도 있었기에 그 시간이 너무 아쉽다.

그렇지만 2년을 한심하게만 보내지는 않았다. 나는 글쓰기에 자신이 있었고, 글을 통해 내 생각을 전달하는 방법을 찾았다. 바로 오마이뉴스에 시민기자로 글을 쓰는 것이었다. 처음에는 학교에서 일어나고 있는 일들을 고발하려고 쓰기 시작했지만, 나는 글을 쓰면서 성장해갔다. 글을 쓰지 않았더라면 내 주변 친구들의 행동에 대해 원인을 파보지 않았을 것이고, 사적인 감정을 빼고 교사들에 대해 잘잘못을 가려보지 않았을 것이다. 글을 쓰면서 오디세이학교를 다니는 동안 선생님들이 했던 말들이 많이 떠올랐다. 당시에는 이해할 수 없었지만 글을 쓰면서 상대를 비판하려다 보니 그 말뜻을 이해할 수 있었다. 이 과정에서 나는 주춤주춤 성장했다. 오디세이학교를 졸업했지만, 계속 오디세이학교를 다니고 있었던 셈이다.

나는 부적응을 선택했다

오디세이학교에 가지 않고 남들처럼 일반 고등학교로 진학해서 졸업했다면 내가 어떤 모습일지 생각해본 적이 있다. 비정상을 어떻게 생각했을 것이며, 거기에 어떻게 반응했을까. 아마 불만을 느끼고 화를 내다가 아무것도 하지 않고 그대로 흘려보냈을 것이다. 그리고 얼마 지나지 않아 적응해서 문제를 감지하지도 못했을 것이다.

오디세이학교를 거친 고등학교 2년과 그대로 고등학교 2년이 된 나의 생활은 별 다르진 않았을 것이다. 똑같이 학교 수업을 듣고 똑같이 시험을 준비하며 똑같이 학원에 다녔을 것이다. 그러나 머릿속은 달랐다. 오디세이학교를 나온 나는 끊임없이 문제를 찾았고 옳고 그름을 따질 수 있었다. 졸업할 때까지 비정상에 익숙해지지 않았다. "한국 사회는 인맥 사회니까 대학을 가야 한다" 또는 "직업에 귀천은 존재한다. 그것은 너네들이 공부하기에 달렸다" 등 이런 말들을 받아들이지 않았다. 현실이 그렇다면 바꿔야겠다고 생각했다.

그러다 보니 점점 대학을 가야 하는 이유에 대해 고민이 많아졌다. 대학을 가야 하는 이유가 무엇이 있을까. 좋은 친구? 원하는 공부? 좋은 친구라는 것이 결국에는 인맥이라는 소리 아닌가? 대학을 다니지 않고 있는 지금도 나에게는 좋은 친구가 많다. 어른들이 우리에게 말하는 좋은 친구는 결국 출세를 위한 인맥 아닌가. 진정 좋은 친구를 만나라고 한 말이었다면 공부를 곁들이지 않았을 것이다. 우리나라는 공부하지 않아도 대학에 갈 수 있기 때문이다. 그밖에 어른들이 대학을 가야 한다고 말하는 이유는 '원하는 공부를 하기 위해서'라고 한다. 그렇다면 내가 원하는 공부는 무엇인가. 하고 싶은 일은 무엇인가. 내가 쓴 졸업 에세이에 이런 구절이 있다.

남들 시선을 신경 쓰지 않는 것이 좋다고는 하지만 나는 남들과 함께 살고 있는 존재이다. 그런 나는 남들의 잣대인 성적 안에 들어가서 잘 해낼 수 있어야 한다. 정말 아쉬운 일이지만, 어쩔 수 없다. 더군다나 오디세이를 나온 만큼 나는 내가 얼마나 공부를 하는지에 따라 많은 집중을 받을 것이다. 1년 놀러 간다고 했던 선생님들이 지켜보고 있다. 결과만 보는 학교에서는 좋은 결과를 내야만 나의 지난 1년이 헛되지 않았음을 증명할 수 있다.

나도 남의 눈을 의식하며 공부를 해야겠다고 생각했다. 그리고 그 행동을 옹호했다. 성적이 좋지 않아도 남들과 잘 어울릴 수 있다는 것을 나는 왜 몰랐을까. 1년 놀러 간다고 나를 무시하던 선생들과는 연을 끊어도 아무 문제없다는 것을 나는 왜 생각하지 않았을까. 공부를 잘하는 것이 그 선생들을 이기는 방법이 아니라는 것을 그때는 몰랐나 보다.

이렇게 내 말을 늘어놓으면 이렇게 말하는 어른들이 꼭 있다.

네가 사회에 불만이 많으면 좋은 대학 가서 바꾸라고, 네가 힘을 가져야 할 수 있는 것이 생기는 거고 대학을 안 가면 아무것도 하지 못할 것이라고. 그 말은 틀렸다. 누군가 사회가 그런 것이라 어쩔 수 없다고 생각한다면 그 생각은 존중하나, 나는 '어쩔 수 없는' 존재가 아니다. 나는 잘못됨에 적응하지 않겠다.

오디세이학교 설명회나 누군가가 오디세이학교에 관해서 물어올 때 심심치 않게 나오는 질문이 있다. "여기 나온 학생들은 일반학교로 돌아가면 잘 적응하나요?" 글쎄, 나는 일반학교로 돌아가서 잘 적응했던 걸까. 나는 가끔 교육청 민원으로 교사들을 귀찮게 했고, 많은 일반학교 교사들을 혐오했다. 같은 반 친구들 절반 이상을 속으로 몰래 싫어했고, 그들의 놀라운 젠더감수성 때문에 그들에게 공감하거나 동의하기 어려웠다. 오디세이학교를 졸업한 나는 공간, 사람, 분위기 등 모든 기준점이 오디세이학교에 맞추어져 있었지만 일반학교는 그 기준점에 따라가려는 노력도 하지 않고 있었다. 그렇다고 같이 무언가를 바꾸어가고자 할 동지도 없어 힘들었고, 그 이유로 때로는 학교에 가는 것이 괴로웠다. 내일도 변하지 않을 것이 틀림없어서.

왕따를 당한 적은 없었지만, 대부분의 친구들과 잘 어울릴 수 없었던 나는 이미 왕따나 다름없었다. 일반학교에 간 '왕방울'은 '박진슬'이 되지 못했다. 오디세이학교를 졸업할 때 일반학교에서 자퇴를 했다는 선배들을 이해하지 못했다. 그때까지만 해도 '그냥 중학교 때 지내던 것처럼 지내면 되겠지, 뭐 그리 어려운 거라고 자퇴까지 하나' 생각했다. 하지만 일반학교에 돌아가 한 달도 되지 않아 깨달았다. 나는 지금까지 살아온 대로 살아갈 수 없다는 것을. 잘못된 일에 적응할 수 없다는 것을. 그래서 일반학교를 다니는 2년, 정말 힘들었다. 학교를 잘 다니는 것이 적응이라면 나는 부적응자이다. 근데 나는 잘못된 일에 적응하지 못한다. 그래도 나는 부적응자인가.

조금 천천히 가도 괜찮아

김재인
오디세이하자 3기. 나래라는 별명으로 불렸다.
오디세이학교 수료 후 현재는 미국에서 고등학교를 다니고 있다.

몇 주 전, "오디세이학교 소개하는 책을 낼 건데, 거기에 실릴 글을 써주면 좋겠어요"라는 연락을 받았을 때 날아갈 듯 기뻤다. 글을 써달라는 부탁이 이렇게나 반가울 수 있다니, 오디세이 생활을 할 때는 그렇게도 힘들어하고 (물론 매번 열심히 쓰긴 했지만) 꺼려했던 일이었는데 말이다. 대학입시를 준비하고 있는 바쁜 시기에 이런 부탁이 반가운 것은, 수료 후에 어떤 오디세이 활동에도 참여할 수 없었던 아쉬움을 한 번에 해소할 수 있는 기회라고 생각했기 때문이다.

오디세이 수료 후, 나는 미국으로 이민을 오게 되었다. 흔들리지 않고 피는 꽃이 있으랴, 하는 말도 있지만, 새로운 환경에 적응

한다는 게 쉽지 않아 큰 폭풍우에 흔들리다 못해 날아가버릴 위기를 많이 겪었다. 하지만 아무리 흔들려도 뽑혀나가지 않을 수 있었던 것은, 오디세이에서 깊고 튼튼한 뿌리를 만들어 놓았기 때문이라고 생각한다. 수료한 지 거의 2년이 다 되어가는 지금도 어제같이 느껴지는 오디세이 생활에 대해 짧게나마 다시 떠올려 보고자 한다.

이런 학교에 가는 애들이 있어?

중학교를 마칠 때까지 나는 당연하단 듯이 '대학'을 최대 목표로 두고 살았다. 무엇을 하고 싶은지에 대해서는 아무 생각이 없었지만 모두가 그렇게 살아가고 있으니까 나도 당연히 그래야 한다고 생각했다. 나는 자신이 무엇을 좋아하는지도 잘 몰랐고, 제대로 알아볼 기회나 시간조차 없었다. 학원과 학교를 뺑뺑이 돌면서 중학교를 마쳐갈 무렵, 학교에 비치되어 있던 다양한 고등학교 홍보물에서 처음 오디세이학교에 대해 알게 되었다. 그에 대한 나의 첫 인상은 "이런 학교에 가는 애들이 있어?"였다.

당시 중학교를 졸업하면 당연히 고등학교를 가고, 또 수능을 보는 것이 모든 청소년들의 숙명이라고 생각하던 나는 충격을 받았다. 학교에서 공부만 하는 게 아니라 여행을 가고 음악을 하고 몸을 움직이고… 마치 다른 세상의 이야기처럼 느껴졌다. 공부에 지쳐있던 나는 오디세이학교에 흥미가 생기기는 했지만 복교 후에 다른 친구들보다 뒤처져 있을 거라는 불안감과 두려움 때문에 쉽게 지원할 생각은 하지 못했다.

하지만 몇 주 후, 평소 대안교육에 관심을 갖고 있던 부모님의 권유로 오디세이학교에 대해 더 자세히 알아보면서, 학교의 설립 취지와 선배들의 후기 등을 읽어보고 진지하게 지원을 생각해보게 되었다. 현재를 좀 더 의미 있게 보내고 싶었고, 오디세이학교의 취지인 '삶의 주체가 되어본다'는 것이 앞으로 나에게 꼭 필요한 일이라고 느껴졌기 때문이다. 또한 나 자신에 대해 여유를 가지고 조금 더 깊게 알아보고 싶었고, 무엇보다도 내가 무얼 하며 살고 싶은지, 나의 꿈이 무엇인지를 가장 찾고 싶었다.

2017년 3월부터 2018년 1월까지, 채 일 년도 되지 않았던 오디세이 생활은 내게 3년 동안의 중학교 생활보다 더 길게 느껴졌다. 짧은 기간 내에 많은 활동을 했기 때문이기도 하지만 무엇보다 경험했던 것 하나하나가 너무 새롭고 의미가 있었기 때문이 아닌가 싶다. 오디세이에서 했던 수많은 활동들에 대해 말하기 전에, 오디세이하자의 공간 자체이자 지지대였던 '하자센터'에 대해 소개하지 않을 수가 없다.

당시 오디세이학교는 모두 네 개의 기관(꿈틀학교, 공간민들레, 하자센터, 혁신파크)으로 나누어져 있었는데, 나는 집에서 가장 가까운 하자센터에 배정받았다. 하자센터는 네 기관 중에서도 개성이 강하고 여러 단체들이 모여 있어서 매우 색다른 곳이었다. 20

년이라는 짧지 않은 역사를 가지고 있는 하자의 문화는 〈하자의 일곱 가지 약속〉에 담겨 있다.

1. 하고 싶은 일을 하면서 해야 하는 일도 할 거다.
2. 나이차별, 성차별, 학력차별, 지역차별, 인종차별 안 한다.
3. 어떤 종류의 폭력도 행사하지 않을 거다.
4. 내 뒤치다꺼리는 내가 할 거다. 남에게 피해를 주지 않는다.
5. 정보 때문에 치사해지지 않을 거다. 정보와 자원은 공유한다.
6. 입장 바꿔 생각할 거다. 배려와 친절
7. 약속은 지킬 거다. 못 지킬 약속은 안 할 거다.

이 일곱 가지 약속은 내가 하자센터에서 일 년을 보내며 가장 하자의 문화는 (어떻게 보면 당연한) 이러한 약속들이 희미해진 사회에서 공공연하게 서로를 존중하고 배려하자는 약속 그 자체로 안정감을 가져다주었다. 또한 하자는 큰 마을이자 공동체 같은 곳이었는데, 입촌식, 시농제, 성년의 날, 김장잔치 등 하자의 모든 사람이 참여하는 하자마을 의례들은 함께 살아간다는 게 무엇인지를 내게 일깨워주었다.

또 다른 대안학교들과 하자의 판돌(직원)들과도 많은 교류를 할 수 있었는데, 다양한 사람들을 만나면서 그들의 이야기를 듣는 것이 나의 시야와 생각의 폭을 확장시키는 데 큰 도움이 되었던 것 같다. 넓은 공간 역시 하자의 장점들 중 하나였다. 오디세이 교실만이 아니라 하자 안에 있는 다른 공간에서도 수업을 들을 수 있었고, 점심시간에 그 넓은 공간을 자유롭게 돌아다닐 수 있었던 점이 무척 좋았다.

오디세이학교의 색다른 수업들

우리는 보통교과(수학, 영어, 한국사)뿐만 아니라 아주 독특한 수업을 많이 들었다. 책 『오디세이아』를 낭독하는 '이타카', 자유롭게 몸으로 표현해보는 '바디톡', 음악과 친해지는 '음악잠수함', 영상을 다루는 '세상 속의 미장센', 자전거를 타고 직조를 하는 '목화공방', 우리가 직접 수업을 만들어보는 '기획수업' 등 다양한 수업들을 들었지만, 내가 개인적으로 가장 좋아했고 기억에 남는 수업은 창의력을 발휘해보는 '나, 글쓰기' 수업과 사회를 보다 깊은 눈으로 바라보는 '안테나 달기' 수업이었다.

'나, 글쓰기' 수업은 오디세이 친구들 각자가 가지고 있던 창의성을 최대한으로 끌어낼 수 있었던 수업이었다고 생각한다. 동화작가로 활동하는 이레와 함께했던 이 수업에서는, 글을 쓰는 데 논리나 문장력 따위에 큰 초점을 두지 않고, 자신이 원하는 대로 생각과 느낌, 감정들을 글을 통해 표현해보는 연습을 했고 그것을 이용해 주제에 맞는 글쓰기를 했다. 이레가 던져주는 주제들은 하나같이 말도 안 되고, 살면서 한 번쯤은 해보는 상상 같은 느낌일 때가 많았는데, 마치 어렸을 때로 돌아간 것처럼 즐겁게 글을 쓸 수 있었고, 피드백도 항상 각자만의 개성을 더 잘 살릴 수 있는 방향으로 해주셔서 항상 글쓰기 수업이 기다려졌다.

1학기가 끝날 무렵에는 나와 관련된 단어들을 골라서 사전처럼 뜻을 풀어보는 '나의 주관적 사전'을 만들었다. 나 자신에 대해 깊게 생각해보면서, 내가 좋아하는 것들과 나 자신에 대해 세세한 것까지 표현할 수 있어서 개인적으로 가장 좋았던 활동이었다. '안테나 달기'는 길잡이교사 고나가 진행한 수업인데, 사회로의 안테나를 단다는 뜻으로, 여러 사회 이슈에 대해 알아보고 이야기를 나누거나 여러 가지 활동을 하는 수업이었다.

나에게 '안테나 달기'는 오디세이 일 년을 통틀어 가장 알차고 의미 깊었던 수업이었다. 사회에서 일어나는 여러 일들에 대해 관심이 많기도 했고, 일부러 찾아보지 않는 이상 쉽게 접하지 못할 것들에 대해 아주 깊게, 친구들과 함께 배울 수 있었기 때문이다. 우리는 청소년 법, 노동자의 권리, 페미니즘, 위안부, 환경호르몬 등의 주제로 이야기를 나눴고, 이런저런 전시회나 위안부 할머니들의 수요집회에 참여하는 등 학교 밖에서도 학습을 했다. 정말 내가 알고 있던 세상이 얼마나 작은 세상이었는지 깨닫게 되는 기점이었던 것 같다.

보통 교과나 '안테나 달기'처럼 정보 전달이 명확한 수업을 제외하고는 사실 처음에는 그냥 노는 것만 같고 무언가를 배우는 느낌이 들지 않았다. 특히 '바디톡'이나 '이타카', '나 글쓰기' 같은 수업들이 그러했는데, 하나같이 부담 없이 편하고 즐겁게 수업에 임할 수 있어서 그랬던 것 같다. 하지만 수료할 시기가 되어갈 무렵, 큰 의미가 없던 것 같던 수업들이 실은 내게 중요한 것을 남겨주었다는 사실을 깨닫게 되었다. 몸을 쓰는 데 쭈뼛쭈뼛하던 이전과 달리 조금은 적극적으로 표현할 수 있게 되었고, 뜻도 잘 모르고 낭독하던 책의 깊은 의미 역시 좀 더 잘 알게 되었고, 그동안 숨어 있던 나의 창의력을 맘껏 드러낼 수 있게 되었다. 이러한 수업들 덕분에 오직 지식을 얻는 것만이 배움이 아니라, 익숙하지 않았던 무언가를 직접 그리고 꾸준히 해보는 것 자체가 엄청난 배움이라는 것을 깨닫게 되었다.

여행, 걸어서 바다까지

이러한 수업들이 수료가 다가왔을 때에야 의미를 느낄 수 있었다면, 일 년에 다섯 번을 갔던 여행은 수료 후에도 계속 생각날 만큼 아주 짧고 굵은 임팩트가 있었다. 우리는 9박10일 동안 걸어서 바다까지 가보는 '걸바', 5.18을 기념해 갔었던 광주여행, 고정희 시인을 추모하는 해남여행, 그리고 우리가 직접 기획해서 다녀보는 서울여행, 마지막으로 수료 에세이를 쓰기 위한 제주도 여행, 이렇게 다섯 차례 여행을 갔다. 모든 여행 하나하나가 큰 의미가 있었고 추억이었지만, 그중 가장 임팩트가 컸던 여행은 학기 초에 갔던 '걸바'였던 것 같다.

　걸바가 유독 나에게 크게 다가오는 이유는 다른 여행들은 모두 너무 즐거웠던 반면, 걸바는 오디세이 1년 가운데 가장 큰 고비였기 때문인 것 같기도 하다. 걸어서 인천 앞바다도 아니고 속초 바다까지 간다니, 체력이 약한 나로서는 상상조차 할 수 없는 일이었다. 우리는 4월 말 서울 영등포구에 있는 하자센터를 출발해서 날마다 잡아놓은 숙소까지 대략 30km 정도를 걸었고 숙소에 도착한 후 다 같이 모여 회의하고 잠들기를 반복해, 열흘 후 5월 초에 마침내 속초 바다에 도착했다. 걸어도 걸어도 끝이 없었고, 더군다나 핸드폰이나 그 어떤 전자기기도 쓸 수 없었기에 더 죽을 맛이었다.

　발에 물집이 생기고 힘들 때가 더 많았지만, 열흘을 함께 걸으면서 체력적으로 힘든 상태에서도 사람들과 함께하는 방법을 배웠고, 오히려 함께였기 때문에 끝까지 갈 수 있었다는 것을 알았다. 혼자서 걸었다면 분명 중간에 포기하거나 딴 길로 샜을 것이다. 중간중간에 작은 다툼들도 있었지만, 걸으면서 이야기를 주고받고, 힘들면 같이 앉아서 쉬어가고, 자기 전에 누워서 내일은 어떨지에 대해 이야기할 수 있는 친구들이 있었기 때문에 무사히 속초 바다를 볼 수 있었다고 생각한다. 마지막 10일차에 본 바다는 사실 그렇게 감동적이지는 않지만, 여태까지 본 바다 중에 가장 기억에 남는다. 긴 여정 끝에 다 같이 바다를 향해 달려갔던 그 순간은 평생 잊지 못할 것 같다.

성장을 안겨준 편집부 활동

　이 외에도 말도 안되게 많고 다양한 것을 했지만, 그중에서 가장 기억에 남는 것은 편집부 활동이다. 편집부를 하는 동안 할 일이 너무 많아서 자주 괴로워하고는 했지만 덕분에 나는 오디세이를 200% 겪어볼 수 있었다고 생각한다. 7명으로 이루어진 편집부는 (생각해보니 북두칠성이라는 비공식적 이름도 있었다) 오디세이 활동을 담은 격월간 소식지를 만들고, 수료 직전에 일 년 동안의 활동과 오디세이 각자의 에세이를 담은 마지막 수료 잡지를 만들었다. 그냥 각자 글을 쓰고 좀 수정하면 끝나는 일 아닌가 하는 가벼운 마음으로 시작했으나, 목차 구성(어떤 내용을 넣을지, 누가 어떤 글을 맡아 쓸 것인지, 어느 글이 메인이 될 것인지, 글 말고 또 어떤 콘텐츠를 넣을 것인지 정하는 것)부터 매 소식지 제목 정하기, 글 속에 들어갈 사진 고르기까지 할 일이 정말 많았다.

　소식지를 만드는 시즌이 다가오면, 3주 전부터 학교에 남아서 회의하고, 글을 각자 써 와서 다 같이 돌려보며 첨삭을 거친 후에 다시 수정했다. 회의가 길어지거나 글 첨삭이 수월하지 않으면 밤 10시가 되어서야 집에 돌아가곤 했는데, 집에 가자마자 잘 준비를 하고 다음날 눈 뜨면 바로 학교를 가야 해서, 내가 집에서 사는 건지 학교에서 사는 건지 모를 정도였다. 하지만 그만큼 편집팀 친구들과 오랜 시간을 함께했기 때문에 친구들끼리 친한 것을 넘어 전우애와 같은 끈끈함을 느낄 수 있었다.

이뿐만 아니라 글쓰기 실력도 많이 늘었다. 편집부에서 쓰는 글만이 아니라 오디세이 수업 관련한 글쓰기도 많아 수료가 다가올 때쯤에는 가벼운 글 한 편 정도는 눈감고 써내려갈 수 있을 정도로 글 쓰는 데 익숙해졌다. 글도 아주 많이 좋아졌는데, 첫 번째 소식지에 실린 글과 수료 잡지에 실린 글을 비교해보면 부끄러울 정도로 차이가 크다.

이렇게 다양한 활동들을 하면서 나는 많은 변화를 겪었다. 표면적인 것부터 말하자면, 소심하던 나는 전보다 많이 밝아졌고, 말도 많아졌고, 사회가 만든 틀에서 조금이나마 벗어날 수 있게 되었다. 항상 마음 깊은 곳에서는 '이런 행동이 학생답지 않게 보이면 어떡하지' 같은 생각을 가지고 살았는데, 오디세이에서 다른 가치관을 가진 사람들을 많이 만나면서 그런 고정관념에서 좀 더 자유로워질 수 있었던 것 같다. 교복 대신 내가 입고 싶은 옷을 자유롭게 입었기 때문에, 어떤 옷이 내게 어울리고 내가 진짜 좋아하는지도 알게 되었다.

옷뿐만 아니라 다른 분야에서도 그랬던 것 같다. 평생 시도해보지 않았던 것들을 직접 해보면서 생각하지도 못했던 것에 흥미가 생겼고, 내가 무엇을 잘하고 못하는지 알게 되었다. 지원동기였던 꿈은 찾지 못했지만 내가 좋아하고 싫어하는 게 뭔지를 알았고, 살아가면서 남의 속도에 맞추는 게 아니라 방향을 잘 설정하는 게 훨씬 중요하다는 걸 알았다. 그리고 무엇보다 소중한 친구들과 길잡이들을 만났고, 또 소중한 공간을 만났다.

일 년의 항해를 마치고

오디세이의 1년 과정을 '일 년의 항해'라고 표현하던 게 기억난다. 오디세이 항해를 무사히 잘 마치고, 나는 나름대로의 새로운 항해를 시작했다. 수료한 지 어느덧 2년이 다 되어가는데, 나의 항해는 잘 될 거라는 예상과 달리 폭풍우도 자주 만나고 번개도 많이 맞았다. 사실 수료할 당시에는 불안했지만 의욕에 넘쳐 있었고, 내가 오디세이에서 완전히 바뀌었으므로 앞으로 내 인생도 크게 달라질 거라는 막연한 기대감을 품었다. 하지만 아주 드라마틱한 변화는 없었다.

나는 의욕이 많았지만 그만큼 새로운 환경에 대한 겁도 많았다. 조금이나마 높아졌던 자존감은 벽에 부딪히면 다시 내려갔고, 삶의 속도와 방향에 대한 생각도 사실 조금 흐릿해졌다. 그래도 확실한 것은 오디세이가 있었기 때문에 새로운 시작을 향한 발걸음을 내딛을 수 있었다는 것이다. 새로운 언어, 문화, 환경, 모든 것에 적응하느라 외롭고 힘들었을 때 힘이 되어준 것이 바로 오디세이에서의 추억과 친구들이다. 친구들과 행복했던 추억을 돌이켜 보는 것만으로도 행복했고, 친구들과 직접 만나지는 못해도 거의 매일 연락을 하고 소식을 주고받았다. 서로를 응원하면서 몸은 멀리 떨어져 있지만 마음은 여전히 연결되어 있음을 느낄 수 있었다. 나의 길을 응원해주는 또 다른 가족이 생긴 기분이었다.

오디세이에서 배운 것처럼 나의 속도대로 살고 싶다. 남들이 다 뛰어갈지라도 나는 뛰다가, 걷다가, 멈추었다 다시 뛰기를 반복하면서 이렇게 천천히 나아가도 충분히 잘 살아갈 수 있다고, 나 같은 청소년들에게 알려주고 싶다. 쉬어가면서 걸어도, 그리고 혹 길을 잘못 들었다면 다시 돌아가도 괜찮다고. 삶은 속도가 아니라 방향이 중요하니까 말이다. 살다가 힘들어지면 가끔씩 펼쳐볼 수 있는 추억이 되어준 오디세이에게, 그리고 그 시간을 함께해주었던 모든 사람들에게 감사의 인사를 전한다. 모두가 당당하게 살아갈 수 있기를 진심으로 바란다.

2부

아이들과 함께 성장하기

실상사작은학교와 교류 중 모내기 일손 돕기 _ ⓒ 오디세이민들레

나는 더 이상 이상한 교사가 아니다

송동철
국어교사로 일반 중학교에서 7년 동안 근무하다 오디세이학교에 왔다.
첫해는 민들레에서, 올해는 하자에서 2년째 아이들을 만나고 있다.

갈증을 느끼다

"…제가 왜 이 모임을 기다리는지 생각해봤어요. 학교에 있으
면 자꾸 내가 이상한 사람 같은데 여기 오면 이상한 사람이 아니
라는 느낌이 들어서 그런 것 같아요. 나보다 더 이상한 사람들이
이렇게 많이 모여서 하루 종일 수업 이야기를 하는 걸 보면 왠지
안심이 되어서요."

지난여름, 2박3일 간의 교사 모임 마지막 날 사회를 보는 동료
선생님의 말을 들으며 마음 한구석에서 뭔가 찌잉 하며 울리는
기분이 들었다. 학교에서는 이상한 사람 같았다는 말이 내 마음
그대로였기 때문이었다.

그의 말대로 나는 이상한 교사였다. 학교에서는 자주 스스로가 유난 떠는 사람처럼 느껴졌다. 이를테면 나는 교사들의 대화에 좀처럼 녹아들기가 어려웠는데, 얼마간 붙임성 없는 내 성격 탓도 있었지만 그들의 대화에 끼어들 화제를 찾기 어려워서이기도 했다. 나로서는 함께 아이들을 만나는 동료 교사들과 자연스럽게 교육에 대해 이야기하고 싶은 욕구가 있었는데, 학교에서는 좀처럼 그런 대화가 오가지 않았다.

교사들이 학교나 학생에 대해 이야기하지 않는다는 말은 아니다. 아이들 이야기는 당연히 교사들 사이의 가장 흔한 화젯거리다. 가끔 회식이나 수련회 같은 식사 자리에 모여 앉으면 으레 이런 이야기가 오고갔다. 어느 반은 참 수업 분위기가 좋다든지, 누구 때문에 어느 반은 수업이 힘들다든지, 아무개는 참 착하더라, 같은 이야기부터 누가 누구와 사귄다든지 깨졌다는 깨알 같은 소식까지…. 물론 이런 이야기 속에서 아이들을 대하는 데 요긴한 정보를 얻기도 하고(눈치 없이 깨진 커플을 같은 모둠에 넣으면 정말 싸해진다), 때로는 아이들 때문에 상한 마음을 풀기도 했지만, 그건 학교라는 직장에서 동료들끼리 나누는 환담이기는 해도 교육에 관한 대화라는 생각은 들지 않았다.

처음 교사가 되었을 때, 수업을 망치는 꿈을 자주 꾸었다. 국어 시간에 아이들이 재미도 의미도 찾지 못한 채 그저 앉아서 버티고만 있을까봐 두려웠기 때문이다. 수업이 생각대로 풀리지 않은 날은 우울했고, 잘 풀린 날이면 하루 종일 기분이 좋았다. 몇 년 동안 나는 성취감과 좌절감 사이에서 매일 롤러코스터를 탔다.

한편으로는 담임으로서 아이들과 적당한 거리를 가늠하는 데 애를 먹었다. 학창 시절의 나는 개인주의적 성향이 강한 아이였다. 자연스레 처음 담임을 맡았을 때도 학급공동체의 응집력에는 관심이 없었다. 담임이 한 사람 한 사람과 눈을 맞추며 대화하면 충분하지, 반 아이들을 뭉치게 해야 한다고는 생각하지 않았기 때문이다. 오히려 '단합'이라는 말에 묘한 반감마저 있었다. 하지만 졸업을 앞둔 12월 어느 날, 나란히 청소를 하던 우리 반의 두 아이가 통성명을 하며 수줍게(?) 인사하는 장면을 목격했을 때 이런 나로서도 혼란스러웠다. 정말 내가 잘하고 있는 걸까.

그러니까 내가 학교에서 대화하고 싶은 것은 이런 이야기들이었다. 수업, 학급, 내가 교실에서 느끼는 두려움과 성취감 같은 것들. 내가 하는 말과 행동이 아이들의 성장을 돕고 있는 건지, 혹시 반대는 아닐지, 롤러코스터를 타는 와중에 문득 회의가 들 때면 이런 고민에 함께 머리를 맞댈 자리가 아쉬웠다. 학년이나 교과 협의회가 있었지만 논의가 아닌 전달하는 자리였다. 실제로 행정 사항을 전달만 하기에도 시간이 부족했다. 게다가 다른 이들이 이런 대화를 나누고 싶어 하는지도 알 수 없었다. 그렇게 몇 해를 지내던 나는 결국 수업에 대해 실컷 대화하기 위해 독서교육 하는 교사들의 공부 모임을 찾았다. 교육 이야기를 나누기 위해 학교 밖으로 향한 셈이다.

오디세이학교에 온 직후, 내가 느꼈던 갈증의 정체를 분명히 파악하게 되었다. 발령을 받고 오디세이민들레에 결합하기로 한 2월 중순부터 새 학기 준비를 위한 회의에 참여했다. 회의는 아침부터 저녁까지 며칠 동안 이어졌는데, 낯선 사람들과의 긴 회의에 몸이 피곤한데도 신기하게 저녁에 학교를 나설 때는 기분이 더없이 상쾌했다. 의미 있는 일에 시간과 노력을 흠뻑 쏟았다는 생각, 스스로가 문자 그대로 '교육적 논의'에 참여하고 있다는 실감 덕분이었다. 정수리부터 발가락 끝까지 온몸이 교육 이야기 속에 푹 잠긴 하루를 보내고 나면 내가 정말 교사구나 싶었고, 교사로서의 자신이 쑥쑥 자라고 있음이 느껴졌다. 그 성장의 감각 속에서 나는 그때까지 느껴온 갈증의 정체가 교사로서의 성장 욕구였음을 깨달았다.

학교는 배움의 공간이다. 그건 학생뿐 아니라 교사에게도 마찬가지다. 절차적으로는 대학을 나와 자격증을 갖추고 임용 절차를 통과하면 교사가 되지만, 실제로는 그 뒤로 매일매일 학생과 부대끼는 과정에서 비로소 교사로 만들어진다. 교육이 사람의 일인 까닭이다. 만나는 학생들의 성향과 상황이 다 다르고, 또 시시각각 변한다. 더욱이 교육은 교사 자신을 포함한 역동 속에서 이루어지는 일이어서, 이론적 지식을 빈틈없이 갖춘다고 좋은 교사가 되는 것은 아니다. 교사의 전문성을 '임상적 전문성'이라고 표현하는 것은 이 때문일 것이다. 교사는 교실에서 만들어진다.

하지만 경험이 저절로 성장으로 이어지는 것은 아니다. 실패가 성공의 어머니라고 하지만, 좌절감과 무기력증에 빠질 수도 있다. 어떤 경험이 성장으로 이어지기 위해서는 해석의 과정이 필요하다. 성공, 실패, 또 다른 무엇이든 경험의 주체가 그 의미를 이해하고 소화해낸 후에야 비로소 경험은 성장의 밑거름이 된다. 생각해보면 교사로서 나의 첫 7년은 낯선 경험의 연속이었는데, 그것을 해석할 언어와 공동체를 학교 안에서 찾지 못했다. 언어와 공동체의 부재, 그것이 내 갈증의 원인이었던 셈이다.

울타리 없는 교사 문화

오디세이 교사들은 일상적으로 교육을 이야기한다. 특별히 열정적인 이들이 모였기 때문이 아니라, 그것을 바탕으로 학교가 돌아가는 구조이기 때문이다. 교사들 자신이 교육과정의 주체이기 때문에 교육적 논의가 지속적으로 오가는 것이 필수적이다.

오디세이학교는 각 기관마다 3명의 교사와 20명 안팎의 학생이 있다. 3명의 담임이 스무 명 안팎의 학생들과 함께 지내는 셈인데, 일반학교와 비교해 교사의 역할과 권한이 훨씬 더 크다. 오디세이학교에서 교사는 온전한 의미에서 교육과정의 주체다. 교사들은 학교의 모든 교육활동을 설계하고 실행하고 평가한다. 일 년의 흐름 같은 거시적인 문제부터 점심시간을 몇 분으로 할 것인가 등의 세부 사항까지 교사들이 교육활동의 모든 측면을 함께 고민하고 결정한다.

2월은 집중적인 논의를 통해 일 년의 밑그림을 그리는 시기다. 작년의 평가 결과와 그해 선발된 학생들의 특성을 감안해서 일 년의 흐름을 구상한다. 모든 교사가 학생 면접에 참여하기에 그해 학생들의 대략적인 경향 정도는 파악할 수 있다. 대개의 경우 3월 한 달은 배움을 위해 몸과 마음을 전환하는 일종의 준비 기간으로 삼는데, 이 기간을 어떤 식으로 구상할지를 비롯해서 1학기 시간표에 어떤 수업을 배치할지, 여행은 언제 다녀오고 학기 말 학습 공유회나 평가는 언제쯤 하면 좋을지 등을 논의한다. 한 주의 흐름이나 하루의 일과를 어떻게 구성할지 등도 모두 이 자리에서 논의를 거쳐 결정된다.

학기 중에는 교사회의와 교사와 학생 모두가 참여하는 자치회의가 일주일에 각 1회씩 있다. 교사회의를 통해 교육활동을 지속적으로 점검하고 수업과 학생에 대한 정보를 공유한다. 대처가 필요한 갈등 상황에 대해 의논하기도 하고, 특별한 도움이나 관찰이 필요한 학생에 대해 이야기를 나누기도 한다. 임박한 여행이나 학습 공유회 등 비정기적인 교육활동에 대한 세부 계획을 세우거나 사후 평가를 하는 것도 이 시간이다.

이처럼 교사들이 교육과정에 대해 일상적으로 논의하고 의사결정을 하는 구조는 일반학교에서는 경험해보지 못한 것이다. 그때까지 나는 교사를 '울타리 안의 존재'라고 느껴왔다. 각자의 울타리 안의 일들은 온전히 혼자서 해결해야 하고, 울타리 밖의 일에 대해서는 무력한 존재. 각자의 일은 알아서 하고 서로의 영역에는 눈길을 주지 않았다. 이것이 내가 경험한 교사 사회의 에티켓이었다. 울타리를 넘나들며 무언가를 함께 할 수 있다는 생각을 해본 적이 없었다. 울타리 바깥에 대해서는 못 본 척하는 것이 미덕인 문화에서 도움과 참견은 구별되지 않았다.

수업과 학급이 대표적인 울타리다. 내 경험에 비추어 보면, 학교에서 교사가 다른 교사의 수업이나 학급운영에 대해 의견을 내는 일은 좀처럼 생각하기 어려운 '사건'이다. 교사 사회에서 그런 일은 정말 극도로 조심스러운 일이기 때문이다. 장학이라는 이름의 수업 공개가 신규 혹은 저경력 교사에게 떠맡겨지는 경우도 드물지 않다. 학기마다 교내의 같은 과목 교사들이 번갈아가며 서로의 수업을 참관하는 '동료장학'이라는 것이 있는데, 이때 참관자의 매너는 수업이 시작되면 금방 일어나주는 것이다. 혹은 아예 '깜빡'해준다든지. 담임의 학급운영에 대해서도 사정은 대체로 비슷했다. 울타리 안의 세상은 거의 사생활처럼 취급되었다. 고립에 익숙해질수록 노출이 두려워지고, 노출이 두려운 만큼 서로의 영역을 존중(?)하는 예의는 더욱 깍듯해졌다.

처음 오디세이학교에 와서 놀란 것이 이 지점이었다. 이곳에는 서로 넘보지 않는다는 의미에서의 울타리가 아예 존재하지 않았다. 모든 교육활동은 공적인 일이므로 언제든지 논의의 대상이 될 수 있다는 전제가 확고했다. 애초에 수업도 생활지도도 고립된 개인의 사투가 아니라 팀플레이의 산물이기에 교육활동에 대한 리뷰가 두렵거나 부담스러울 것도 없었다.

시간표 너머의 경험을 찾아서

교사들이 '원 팀으로서 교육과정의 주체가 되는 구조'의 힘은 강력했다. 교사가 개별 교과나 학급 같은 칸막이에 자신을 한정하지 않고 총체적인 관점에서 학교를 생각하자 '학생의 경험'이라는 관점에서 교육과정을 살필 수 있었다. '어떻게 하면 이 내용을 전달할 수 있을까? 이 단원이나 과목을 잘 이해하도록 도울까?' 하는 차원을 넘어 아이들의 성장을 위한 '시간표 너머의 경험'을 고민하는 것이다.

교실에 걸린 시간표를 보면 그 반 아이들의 학교생활을 그려볼 수 있다. 몇 시에 학교에 와서 언제 무슨 과목을 공부하는지, 점심은 언제 먹고, 마치는 시간은 언제인지 등이 한눈에 들어온다. 하지만 대개는 시간표를 만들 때 그 시간표에 맞추어 생활할 당사자인 학생들의 욕구나 심리, 생활 습관 같은 것은 거의 고려되지 못한다. 학교생활이 수업을 중심으로 구조화되어 있기 때문이다.

반면 오디세이학교에서는 학생의 경험을 중심에 둔다. 대부분 기관(학급)별로 담당 교사들이 직접 시간표를 만드는데, 이때 반드시 아이들의 입장에서 한 주의 흐름을 생각해본다. 예를 들면 이런 식의 논의가 오간다. 월요일 오전에는 너무 부담스럽지 않은 수업으로 한 주를 시작하는 게 어떨까? 자발적 참여가 중요한 프로젝트 수업은 아이들의 에너지가 남아 있는 화요일에 하는 게 좋을 것 같다. 교실에 앉아 있기에 집중력이 떨어지는 금요일 오후에는 신체 활동을 배치하자. 실제로 공부할 아이들의 입장에서 이 시간표가 어떻게 느껴질지를 고민하는 것이다.

일반학교의 시간표 작성 관행을 비판하는 것은 아니다. 학급과 교사가 많은 대부분의 학교들은 시간표 작성에 고려해야 할 요소가 많아 운신의 폭이 좁다. 음악실, 과학실 같은 특별실 사용이 중복되지 않아야 하고, 운동장과 체육관의 수용 인원도 고려해야 한다. 연달아 수업할 수 있는 교사의 체력에 한계가 있으므로 중간에 휴식 시간도 필요하다. 자유학기제나 학교 스포츠클럽 등 갈수록 고려해야 할 요소가 많아지는 추세인 데다, 결강 등의 돌발 상황에도 대처해야 하고, 교사들의 소소한 이해관계도 걸려 있기 때문에 시간표 작성을 둘러싼 사정은 매우 복잡하다.

오디세이학교에서도 우아한 논의만으로 시간표가 만들어지는 것은 아니다. 외부 강사 비중이 높은 학교 특성상 강사들의 일정 조율이 필수이고, 수업에 필요한 장소 섭외라든지 교사들의 회의 시간 확보 등 현실적인 요소도 감안해야 한다. 또한 아이들의 성향이 매년 다르기 때문에 예측이 빗나가는 일도 흔하다. 2학기 시간표를 작성할 때 학생과 교사들의 피드백을 반영하여 수업을 개편하거나 일정을 조정하는 것도 그런 이유에서다. 그럼에도 학생의 시점이 시간표 작성의 중요한 고려사항임은 분명하다.

시간표 사이의 틈새에 대한 상상도 중요하다. 아이들에게 수업 못지않게 큰 영향을 주는 것이 교실 공동체의 일상과 문화인데, 시간표 사이사이의 작은 틈새들이 문화를 만들어나가는 데 결정적으로 작용하기 때문이다. 예를 들면 학년 초에는 서로 어색해서 각자 휴대폰만 보게 되기 쉬우므로 올해 3월 첫 주는 쉬는 시간이나 점심시간을 굳이 길게 잡지 않았다. 한편으로는 보드게임 같은 것들을 비치해 아이들이 자연스럽게 어울릴 수 있는 환경을 만들기도 했다. 새 학년이 시작되고는 한동안 아침에 음악을 틀어둔 것도 일찍 온 아이들이 서로 서먹해하지 않고 편안한 느낌을 받게 하려는 의도에서다.

성취 너머의 성장

오디세이학교에 오기 전까지는 학생의 경험이라는 측면에서 교육과정을 생각해본 적이 없었다. 내 고민은 '어떻게 가르칠까'에서 '어떻게 배움이 일어나게 할까'로 나아간 정도였다. 교사들이 일상적으로 교육과정에 대해 이야기를 나누고, 시간표를 넘나들면서 총체적인 학습자 경험을 설계한다는 건 상상해본 적도 없는 일이었다. 그 결과 무엇이 달라졌을까? 나는 '모든 시간에 의미를 담을 수 있었다'고 답하고 싶다.

누구나 학교에서 무의미한 시간을 버텨본 경험이 있을 것이다. 덥고 춥고 다리 아팠던 교장 선생님의 훈화 시간부터 시늉만 하기 일쑤인 봉사활동이라든지, 요즘에도 여전한 영상을 틀어놓고 학생들은 각자의 일로 바쁜 'ㅇㅇ예방교육' 같은 것들. 대개의 경우 교실에 들어간 교사조차도 일일이 왜 하는지 굳이 따져보지 않는 그런 시간들 말이다.

오디세이학교의 교육과정에는 이런 '버티는 시간'이 없다. 교사가 교육과정의 주체로 선다는 건 모든 교육활동에서 '왜?'를 물을 수 있다는 의미이고, 교육적으로 의미 있는 것은 무엇이든 할 수 있으며 무의미한 것은 아무것도 하지 않을 수 있다는 뜻이기 때문이다. 입학식부터 수료식 사이의 모든 교육활동에는 분명한 교육적 목적이 담겨 있다. 물론 우리의 시도가 항상 성공적이지는 않았다. 자주 헷갈리고 더러는 실패했다. 하지만 적어도 교과의 칸막이를 넘어 교육과정을 상상하는 일이 '성취 너머의 성장'을 고민할 기회를 열어주었다는 것은 분명한 사실이다.

"힘들지만 지치지는 않습니다."

"힘들지 않으세요?" 아니면 "대단하시네요." 다른 학교의 선생님들에게 오디세이학교 이야기를 하고 나면 자주 듣는 반응들이다. 전자는 질문, 후자는 덕담(?)의 모습을 하고 있지만, '참 힘들겠다'는 전제를 깔고 있다는 점은 같다. 일반학교보다 잦은 여행(일 년에 세 번쯤 된다), 생소한 이름의 수업들, 낯선 학교 형태 등이 그런 판단의 근거이리라.

한동안 나는 이 '힘들지 않느냐'는 말에 대한 정확한 대답을 찾지 못해 애를 먹었다. 힘든 것이 사실이기는 한데, 일반학교에 있을 때도 힘든 것은 마찬가지기 때문이다. 그러니 묻는 말에만 답하자면 "네, 힘듭니다." 해야겠지만, 대개는 질문의 맥락을 고려하면 '그런 특이한 학교에서 근무하니 아무래도 더 힘들지요?'라는 의미였기에 단순하게 대답하기가 망설여졌다. 오디세이학교에 와서 전보다 딱히 더 힘든 것은 아닌데 뭔가 미묘하게 감촉(?)이 다른 것도 사실이라 그냥 "똑같습니다."라고 답하는 것도 내키지 않았다. 몇 번의 시행착오를 거친 후에 내가 채택한 표준 답안은 이것이다. "힘들지만 지치지는 않습니다."

학교에서 나를 지치게 하는 일은 수업이 아닌 그 밖의 일들이었다. 이를테면 이런 것들이다. 나는 체격이 큰 탓에 교사로서 처음 몇 년을 생활지도부에서 근무했는데, 몇 년 치 장부를 뒤져서 통계를 내야 한다든지, 학년별로 학교폭력예방교육을 몇 시간씩 받았는지 계산해내야 한다든지 하는 일들이 분기별, 학기별로 꼬박꼬박 돌아왔다. 그리고 가끔 사건 사고가 생기면 '사안 조사서'라는 걸 작성했는데, 이것도 고역이었다. 특히 평소 잘 모르던 아이를 앞에 두고 이것저것 캐묻다 보면 내가 교사인지 형사인지 자괴감이 들었다. 이런 식의 일들은 나를 아주 지치게 했고, 일 때문에 수업이나 학급에 충분히 신경을 쓰지 못했다는 생각이 들면 화가 났다.

오디세이학교에 온 지 2년이 되어가는 지금, 나의 학교생활은 여전히 힘들지만 지친다는 느낌을 받지는 않는다. 이곳에서 느끼는 피곤함은 마치 근육통 같아서, 힘들면서도 괴롭지는 않기 때문이다. 운동을 꾸준히 해본 사람이라면 알겠지만, 근육통은 불쾌한 통증이 아니다. 내가 통증의 의미를 이해하기 때문이다. 그 통증은 어제 흘린 땀으로 인해 더 튼튼해지고 있다는, 몸이 보내는 일종의 신호로 느껴진다. 계단을 오르내릴 때마다 뻐근함을 느끼면서도 마음이 뿌듯하다. 이곳에서 아이들의 성장을 지켜보면서, 또 그 과정을 돕고 있음을 실감하면서, 나 역시 내가 느끼는 피곤함의 의미를 긍정할 수 있었기에 좀처럼 지친다는 느낌이 들지 않았던 것 같다. 지금부터는 오디세이학교에서 경험한 만남의 방식에 관해 말해보려고 한다.

한걸음 뒤로, 잘 물러서는 법

오디세이학교의 교사들은 학생이 '배우는 자로 성장하는 것'을 중요한 가치로 여긴다. 처음 학교에 와서 이러한 방침을 접했을 때 무척 반가웠다. 나 역시 교사로서 처음 몇 년 동안을 잘 가르치기 위한 고민에 몰두했는데, 고민이 깊어질수록 중요한 건 '내가 잘 가르쳤는가'가 아니라 '아이들이 잘 배웠는가'라는 생각이 강해졌기 때문이다. 가르침이 아닌 배움을 중심에 두고 보니, 교사의 역할도 가르치는 사람이기 전에 배움을 돕는 사람이어야 한다는 생각이 들었다.

어떤 이에게 배움이 일어나려면 그가 배우기를 바라야 하고, 배울 줄도 알아야 한다. 한마디로 배움을 위해서는 배우기를 배우는 것이 필요하다. 교사가 된 이후로 줄곧 어떻게 하면 더 잘 가르칠까만 생각해온 나에게는 쉽지 않은 문제였다.

처음 맞닥뜨린 난관은 배우기 싫어하는 아이들이었다. 면접 때는 분명 '배우고 싶다, 열심히 배우겠다'며 또랑또랑했던 아이들이 막상 수업이 시작되자 금방 민낯을 드러냈다. 특히 일주일에 한 번 있는 교과 수업이 문제였는데, 중학교 때까지의 경험으로 다져진(?) 몇몇 아이들은 첫날부터 '안 하고 싶다.'는 메시지를 단호하게, 온몸으로 내뿜었다. 국어는 괜찮지만 수학은 못하겠다는 아이도 있었고, 교과 수업은 전부 하기 싫다는 아이, 과목에 상관없이 활동 수업은 괜찮지만 강의는 못 듣는 체질(?)이라는 아이… 취향도 다양했다.

그런 아이들과 대화하며 알게 된 것은 성적과는 무관하게 대다수의 아이들이 배움 자체에 질려 있다는 사실이었다. 성적이 나쁜 아이뿐 아니라 좋은 아이들도 별로 사정이 다르지 않았다. 한 아이의 표현을 빌면 중학교 때부터 "1도 안 궁금한 것들을 시험 때문에 아침부터 저녁까지 공부해야 하는 것에 질려버렸기 때문"이었다. 일종의 소화불량 상태랄까. 일단 배우고픈 마음을 깨우는 일부터 시작해야 할 것 같았다. 배가 고파야 먹고 싶은 생각이 들 것 아닌가.

그래서 국어 수업은 자기 이야기를 쓰는 것으로 시작하기로 했다. 누구나 비교적 부담 없이 할 수 있는 것이 자기 이야기를 들려주는 것이기 때문이다. 시에 대한 교사의 해석을 받아 적는 대신, 백여 권의 시집을 늘어놓고 세 시간 동안 마음에 드는 시를 찾아 천천히 감상했다. 그 후에는 자신의 경험과 비슷한 정서를 담고 있는 시를 찾아 옮겨 적고, 시를 읽고 떠오른 자신의 경험을 글로 풀어냈다. 글을 쓴 후에는 서로의 글을 돌려 읽으며 글쓴이에게 감상과 의견을 써주도록 했다. 다른 친구들이 쓴 글을 읽으며 서로에 대한 이해를 넓히고 자신의 글을 돌아보기 위해서다. 마지막으로는 교사가 학생들의 글을 읽고 근사한 점과 아쉬운 점을 함께 적어서 돌려준 후에, 친구들과 교사의 의견을 참고해서 고쳐 쓰기를 하여 글을 완성했다.

　내 경험상 글쓰기를 좋아하는 아이들은 소수다. 많은 아이들이 글쓰기를 어렵거나 싫은 일로 여긴다. 글을 써서 평가받기만 했지, 다른 사람들과 자기 글을 나눈다든지 잘 쓰기 위한 방법을 배워본 적이 없기 때문이다. 저자로서 자신의 글에 응답받아 본 경험이 없는 것이다. 그래서 이 시간에는 각자가 쓴 글을 교사뿐 아니라 친구들과도 서로 나누고, 글이 더 나아지려면 어떻게 해야 할지 함께 고민할 기회를 만드는 데 신경을 썼다. 서로의 독자가 되어준다면 모두가 저자가 될 수 있지 않을까? 아이들은 독자들의 의견을 받아 저자로서 자기 글을 향상시킬 방법을 궁리했다. 이런 과정을 통해 스스로의 글 쓰는 힘이 자라고 있음을 경험하기를 바랐다. 조금씩 성장의 즐거움을 맛본다면 잠들어 있는 배움의 욕망도 서서히 깨어나지 않을까? 이런 마음이었다.

나의 작은 시도를 사례로 들었지만, 오디세이학교 교사들은 저마다 수업과 일상을 넘나들며 꾸준히 아이들이 배움의 욕망을 회복하도록 돕기 위해 노력했다. 그러다 아이들이 배우고자 하는 순간이 오면 그들이 스스로, 서로 잘 배워나갈 수 있도록 조심스럽게 한 발짝씩 물러서기 시작했고, 아이들은 각자의 속도로 배워나갔다. 안전한 공동체 속에서 스스로와 서로를 알아가며 시작된 아이들의 배움이 차츰 넓은 세상과 다양한 사람들에 대한 관심으로 옮겨가기 시작했다. 1학기를 마쳤을 때, 아이들은 성적표 대신 수업과 일상 속에서 그들을 지켜본 교사들의 목소리가 빼곡한 '1학기 돌아보기'를 받아들고 방학을 맞이했다.

일단 첫발을 떼고 나자 아이들의 배움에는 무섭게 가속도가 붙었다. 2학기에는 스스로 질문을 던지고 세상 속에서 답을 찾는 활동으로 무게 중심이 옮겨가서, 아이들 스스로 기획하는 활동의 빈도가 높아졌다. 사회복지사, 항공기 정비사 등 관심 있는 진로 현장을 찾아가 인터뷰를 하거나 뮤지컬 극단에서의 짧은 인턴십을 기획하기도 했고, 외국의 교육현장을 탐방하고 오겠다며 한 달 내내 준비에 매달리는 아이들도 있었다. 이때부터는 아이들이 언제든 도움을 청할 수 있는 아이들의 '믿을 구석'으로서, 한걸음 물러나 배움을 지켜보는 일이 교사의 역할이 되었다.

하지만 지켜보는 교사가 가르치는 교사보다 결코 쉽지는 않았다. 이들이 배움에 질려 있던 그 아이들이 맞나 싶다가도, 어느 순간 참견 욕구(!)가 불쑥 튀어나온다. "잠깐 잠깐, 그렇게 하면 안되지!" 서툰 구석을 보아 넘기기 힘든 교사로서의 본능이랄까. 적절한 개입의 시점과 정도를 가늠하기가 어려웠다. 그때마다 배움은 실패에서도 일어날 거라고, 성공을 만들어주려 들지 말자고, 잘 실패할 수 있도록 지켜보는 것도 교사의 역할이라고 스스로를 다독이려 애썼다. 지금 생각해보면 오디세이에서 나의 첫 일 년은 잘 물러서는 법, 참고 지켜보는 법을 배우는 시간이었다.

담임쌤도 국어쌤도 아닌 그냥 동철

오디세이학교에서는 교사가 특정한 장면과 역할에 스스로를 한정하지 않고 다양한 방식으로 아이들을 만난다. 이전까지의 나는 담임, 국어교사, 동아리 지도교사 등 한정된 역할 속에서만 아이들을 만나왔다. 어떤 아이들에게는 담임쌤이었고, 어떤 아이들에게는 국어쌤이었으며, 또 다른 아이들에게는 동아리쌤이었다. 어떤 아이들에게는 둘 혹은 셋이기도 했지만, 그런 경우에도 상황마다 역할은 분명하게 구분되었다. 수업 시간에는 가르치는 사람이었고, 담임으로서는 통제하거나 돌보는 사람이었고, 동아리의 경우에는 그냥 가끔 보는 사람이었다.

반면 오디세이학교 아이들은 나를 '동철'이라고 부를 뿐, 국어쌤이나, 담임쌤, 프로젝트쌤이라고 부르지 않는다. 나는 국어 시간에는 제법 '선생님스러운' 존재이지만, 자치회의 시간에는 동등한 참석자 가운데 한 사람이다. 프로젝트, 그룹미팅, 여행 같은 다양한 학습활동 장면마다 나의 역할은 기획자, 조력자, 진행자, 1/n 사이를 역동적으로 오간다. 아이들이 교사를 ○○쌤이라고 부르지 않는 것은 교사들이 이처럼 유연한 형태로 아이들과 관계를 맺기 때문이다.

그룹미팅은 다양한 역할을 오가며 아이들을 만나는 대표적인 수업이다. 교사 한 명과 열 명 안팎의 학생들이 소그룹을 이루어 교육활동을 포함한 일상의 이야기들을 그룹 내에서 공유하고, 서로 피드백을 주고받으며 개개인의 배움과 성장을 점검하는 시간이다. 학년 초의 그룹미팅 시간에는 주로 '경청자'로 아이들을 만나는 데 중점을 둔다. 그룹미팅의 첫 번째 활동인 학습계획서 작성 과정을 예로 들면 이런 식이다. 각자가 오디세이학교를 선택한 이유를 돌아보고, 일 년 후에 자신이 어떤 모습이 되어 있기를 바라는지 이야기를 나누면서 스스로의 성장 목표를 설정하여 학습계획서를 작성한다. 처음부터 자신의 욕구를 파악해서 명확한 목표를 세우는 아이는 드물다. 욕구 자체가 명확하지 않은 경우도 있고, 타인들과 소통가능한 객관적인 언어를 찾지 못한 경우도 있다. 남들 앞에서 말하는 것 자체가 아직 부담스러운 아이도 있다. 이때 필요한 것은 적극적으로, 잘 들어주는 사람이다. 교사가 아이들과 눈을 맞춘 채 귀 기울여 듣고 질문도 하면서 그의 이야기를 함께 해석하는 것이다. 아이들은 교사와 다른 친구들의 질문에 애써 대답해가면서 조금씩 자신의 욕구와 목표를 명료화한다.

그룹미팅 초반부에 교사가 경청자로 아이들을 만나는 것은 그 자리에서 함께 듣고 있는 친구들에게도 중요한 의미를 지닌다. '잘 듣는 것'이 무엇인지, 왜 중요한지, 어떻게 하는 것인지를 직접 보여주는 일종의 모델이 되어주기 때문이다. 함께 공부한 친구들과 대화하면서 각자가 무엇을 느끼고 배웠는지를 지속적으로 공유하는 그룹미팅 시간에는 서로의 이야기를 잘 듣는 것이 무엇보다 중요하다. 경청하는 교사의 모습을 보면서 아이들은 자연스럽게 잘 듣는 법을 배우게 된다.

자치회의 시간에는 1/n로 아이들을 만난다. 교사와 학생의 역할이 따로 구분되지 않고 모두가 한 사람의 참석자다. 이 시간에는 공동체 내의 크고 작은 갈등을 비롯해서 의사결정이나 기획이 필요한 사안에 대한 논의에 이르기까지 다양한 안건을 다루는데, 각자가 불편함을 느꼈던 상황이나 언어문화에 대한 문제제기가 이루어지기도 하고, 자신들이 원하는 활동을 제안하기도 한다. 특별한 일정이 있을 때 기획이 이루어지는 것도 이 자리다.

아이들이 회의에 익숙하지 않은 학년 초에는 잠시 교사가 진행을 맡지만 의장단 선출 방식이 결정되고 나면 다시 공동체 구성원 중의 한 사람으로 돌아가 회의에 참여한다. 교사들이 1/n로 자치회의에 참여하는 것은 여러모로 긍정적인 결과를 가져온다. 일단 회의가 공론장으로서 작동하기 위해 필요한 수준의 긴장이

유지된다. 그리고 자치회의의 결정 사항이 교사를 포함하여 모두에게 실질적인 구속력을 발휘한다는 것이 명백해지므로, 구성원들이 자치회의의 논의에 대해 신뢰감과 효능감을 갖게 된다. 이러한 의사결정 구조 속에서 아이들은 자연스럽게 스스로 학교의 주인임을 체감한다. 갈등 해결부터 일과시간 변경까지, 스스로가 공동체의 의사결정에 참여하여 직접 만들어나가고 있음을 느끼기 때문이다.

일 년에 한 번쯤은 특정 수업에 대한 문제제기가 자치회의 안건으로 상정되는 일이 있다. 올해 1학기에도 특정 수업이 어렵고 지루하니 수업 방식을 바꾸어 달라는 의견이 제기되었다. 지극히 소비자적인 불만이지만, 어떤 수업이 싫다는 아이가 그 수업에 대한 논의를 제안하는 것 자체가 공론장에 대한 신뢰가 있다는 것을 의미하기도 한다. 그날 회의에서는 그 수업에서 배움이 잘 일어나지 않고 있다는 인식에 다른 친구들도 동의하는지, 원인은 무엇인지, 어떻게 개선할 수 있을지, 우리가 바꾸어야 할 것은 무엇이고, 선생님에게 요청할 것은 무엇인지, 정리된 의견을 어떤 방식으로 전하면 좋을지 등의 논의가 한 시간을 훌쩍 넘기며 오갔다. 그 다음 주에는 논의 결과를 가지고 해당 과목 선생님과 의논하여 수업 방향을 조정해냈다.

만약 일반학교에서처럼 아이들끼리 적당히 자치회의를 진행하고 교사에게 결론만 전달하는 구조라면 어땠을까? 수업에 대한 문제제기가 이런 방식으로 소화되기 어려웠을 것이다. 회의 자리에서 공적인 문제제기와 사적 감정이 구별되지 않은 채 수업에 대한 비난이 오가거나, 말해봐야 무슨 소용이냐는 냉소가 논의를 압도했을 수도 있고, 논의가 이루어졌더라도 전달받은 교사가 방어적 태도를 보였을 가능성도 있다. 수업에 대한 불만을 공적인 문제로 받아 안아 이야기할 수 있었던 것은 교사와 학생이 함께 둘러앉는 자치회의의 힘을 모두가 신뢰하고 있었기 때문이다. 이 일이 있고 얼마 뒤에 한 아이가 이런 말을 남겼다. "중학교 때까지 수업이 지겨우면 그 선생님이 못 가르쳐서라고 생각했는데, 그날 회의를 하면서 생각이 바뀌었다. 어쨌든 배울 사람은 나인데 선생님이 마음에 안 든다고 배우기를 포기해버린 내 문제였더라."

교사가 1/n로서 아이들을 만나는 방식이 갖는 또 하나의 매력은 이를 테면 페미니즘 같은 민감한 주제에 대한 대화를 시작할 수 있다는 점이다. 페미니즘은 최근 몇 년간 학교에서도 가장 뜨거운 이슈다. 사회적 이슈가 교실의 대화에까지 녹아드는 일는 드문데, 페미니즘의 세례를 받은 여학생들의 인식 변화는 놀라울 정도다. 2017년 상반기에 처음 『82년생 김지영』을 아이들에게 권했을 때만 해도 "이 책을 읽으면서 내가 겪은 일들이 차별이었다는 걸 알게 됐다."는 식의 반응이 많았는데, 불과 몇 달 만에 페미니즘은 교실의 가장 첨예한 이슈가 되었다. 페미니즘의 세례를 받은 여학생들의 맞은편에는 나무위키의 '불쏘시개' 항목에서 '82년생 김지영'의 이름을 접한 남학생들이 등장하기 시작했다.

이들은 '페미'가 사회악임을 믿어 의심치 않는, 이른바 '신념형 안티페미니스트'들이다.

이런 상황에서 교사가 여성혐오적인 언행에 대처하기란 쉽지 않았다. 잘못을 지적하고 주의를 줄 수는 있어도 소통은 어려웠다. '여성혐오는 페미들의 거짓 선동이고 남성이야말로 역차별의 피해자'라고 믿어 의심치 않는 아이들에게 권력 관계상 우위에 있는 교사의 꾸지람은 자신들의 신념을 재확인하고 강화하는 박해(!)에 지나지 않았기 때문이다. '교사가 학생을 지도'하는 구도 안에서는 성차별 문제에 대한 교육적 접근이 어려웠다. 이때 대화의 가능성을 찾은 곳이 자치회의 시간이다. 교사가 1/n로 참여하는 공론장에서 여성혐오 문제가 제기되자 나도 아이들도 훨씬 편안하게 논쟁할 수 있었다. 소위 '계급장을 떼고' 오가는 논쟁이었기에 남학생들은 부담 없이 자신들의 논리를 펼 수 있었고, 나 역시 '박해'로 받아들일 우려를 덜고 말할 수 있었기 때문이다.

교육 현장에서 논쟁적인 사회 문제는 가급적 피하는 것이 바람직하며 교사 역시 엄격하게 중립을 지켜야 한다는 주장이 있다. 교사가 '미성숙한' 학생들에게 개인적 편견을 주입할 것을 우려하는 입장이다. 하지만 나는 이런 생각에 동의하지 않는다. 인간은 그렇게 단순한 존재가 아닐 뿐더러, 지금은 '스쿨미투' 보도에서 드러나듯 오히려 아이들이 구세대의 '미성숙'을 폭로하고 있지 않나. 민주주의를 그저 몇 개의 보기 중에 하나를 고르는 객관식 자유가 아니라 시민들이 논쟁을 통해 여론을 형성해나가는 과정 자체로 이해한다면, 사회적 문제에 대한 논쟁은 민주주의에 대한 공부 그 자체다. 교사가 1/n의 자격으로 아이들을 만나는 일은 '지금, 여기'의 문제를 함께 이야기할 수 있는 더없이 좋은 기회를 열어주었다.

의미를 찾는 사람들

"주로 어떤 학생들이 오나요?"

지난 일 년 반 동안 가장 많이 받은 질문이자, 묻는 이가 알고 싶은 바에 따라 대답이 달라지는 질문이다. 오롯이 내 입장에서만 말하자면 가장 정확한 대답은 '정말 다양한 학생들이 모인다'는 것이다. 세상 모든 학교가 그렇듯이 말이다. 차이라면 이곳에서는 아이들이 좀 더 안심하고 제 빛깔을 드러낸다는 정도다. 하지만 나의 이 대답이 질문을 던진 사람들이 정말로 궁금해하는 바를 알려주지 못하리라는 것을 안다. 대개의 경우 그들이 알고 싶은 것은 좀 더 구체적인, 일반적으로 세상 사람들이 학교를 가늠할 때 근거로 삼을 만한 정보일 테니까. 이를테면 입학하는 아이들의 성적이라든지 성향 같은 것들.

그런 관점에서 말하자면 오디세이는 보통 학교다. 지극히 평범한 아이들이 모인다. 학업 성적이 우수한 아이도 있고, 낮은 아이도 있다. 교사보다 낫다 싶을 만큼 의욕적이고 성실한 아이가 있는가 하면 몸에 밴 무기력에 허우적대는 아이도 있다. 수줍어 하는 아이, 사교적인 아이, 수용적인 아이, 반항적인 아이…. 인원이 적은 학교의 특성상 구성원 각자가 미치는 영향이 상대적으로 크기에 매년 분위기가 조금씩 다르지만, 새 학년이 시작될 무렵의 오디세이학교 풍경은 대체로 일반계 고등학교의 1학년 교실과 다르지 않다. 학생 선발에 교과 성적을 반영하지 않을 뿐더러 면접도 주로 학교에 대한 이해라든지 학생 본인의 의지를 확인하는 과정일 뿐, 부러 '우수한' 학생을 뽑으려 하지 않기에 자연스러운 결과이기도 하다.

학생과 교사를 포함해서 말한다면, 나를 비롯한 오디세이학교의 구성원들로부터 발견한 공통점이 하나 있기는 하다. 그것은 모두가 '의미'를 찾고 있다는 점이다. 내가 경험한 오디세이는 학생도 교사도 스스럼없이 "왜?"를 묻는 학교였다. 이것을 왜 하는지 혹은 왜 하지 않아야 하는지, 학교를 왜 다니는지, 왜 공부하는지…. 의미에 목마른 이들의 학교에는 질문과 대화가 끊이지 않는다. 더 이상 '시험 때문에', '남들도 하니까' 같은 이유로 배우거나 가르치기를 멈추고, 서로에게 그리고 스스로에게 의미를 묻는 일이 이곳에서는 지극히 자연스럽다. 그리고 정답 없는 질문의 해답을 고민하기를 주저하지 않는 사람들 속에서, 나는 더 이상 이상한 사람이 아니다.

왜 교사가 아니고
길잡이인가

김희숙
오디세이민들레에서 길잡이교사로 아이들을 만나고 있다.

갑작스런 태풍에도 당황하지 않고

2019년 9월, 2학기 개학하자마자 준비해온 '질문을 갖고 떠나는 여행'이 막 시작되는 순간이다. 제주에 있는 지인들과 숙소 주인에게 연락을 한다. 진로를 바꿔가며 올라오는 태풍 소식에 내일 제주로 떠나는 일정이 가능한지 가늠한다.

이 여행의 첫 만남을 위하여 학생들은 하나둘 약속된 장소로 모여든다. 태풍이 오는데 어떻게 하냐는 걱정은 나나 학생들이나 매한가지다. 어디로 갈지, 누구를 만날지 다 같이 기획했고 함께 진행해야 하는 여행이라 '길잡이가 어떻게 하겠지'라는 생각을 할 수가 없다. 평소 갖고 있던, 혹은 이 여행을 계기로 갖게 된 질문에 답을 찾기 위해 만나고 싶은 사람을 찾아다니며 인터뷰하는 여행이다. 제주 일정은 우선 첫 만남 이후 주어진 정보를 갖고 다시 의논해 결정하기로 한다.

'질문을 갖고 떠나는 여행'의 첫 만남은 서울의 한 서점에서 이루어졌다. 혜화로터리에서 서점을 운영하는 시인이 인터뷰를 허락해주셨다. 이 만남을 기대하고 섭외하기까지 모든 과정을 맡았던 학생이 인터뷰를 진행한다. 시인보다 먼저 도착하여 서점을 둘러보고 몇 번이고 질문지를 읽고 준비한다. 시인과의 인사를 시작으로 인터뷰가 진행된다. 모두가 집중해 시인의 말에 귀 기울이며 메모를 한다.

학생들은 열일곱 살 인생의 고민들을 꺼내 놓는다. 미래와 진로, 관계와 감정에 대한 것들이 주된 질문이다. 시인은 '비교를 하는 순간 지옥이 시작된다'라는 말씀을 여러 질문에 반복해서 조금씩 변주하며 들려준다. 또한 어른이 된다는 것, 철이 든다는 것은 무슨 뜻이냐는 질문에 '아무 생각을 안 하면 폐를 끼치게 되는 것 같다' '생각을 많이 하는 사람은 철이 든다'며 역지사지를 할 줄 아는 사람이 어른이 아닐까 하신다.

자리가 끝나자, 이 만남을 성사시키고 인터뷰까지 진행한 학생은 큰 숨을 내쉰다. 이런 일을 해낸 자신이 놀랍고, 성취감에 가슴이 벅찬 듯하다. 다른 학생들도 덩달아 안심하고 기뻐한다. '뭔가 되긴 되는구나. 우리가 마음을 내고 움직이면 이런 성취를, 이런 배움을, 이런 만남을 이룰 수 있구나' 하는 것을 배우는 여행은 이렇게 시작되었다. 만나고 싶은 사람을 섭외해서 우리의 질문을 내놓고 그 질문에 그분은 어떻게 생각하는지 듣는 이 자리는 학생들이 몇 주간 애쓴 결과 만들어졌다.

이 만남 이후의 모든 순간도 이처럼 진행된다. 제주를 갈지 말지, 안 간다면 어디로 갈지, 대체 프로그램은 뭘로 할지 모든 것을 함께 의논하고 결정해야 한다. 아쉬움과 걱정, 새로운 것을 준비해야 하는 부담감까지 모두 함께 느끼는 무게다. 길잡이인 나의 역할은 우선 학생들에게 큰 틀을 제공하는 것이다. 틀이라고 해야 이 여행의 '의도'와 여행이 이루어지는 '기간'뿐이다. 그 외에 모든 것은 학생들이 기획하고, 나는 그 내용을 채우는 과정에서 학생들이 해야 할 일을 안내할 뿐이다. 먼저 그간 살아오면서 품어온 질문이나 이 여행을 통해 떠올린 질문들을 나누고, 그 질문이 명확해지도록 묻고 답하는 과정에서 질문이 해소되기도 하고 새로운 질문으로 정리되기도 한다.

질문이 정리되면 학생들은 누구를 만나고 싶은지를 각자 조사해 온다. 만나고 싶은 사람을 섭외하기 위해 다양한 통로로 접촉을 시도한다. 만나고 싶은 간절함이 담긴 글을 작성해 오면 이 글을 받아볼 분에게 내용 전달이 충분한지 살피는 일은 나의 몫이다. 섭외 글이 완성되면 이메일을 보내고, 만남이 성사되길 조마조마한 마음으로 기다린다.

이렇듯 길잡이인 나는 학생들이 물으면 여러 방안을 알려주고, 학생들이 하는 일을 뒤에서 받쳐주는 일을 한다. 방향이 옳은지,

기대했던 대로 진행되기 위해 무엇이 더 필요한지, 놓친 것은 없는지, 학생들의 역할이나 참여에 치우침은 없는지, 이런 것을 끊임없이 살피고 확인해준다. 학생들이 작은 생각 조각들을 내놓으면 맥락을 읽고 생각을 명료하게 하는 데 도움을 준다. 타자와 소통할 때 전하고자 하는 바가 오해 없이 잘 전달되도록 도와준다. 짚어야 할 주요한 이야기가 숨어 있을 때는 학생들을 대신해 질문하기도 한다. 때때로 분위기를 전환하기 위해 농담과 진지를 오가며 촉진자 역할을 한다.

여행에서 사람들을 만난 후, 만남에서 얻은 배움이나 자기 성찰을 나눌 때는 길잡이 또한 학생이 된다. 학생들이 내놓는 지혜와 성찰을 통해 더불어 배운다. 새로운 알아차림이 있을 때는 진솔하게 내놓는다. 내가 보고 판단하는 것이 다 옳은 것이 아님을 늘 밝힌다. 나 역시 한계를 갖고 있으며 다른 판단이나 의견이 있을 수 있으니 학생들이 그 다름을 표현해도 된다고 말한다. 길잡이라고 어찌 다 알겠는가. 그저 함께 배우고 익히는 점에서는 청소년이나 나이든 길잡이나 학생이긴 매한가지다.

밀도 있는 만남

2000년부터 대안학교 교사로 살아왔다. 대한민국의 열일곱 살 중 100여 명의 학생들이 오디세이를 선택하고 그중 20여 명의 학생들을 일상에서 만나고 그중에 10명의 학생을 아주 밀도 있게 만나고 있다.

지난날을 반추해보면 요즘은 초창기 교사 시절보다 훨씬 덜 개입하고 한걸음 뒤에서 보게 된다. 옳고 그름의 잣대가 촘촘했던 시절에 비해 느슨한 기준으로 일어나는 일을 살피려 한다. 꼰대가 되고 있구나 생각될 때면, 나는 스스로 꼰대라고 말한다. 그게 내가 선 자리이기 때문일 것이다. 꼰대가 되고 싶지 않아 학생들이 먼저 청하지 않으면 말하지 않으리라 다짐해도, 길잡이 자리에 서면 하나하나 짚게 되고 자꾸 이야기를 하게 된다. 그래서 아예 꼰대라고 인정하기로 했다. 이게 여행뿐만 아니라 일상에서도 내 역할이다.

매주 월요일, 하루 종일 학생들의 일상과 여러 주제를 놓고 이야기하는 그룹미팅 시간에 학생들의 고민과 어려움을 파악할 수 있다. 그룹미팅 안에서 다루지 못하는 개인적 고민이나 내밀한 이야기는 따로 시간을 내어 이야기를 나눈다.

쉬는 시간에 한 학생이 입을 쭉 내밀고 길잡이들이 앉아 있는 자리로 찾아왔다. 본인이 선택한 수업 담당 선생님이 자기를 싫어한다며 수업을 안 들어가겠다고 한다. 자초지종을 들어보니 첫 수업시간에 선생님이 자기에게 오디세이학교를 왜 선택했냐는 질문을 공격적으로 했다는 거다. "공부하러 왔다"는 자기의 대답을 갖고 물고 늘어지는 것으로 보아 자기를 싫어하는 것이 틀림없다며 눈물까지 글썽인다.

그의 이야기를 끝까지 들은 나는 자신이 느낀 대로 그 선생님과 이야기를 나눠보길 제안했다. 그는 많이 망설였지만 용기 내어 선생님과 이야기를 나눈 후 오해를 풀게 되었다. 이후 그는 '칭찬이 고픈' 자기를 발견하고, 왜 그런 자기가 되었는지까지 알아차리게 되었다. 이 알아차림 후 그는 새로운 모습으로 변해 있었다. 이렇듯 학생들의 변화와 성장은 비난 없이 응원하는 만남에서 이루어진다.

오디세이학교 학생들이 함께 생활하는, 3월부터 12월까지 10개월이라는 시간은 학생과 길잡이들이 동시에 변화를 일으켜야 하는 시간이다. 삶에 대한 희망을 이야기하고, 다양한 관계에서 받은 상처를 새로운 관계를 통해 회복하고, 고유한 존재로 자신을 긍정할 수 있는 내면의 힘을 기른다. 배움의 기쁨을 경험하고, 그래서 배우는 사람이 되어야겠다고 스스로 자신의 위치를 '학생'으로 자리매김하는 변화를 위한 시간이다. 입시 경쟁에서 한 걸음 떨어져 나와, 어떻게 살고 싶은지, 뭘 할 때 뿌듯하고 즐거운지 살피는 일을 한 해 동안 하는 것이다. 그걸 위해 길잡이는 끊임없이 여러 역할을 넘나들며 학생들의 곁에 머문다.

그런데 이 일은 길잡이 혼자 할 수 있는 게 아니다. 같이 하는 동료들의 지혜와 힘을 빌려야 한다. 여느 교사들이 그렇듯, 나 또한 학생들이 늘 예쁜 것은 아니다. 수시로 벌어지는 다양한 일들 속에 속이 상하기도 하고, 학생들이 밉기도 하고, 이해가 되지 않을 때도 많다. 그럴 때 동료들은 다른 시각에서 다르게 본 지점을 이야기해준다. 그러면 내게 문제로 보인 것이 다른 시각에서는 문제가 아님을 발견하게 된다. 그럼 그 문제가 사라진다. 또 혼자 해결할 수 없는 지점에 맞닥뜨리면 동료들이 나선다. 각자의 경험과 지식으로 서로 해결책을 제시한다. 하지만 이렇게 함께하는 것이 늘 쉬운 일은 아니다. 소통을 위해서 들이는 시간과 노력이 만만찮다. 여러 단위에서 회의를 해야 하고 업무시간을 넘어서도 소통을 해야 한다.

날마다 나를 일으켜 세우며

길잡이인 나의 즐거움은 학생들의 태도가 바뀌고 배움과 성장에 대한 욕구가 일어날 때 극대화된다. 처음 비를 맞는 아이의 경이로운 느낌처럼, 처음 한글을 읽을 수 있게 된 어린아이의 기쁨처럼, 무언가를 맞닥뜨리고 쿵쾅대는 가슴을 느낀 경험들을 놓치지 않고 기억하고 기록하게 한다. 이것이 입시 이외엔 중요한 것이 없게 된 우리의 교육 현실 속에서 학생들이 정말 자기를 사랑하는 길이 될 거라 믿기 때문이다.

오디세이학교에서 보호자들과의 소통도 중요한 한 축이다. 보호자와 길잡이는 한 학생을 성장하도록 돕는 협력자이다. 서로를 신뢰하고 의논해나갈 때 조금 더 온전한 이해를 갖고 학생을 도울 수 있다. 또한 보호자들은 내 아이만이 아니라 함께 배움의 길에 들어선 내 아이의 친구들도 함께 돌보는 마음을 가져야 한다. 내 아이만 잘될 수가 있겠는가. 내 아이 곁에 있는 친구도 함께 배우고 성장할 때 내 아이도 든든하게 성장할 수 있을 것이다. 이런 것을 견지해내는 몫도 길잡이의 역할이다.

이렇게 이야기하고 나니 길잡이가 뭔가 엄청 잘하는 듯 보일 수도 있지만, 실상은 그렇지 않다. 날마다 후회하고 날마다 나를 다시 세운다. 배우는 자가 되라고 이야기하면서 스스로 그 길에 있지 않으면 내가 하는 이야기는 허공에 맴도는 헛소리가 된다. 나는 만나는 학생들에게 내 삶과 배움에 대한 여정을 참 많이 개방한다. 매일 영어 책을 한 페이지씩 읽고 있다고, 나도 가르치기 위해 꾸준히 공부를 하고 있다고 말한다.

나는 사과도 잘한다. 말을 잘못 알아듣고 잘못 이해하고 잘못 말할 때도 많다. 그럴 때 속이 불편하고 얼굴이 뜨거워진다. 제때 사과를 하지 못하고 어물쩍 넘어가면 며칠을 끙끙거리며 속앓이를 하게 된다. 부끄러움을 숨기는 것에 더 힘이 든다. 그럼에도 내가 어떤 지점에서 실수하고 깨달았는지도 솔직하게 꺼내놓으려고 애쓴다. 매일이 쌓여 역사가 되는 거라는 이야기는 비단 학생들에게만 해당되는 것이 아님을 보여준다. 거기엔 실패와 부끄러움, 그리고 성취가 함께 녹아 있다. 지금도 나는 어떻게 살 것인가를 늘 고민한다고 아이들에게 이야기한다. 실제로 그렇다. 진솔하려고 노력하는 사람과 길을 찾는 열일곱 살의 청춘이 만나는 것이 오디세이학교라고 생각한다.

'질문을 갖고 떠나는 여행'은 안전하게 마무리되었다. 그 속에 성취감과 뿌듯함, 아쉬움이 알알이 배어 있다. 학생들이 던진 질문의 답은 열일곱 살이 지닌 지금의 답이다. 거기서 촉발된 또 다른 질문을 안고 있기도 하다. 이 답이 마흔에도 유효할지는 알 수 없다. 다만 지금 답을 찾아 걸어온 이 길이 배움의 여정이 되듯, 또 어느 시기 물음이 생기면 그 물음을 해결하기 위해 길을 떠나길 바란다. 책을 통해서, 사람을 통해서 꾸준히 찾아가다 보면 답은 그 시점에 맞게 다가올 것이며, 이 배움의 여정을 함께하는 것이 길잡이인 나의 몫이다. 나는 오디세이라는 특별한 선택을 한 학생들이 이곳에서 '삶의 의미와 방향'을 찾는 시간, 그리고 '배우기를 배우는 시간'으로 일 년의 시간을 경험하길 바란다. 그게 내가 오디세이 여행을 시작한 학생들 곁을 지키는 이유다.

교육은 팀플레이다

서명희
대전 한남대학교에서 글쓰기를 가르치고 있다. 2019년 1학기까지
4년 반 동안 오디세이민들레에서 말과글 수업을 맡았다.

공교육과 대안교육의 만남

나는 문학교육 연구자다. 현재 한국 문학교육학의 담론은 교과
교육학을 대상으로 한다. 주로, 공교육 안의 문학교육을 다룬다
는 말이다. 그러나 문학교육학이란 현실의 문학교육을 분석하고
파악하는 데 그치는 것이 아니라 그 본질과 의미를 탐색하여 미
래의 전망을 제시하는 일이므로, 나는 언제나 제도 안의 문학교
육을 '넘어선' 교육에 관심을 두어왔다.

2010년 가을, 한 선배로부터 대안학교 수업을 하나 해보지 않
겠느냐는 제의를 받았다. 문학교육학은 중등교육을 연구하기 때
문에 실제로 10대 청소년이 대상이지만, 나는 대학에서 늘 20대
청년들을 만나고 있었다. 대안학교 수업을 하면 현장에 가서 직

접 청소년을 만날 수 있다. 그것도 정해진 내용만을 다루어야 하는 제도권 교실과는 다른 조건에서. 매력적인 제안이었고, 무엇보다 그 선배가 아는 사람들이 관여하는 곳이라는 점이 신뢰감을 주었다. 그렇게 공간민들레와의 인연이 시작되었다.

교육의 본질을 구현할 방안을 탐색하고 이를 이론화하여 새로운 교육의 모델을 제안하고 싶은 연구자와, 현실교육의 테두리 안에 담기지 않는 교육을 실천하고자 하는 대안교육 현장은 잘 맞았다. 밖에서 보는 시선과 달리 대안학교의 교실에는 배움을 갈망하는 진지한 학생들이 많았다. 나는 공간민들레 수업을 바탕으로 몇 편의 논문을 쓰기도 했고, 한국문학교육학회에서 대안학교의 문학교육에 대해 발표하기도 하면서 이곳에서의 경험을 연구와 접목시키려 노력했다.

2014년 가을 무렵 공간민들레는 새로운 시도를 하고 있었다. 서울시교육청에서 학교 내 청소년을 대상으로 1년간 창의적이고 자율적인 교육과정을 통해 삶과 학습의 의미와 목표를 탐색하는 전환학년 과정을 신설 운영하려는 계획이 추진되고 있었고, 공간민들레는 이 교육에 함께하고자 나선 것이다.

나로서는 반가운 일이었다. 자유로운 교실에서 공교육 학생들을 만난다니, 연구자로서 이보다 좋은 기회가 있을까. 이 아이들과 무엇을 하면 좋을까, 여러 가지 계획도 세워보았다. 설레기도 했다. 문학교육연구에서 이루어지는 이른바 '교실에서 하는 실험'이나 '검증'이라는 것이 얼마나 제한적인지를 생각하면 내게 주어진 선물 같은 기회로 여겨지기도 했다.

대안교육의 장에 들어온 공교육 아이들

2019년 1학기까지, 4년 반 동안 오디세이학교 아이들을 만나 말과글 수업을 했다. 공교육 아이들을 만나는 일은 생각보다 쉽지 않았고, 매년 더 힘들어졌다.

처음 느낀 어려움은, 토론이 잘 이루어지지 않는다는 점이었다. 아이들은 성실하고 순한 얼굴로 자기 의견을 말하고 나서 나를 바라보았다. 친구의 의견에 대한 생각을 물으면 당혹스러워하며 잘 모르겠다고 대답했고 아이들은 다시 나를 바라보았다. 내가 다시 질문을 던지며 누군가를 지목하면 지목당한 아이는 대답했고, 다른 아이들은 나를 바라보았다. 당황스러웠다. 대안학교 아이들은 수업 시간에 항상 자기 이야기를 하고 싶어 했고, 다른 친구가 의견을 말하면 그에 대한 다른 의견이 잇따랐다.

일반학교에서 오랜 시간을 보낸 이 아이들은 달랐다. 자기 의견을 말할 기회를 주면 아이들이 즐거운 마음으로 임할 거라는 예상은 순진했다. 아이들이 긴장하고 어려워하는 데는 이유가 있다. 아이들은 익숙하지 않은 상황에서 긴장한다. 아이들은 발언하고 그것을 평가받는 데 익숙하므로 교사의 평가를 궁금해 할 뿐, 친구의 발언에 대한 자기 생각이나 느낌 같은 걸 들여다보는 일은 어색해 했다.

일반 교실에서는 학생들 간의 상호작용을 장려하거나 중요시하지 않는다. 그러니 아이들은 다른 친구의 의견이 궁금하지 않다. 학생이 발언하고 교사가 평가하면 그만인 것이니 내 차례가 오면 준비한 발언을 한다. 이 정도가 성실한 학생에게 요구되는 태도이다. 다른 학생이 무슨 말을 하는지는 크게 중요하지 않다. 관심을 가질 만한 것이라면 어떤 말을 한 아이가 좋은 평가를 받는지 기억하는 일 정도이다.

문제는 이러한 교육이 서로에 대한 무관심을 조장하고, 서로에 대한 무관심은 토론을 어렵게 하는 이유가 되어 예상치 못한 악순환을 낳는다. 2016년 6월 체코 프라하 짤쯔대학교에서 열린 국어교육학회의 국제학술대회에서 전주교대의 서현석 교수가 초등학생들의 토론이 잘 이루어지지 않는 이유가 서로에 대한 무관심 때문이라고 발표하는 것을 들으며 나와 유사한 판단을 하는 사람이 더 있다는 걸 확인할 수 있었다.

3기, 4기로 갈수록 이 문제는 '사소한' 문제가 되었다. 아이들이 몇 달에 걸쳐 여러 교사들로부터 반복적으로 꾸준히 깊은 관심을 받고 자기 이야기를 경청하는 사람들을 경험하면서 이런 문제는 자연스레 해결되어갔다. 관심과 소통의 문화가 확산되면 자연스레 토론은 활성화된다. 토론이 활성화되면 자기 생각이 어떤 점에서 설득력이 있고 없는지, 어느 지점이 자기만의 독특하고 창의적인 생각인지를 판단하는 능력이 발달한다. 발표하고 글 쓰는 능력이 성장하는 중요한 바탕이다.

2018년 봄에 만난 4기 오디세이학교 아이들은 모처럼 활기찬 분위기였다. 덩달아 고무된 나는 희망을 품고 수업에 들어갔다. 하지만 곧 이 아이들은 조금도 수업에 집중할 의사가 없으며, 몇 페이지씩 되는 텍스트를 집중해서 읽은 경험도, 읽을 의지도 없다는 사실을 알게 되었다. 뿐만 아니라 조금의 틈만 보이면 기를 쓰고 환호하며 수업 분위기를 난장판으로 만들었다. 시집을 읽고 마음에 드는 시를 골라보라 하면 성적 표현이 들어 있거나 사춘기 아이의 성적 성숙과 관련된 시를 골라서 낭송하다 킬킬거리며 웃고 발을 굴렀다.

그제야 나는 청소년도 성적 주체임을 인정하지 않고 무조건 그런 것들을 배제하려고 드는 현장 교사들을 답답해하며 이론을 논의하고 교과서를 만들던 나의 태도를 반성했다. 중학생이면, 고등학생이면 이 정도 수준의 글을 읽고 이해하지 않겠는가, 왜 좀 더 깊이 있는 내용을 다루지 못하는가 하고 한심해하던 나의 무지함을 통탄했다. 하지만 문제는 성 이슈를 배제함으로써 해결되는 것은 아니다. 진지한 태도로 왜 웃는지, 그 시가 왜 흥미로운지, 어떤 점에서 공감이 가거나 그렇지 않은지를 질문하고 공적인 논의의 장에 끌어내주면 아이들은 달라졌다. 성과 연애에 대해 진지하고 솔직하게 토론할 수 있게 되는 데 그리 오래 걸리지는 않았다.

몇 해 동안 오디세이 수업에서 느낀 것은, 아픈 아이들이 늘어간다는 것이다. 9년 동안 학교를 다니면서 상처받고 병을 얻는 아이들이 점점 늘어가는 것인지, 아니면 유독 마음의 병을 안고 있는 아이들이 살기 위해 오디세이를 찾는 것인지는 알 수 없었다. 매주 수업이 있는 날이면 점심시간, 쉬는 시간마다 길잡이 교사들, 강사 선생님들과 함께 아이들 걱정을 하고 정보를 나눴다. 내가 모르는 동안 어떤 사고가 있었는지, 누가 누구랑 갈등이 있는지, 어떤 아이에게 무슨 문제가 생겼는지.

학교 폭력을 경험한 아이들이 정말 많았다. 똘똘하고 사려 깊은 아이들도 초등학교 고학년에서 중학교 사이에 또래 사이에서 폭력적인 경험을 하고 나면 지적으로 정서적으로 무기력해지는 것 같았다. 학교가 그렇게 폭력적인 공간이었나 하는 질문이 머리를 떠나지 않았다. 또래 간 폭력이나 부모의 지나친 간섭이나 지속적인 압력은 복잡하고 어려운 상처를 남긴다. 아이가 자신의 성격이나 무능력, 노력 부족을 탓하면서 무기력해지거나 자조적이 되기 때문이다.

대화와 팀플레이의 힘

민들레오디세이의 교사들은 온갖 푸념과 고민을 함께 나눈다. 이런 집단이 또 있을까 싶을 정도로 순도 높은 대화를 나눈다. 대화의 90%가 아이들 이야기이거나 수업 이야기이다. 광주 혁신학교 교사였던 천정은 선생님이 쓰신 책 『당신의 교육과정-수업-평가를 응원합니다』에서 '수업 짝꿍' 동료와 수업에 대해 자주 구체적인 이야기를 나누며 협력하는 일을 대단히 특별하고 귀한 경험으로 언급했던 것으로 보아 이런 일이 흔하고 자연스러운 일은 아니지 않을까 막연히 생각한다.

오디세이학교의 길잡이 교사들은 종일 학생들과 하나의 공간에서 생활한다. 나는 '비언어 반언어'에 대해 수업할 때 이에 관해 언급하곤 한다. 공간의 배치도 의미를 담은 기호이다. 다양한 방식으로 공간이 권위를 표현할 수 있고, 특정인들을 배제하거나 차별할 수도 있다. 어떤 학교가 중앙 현관의 학생 통행을 막는 것, 교실에 한 단 높은 교단을 설치해두는 것, 교장실은 반드시 행정실을 통해서만 들어가게 하는 것 등은 모두 권위를 표현하는 공간의 배치이다. 오디세이학교의 길잡이 교사들이 학생 공간과 분리되지 않은 곳에서 집무를 보는 것은 그런 점에서 매우 중요한 의미를 담고 있다. 교사들이 높은 피로도를 감수하면서 외치는 것이다. 우리는 열려 있으니 언제나 대화하자고.

3월에 곧바로 교과 수업을 시작하지 않고 긴 전환여행의 기간을 갖고 출항식을 거치면서 아이들과 학기 초 수업을 진행하기가 훨씬 좋아졌다. 몸과 마음의 워밍업이 되어 있다고 할까. 그런 중에도 학습을 힘들어하는 아이들은 늘 있다. 단편소설 한 편을 읽는 일이 난생처음이라 버거운 아이도 있고, 자기 생각을 글로 표현하는 일에 대해 경험이 아예 없는 아이도 있다. 최근 2~3년간 조금씩 다루는 자료와 작품의 난이도를 낮추고 있다는 생각에 1학기 내내 초조해지곤 했다.

민들레의 길잡이 선생님들과 이런 고민을 나누었다. 내 수업에서는 거칠던 아이가 축구를 그렇게나 잘하고 운동할 때는 리더십을 발휘해 다른 친구들을 잘 챙긴다는 이야기를 듣거나, 깊이 생각하는 것을 어려워하고 늘 '잘 모르겠다'는 말만 되풀이하며 두세 줄 이상의 글을 쓰기 힘들어 하는 친구가 음악 활동을 열심히 하고 피아노 연주를 잘한다는 것을 알게 되면 신기하게도 다음 수업 시간 그 아이가 다르게 보였다. 어쩐지 밉지 않고, 입을 떼고 한두 마디의 의미 있는 반응을 보여주는 것도 그렇게 대견할 수가 없었다.

내 수업은 전부 학생과 학생, 학생과 교사의 대화로 이루어진다. 말하기와 글쓰기는 가치 있고 풍부한 생각을 할 수 있을 때 비로소 제대로 할 수 있는 것이고, 말과 글을 읽는 것은 생각을 키우는 일이다. 생각을 형성하고 키우는 일은 외부의 지식을 꿀꺽 삼켜서 이루어지지 않는다. 너와 나, 우리들이 만나서 아주 구체적으로 마음을 터놓고 판단과 느낌을 나누면서 비로소 생생하고 의미 있는 나의 생각이 형성된다.

대화는 글쓰기 능력의 향상에도 매우 중요한 역할을 한다. 다른 사람들과 의견을 나누면서 내 생각에 형체가 생겨나고 말로 표현하면서 내용이 명료해지기 때문이다. 가치 있고 구체적인 생각을 갖추는 것이 글쓰기 능력의 핵심이 된다. 물론 대화는 글을 읽는 능력의 향상에도 매우 도움이 된다. 글 역시 작가가 독자에게 건네는 대화이니, 여기에 함께 참여해 의견을 나누면 막연하던 의미가 손에 잡히기도 하고 뜬구름 잡는 추상적인 이야기들이 나와 내 친구의 이야기임을 깨닫게도 된다. 그래서 대화가 중요하다.

오디세이학교에서 대화는 도처에서 이어진다. 아이들은 대화로 아침열기를 시작하고, 그룹미팅에서, 프로젝트 활동에서, 다른 수업들에서, 그리고 짬짬이 관찰의 촉수를 거두지 않는 교사들과의 길고 짧은 상담들에서 끊임없이 대화한다. 교사들은 교사들대로 수업에서, 그리고 틈틈이 아이들과 대화하고, 점심시간과 수업 전후의 짧은 시간을 쪼개 교사들끼리 대화한다. 우리는 서로의 수업이 어떻게 이루어지는지, 어느 수업에서 어느 아이가 어떤 일을 했는지 듣는다.

내가 파악하기로, 오디세이학교는 쉼 없이 대화하는 거대한 팀 플레이 조직이다. 단 한 번도 내가 혼자 수업한다는 생각을 해보지 않았다. 대학에서는 내 강의만 성실하게 잘하면 아무 문제도 일어나지 않는다. 물론 어떤 문제가 일어나지 않게 하려고 오디세이학교 구성원들이 대화를 하는 것은 아니다. 우리는 은연중에 하나의 팀이라는 의식을 가지고 있는 것 같다. 소중한 아이들을 함께 기르는 원 팀. 끝없이 대화하고, 걱정과 위로를 하고, 새로운 아이디어를 얻고, 다짐도 하고, 그러다 보면 날은 더워지고 한 학기가 끝난다.

방학이 지나고, 한숨 돌린 기분으로 아이들을 만나면 해마다 깜짝 놀란다. 아이들이 사뭇 다르기 때문이다. 잠시 고개를 돌렸다 마주한 듯한데, 이 녀석들이, 자랐다. 시민학, 기타 연주, 심리학, 세계사, 몸 활동… 매년 조금씩 바뀌어온 여러 과목들을 맡아 주시는 여러 선생님들과 길잡이들 덕분일 것이다. 내 수업에선 늘 똑같이 보였는데, 어느새 이런 일이 일어난 것일까, 난 늘 신기하다. 그래서 좋아하고, 믿는다. 오디세이학교에서 이루어지는 대화와 팀플레이의 힘을.

교육은 성과가 아닌 과정이다

　오디세이학교의 말과글 수업은 점수와 등수를 매기지 않는다. 이 아이는 둥글고 노랗습니다, 이 아이는 네모나고 파랗습니다, 이 아이는 길쭉하고 땡땡이 무늬가 있군요, 정성 들여 평가를 하지만 100점 만점에 몇 점이나 되는지, 10명 중 몇 등이나 되는지 따지지 않는다. 상장이나 표창장, 상점과 벌점도 없다.

　2010년 처음 공간민들레 수업을 하게 되었을 때 이 때문에 곤혹스러웠다. 어떻게 아이들이 모두 과제를 하게 할 것인가가 당면한 과제였다. 중고등학교에서는 점수와 등수를 매기고 상과 벌을 주면 되고 대학에서는 과제를 안 하면 D나 F학점을 주면 된다. 공간민들레에서는 이 중 어떤 것도 할 수 없었다. 나는 공간민들레 수업을 하면서 아주 중요한 것을 배우게 되었다. 과제를 하고 학습을 하게 만드는 가장 좋은 방법은 아이들이 과제와 학습을 하니 뭔가 배우게 되어 뿌듯하다는 걸 경험하게 하는 것이다. 신기하게도 아이들은 특별한 일이 없으면 내 수업의 과제를 모두 해 온다.

2학기가 되면 비로소 오디세이학교의 말과글 수업은 제법 수업다워진다. 애초에 내가 생각했던 수업에 점차 가까워지는 것이다. 아이들이 5백 페이지 가까이 되는 장편소설 한 권을 읽어오고, 인물과 사건에 대해 자기 의견을 이야기하고, 자기만의 주제를 잡아 에세이를 쓴다. 다른 친구들의 에세이를 돌려 읽으며 의견을 적어주고, 차례로 에세이를 발표하면 열심히 의견을 나눈다. 아주 짧은 지시나 질문에도 반문 외에 답할 줄 모르던 아이도, 책읽기는 원래 싫어했다며 한숨을 쉬고 의자를 흔들던 아이도, 대답 한 마디를 들으려면 3분은 기다려야 했던 아이도 저마다 할 말이 있다. 시집을 읽고 친구들에게 읽어주고 싶은 시를 고른다. 왜 이 시가 내 마음에 와 닿았는지 이야기하고 글을 쓰고, 자기가 고른 시를 닮은 시를 짓고, 해설을 붙여 전시한다.

나는 무엇보다 오디세이학교의 선생님들께 고맙다. 내가 배우고 믿어온 것, 교육이란 자기가 할 수 없던 것을 하게 되고 모르던 것을 알게 되는 경험이고, 그 경험이 주는 뿌듯함을 알게 되는 것이며, 이제 다시는 그 뿌듯함을 모르던 때로 되돌아갈 수 없는 그런 여정이라는 것이, 다만 전설이 아니라 실재하는 이야기임을 목도하게 해주었으므로. 하나하나의 수업은 매번 실패하고 벽에 부딪쳤지만, 끈기 있게 펼쳐진 따뜻한 환대와 우정으로 가득한 대화의 공간은 마침내 작은 변화를 만들어낸다는 걸 한 학기가 지날 때마다 상기하게 해주었으므로.

아이들은 여전히 잘 못하고, 모르는 게 많다. 학교에 돌아가고, 2학년이 되어 오디세이학교의 행사에 찾아와 커다란 목소리로 "선생님, 저 이번에 문학 60점 받았어요!"라고 외치면 나는 칭찬을 해달라는 건지 위로를 해달라는 건지 몰라 당황한다. 자기 진로를 결정했다며 의기양양해 해도 객관적으로 보기에 할 수 있을지 장담하기 어려운 경우도 있다. 그렇지만 일 년, 이 년 조금 더 자라서 만나는 아이들은 저마다의 길 위에서 저마다의 계획을 세워보고, 힘겹다고 말을 건네고, 나도 그렇다고 위로를 하고, 추억을 나누고 새로운 다짐들을 한다.

오디세이학교 졸업 후 아이들은 일반 고등학교로 돌아가기도 하고, 혹은 학교를 떠나기도 한다. 이 아이들을 더 걱정하고 싶지 않다. 나는 이 아이들과 한 시기를 함께 보냈고, 한 학기 혹은 두 학기의 수업은 하나의 과정일 뿐이다. 나는 잠깐 밀어주던 자전거에서 손을 놓고, 비틀거리며 넘어질 듯 나아가는 아이를 뒤에서 바라보는 사람이다. 아이들이 일단 한 번 균형을 잡은 느낌을 경험했다면 비틀거리고 넘어지더라도 다시 일어나 열심히 페달을 밟을 것이다. 나는 다만 아이들이 나아갈 세상을 걱정한다.

오디세이학교에서 아이들을 만나고 함께 공부하고 또 떠나보내면서, 세상에 바라는 것이 늘어난다. 아이들이 잠시 학교를 나와 오디세이의 여정을 떠났었다는 사실 때문에 이들을 별다르게 바라보는 시선과 무지한 교사의 차별이라는 폭력을 경험하지 않기를 바란다. 이 아이들의 경험을 평가의 틀에서 배제함으로써 진학의 희망을 시들게 하는 대학이 줄어들기를 바란다. 이들이 학교로 돌아가지 않더라도, 혹은 대학에 진학하지 않더라도 선량한 시민으로 살아가며 자기 성장을 도모하는 청년이 될 수 있도록 사회가 뒷받침해주기를 바란다.

공간민들레와 오디세이학교를 떠나 석 달을 보냈지만, 나는 자주 그곳을 떠올린다. 교사들은 고민하고, 아이들은 자라고 있을 것이다. 이 아이들이 자라서 노동을 하고 투표를 하고 이웃이 되고 자신과 남들의 자식을 키울 것이다. 아이들이 배움과 성장의 뿌듯함을 잊지 못하고 매일 그것을 향해 머리를 두고 눕기를 기도한다.

오디세이학교에서 배운 것들

정리_이충한(하자센터 기획부장)
기록_선미(오디세이하자 길잡이교사)

이 글은 오디세이하자 4기 수료생 여덟 명과 5기 재학생 네 명이
1박2일 동안 함께 나눈 이야기를 중심으로 정리한 것이다.

"오디세이학교는 대체 어떤 학교인가?" 많은 사람들이 묻지만
답을 하기는 쉽지 않다. 답을 고민해보지 않아서라기보다, 오디
세이학교 자체가 답보다는 질문을 지향하기 때문이다. 그래도 이
질문에 제대로 답할 수 있는 사람은 직접 경험한 청소년들일 것
이다. 그래서 그 '오디세이'들에게 물어보았다.

하자에서는 이야기를 나눌 때 청소년과 비청소년들 모두 서로
를 별명으로 부른다. 그리고 웬만해서는 결론이 날 때까지 논의
를 섣불리 마무리하지 않는다. 이런 문화가 지속되다 보면 청소
년들이 좀 더 자신의 생각을 잘 드러낼 수 있게 된다. 이 글 속에
등장하는 깊은 생각들이 배양될 수 있는 배경이기도 하다.

1. 오디세이학교에 닿기까지

오디세이학교를 알고 싶어 하는 많은 사람들이 가장 먼저 묻는 질문이 있다. "그래서 어떤 청소년들이 옵니까?" 어른들은 궁금한 게 많다. 공부를 잘하는지 못하는지, 공교육 학교에는 적응을 잘했는지, 진로는 어떻게 고민하고 있는지. 그중 가장 먼저 궁금해 하는 것은 '어떤 동기로 이 학교에 오려고 마음먹었는지'다. 오디세이들은 이렇게 말한다.

은하 _ 중학교 때 매일 잠만 자고 시험공부도 안 하고, 계속 이렇게 지내봐야 별 의미가 있나 싶었어. 중학교 때까지 9년 동안 이렇게 지냈는데, 고등학교에 가도 달라지지 않을 테니까. 그래서 전환점이 필요하다고 느꼈지. 그리고 좀 더 고민해볼 시간이 필요했던 것 같아.

공들 _ 난 뭔가 새로운 것을 해보고 싶었어. 학교 교과는 항상 똑같은 것이 반복되잖아. 가끔씩 학교생활에 권태기가 왔지. 그런데 오디세이학교가 있다는 것을 알고 뭔가 많은 것을 경험해보고 싶었어. 팸플릿에 '나를 알아가는 학교'라 되어 있었는데, 나를 알고 싶기도 했어.(웃음)

퐁 _ 학교를 성실하게 다녀 평판도 성적도 괜찮은 편이었지만, 어느 시점에 접어들면서 그게 의미 없고 그냥 '흘러가는 대로 살고 있구나' 하는 느낌이 들었어. 그렇게만 지내기엔 시간이 아깝고, 하자센터를 이미 알고 있었기 때문에 관심이 가기도 했지. 오디세이하자의 중점과정인 인문학도 궁금했고 어차피 일 년이니까 한번 해보고 공교육으로 돌아가도 좋겠다고 판단했어.

소유 _ 중학교 때는 부모님이 원하는 대로 공부를 열심히 했고 점수도 꽤 좋았어. 근데 공부를 왜 하는지도 잘 모르겠고, 해봤자 미래가 확정되는 것도 아니니 계속 불안한 마음이 있었던 것 같아. 그런 와중에 오디세이를 알게 되었지.

호우 _ 부모님을 통해 알게 됐어. 오디세이 설명회랑 체험의 날에 참여해봤는데, 여기서 배우는 것들이 매력적이라 생각되어 왔어.

천 _ 중3 때 학교생활이 많이 힘들었는데, 부모님과 선생님이 오디세이학교를 알려줬어. 단순히 일 년을 좀 쉴 수 있겠다는 생각이 컸지. 하지만 절대 그냥 쉴 수 있는 곳이 아니었어(웃음). 생각을 너무 많이 하게 됐지.

선비 _ 교육박람회가 있었는데, 당시에 시험기간이라 못 가게 됐거든. 시험이라는 이유로 내가 가고 싶은 행사에도 못 간다는 분노감이 들었고, 그 분노감이 지원하는 데 영향을 끼친 것 같아. 돌이켜보면 공교육 학교에서의 생활은 적응이라기보다 '버틴다'에 가까웠어. 잘 적응했다면 그 사회에 의문을 가지지 않았을 거고, 망설임이 없었겠지. 그랬다면 여기 오지 않았을 것이고.

수수 _ 오디세이 페이스북 페이지를 보는데, 무슨 학교가 김장도 하고 자꾸 여행도 가고 그러는 거야. 그런 새로운 경험들을 해보고 싶었어. 그리고 스스로 뭔가 할 수 있는 힘이 없다는 생각이 들어서 그런 힘을 키우고 싶기도 했고.

차크라 _ 중학교 때 고등학교 진학을 안 하기로 결심하고, 나중에 요가강사나 해야지 생각했어. 근데 담임이 오디세이학교에 가라고 부추겨서 오게 됐어. 요가는 일면 무기력한 상태에서 불안과 혼돈을 겪고 이겨낼 수 있는 피난처였는데, 오디세이도 도피용이었던 거지. 근데 도피라곤 하지만 학교에 있는 나로선 나름의 의지였던 거 같기도 해. 어쩌면 삶에 대한 확신을 가지려고 오디세이에 오게 되지 않았을까 싶어.

뽀까 _ 마음속에 맺힌 응어리나 머릿속에 떠오르는 질문들이 많았는데, 그걸 이끌어나갈 힘이 내겐 없었어. 이 상태로 일반고에 가면 현실에 맞닥뜨리는 경험 없이 대학교에 가고, 삶의 여러 가지 질문들에 대해 모른 척하는 대학생이 될 것 같았어. 스스로 답을 찾고, 함께하는 사람들을 얻고 싶었지.

아나 _ 나는 초등학교 때 자퇴를 했거든. 학교를 오래 안 다녔으니 고등학교를 다니고 싶어졌어. 중간 단계 없이 그냥 가보기는 무섭고. 학교 밖에서 내가 만난 사람들은 학교를 다니지 않는 사람들뿐이었으니까. 그런데 마침 오디세이를 알게 된 거야. 학교에 다니는 사람들에 대한 선입견이 조금 있기도 했는데, 그런 사람들을 가까이서 만나면서 경험을 하고 싶었던 것 같아.

퐁달 _ 학교를 오래 안 다녔다는 점에서는 아나랑 상황이 비슷했지만 오게 된 이유는 좀 달라. 내가 오랫동안 학교를 다니지 않은 소수자라는 생각에 두려움이 있었어. 만나보지 않은 사람들에 대한 두려움이랄까. 다수의 사람들 속에서 새롭게 소속감을 가지고 싶었어.

오디세이에 어떤 학생들이 다니는지 물어오면, 이렇게 대답한다. 일반 고등학교의 교실 하나를 그대로 가져온 것 같다고. 모든 면에서 '인구분포'가 고르게 퍼져 있다는 말이다. 공부 잘하는 학생들만 온 것도 아니고, 무기력한 학생들만 온 것도 아니다. 그렇지만 오디세이 학생들의 공통점은 있다. 바로 공교육 시스템과 인생의 경로에 대해 좀 다른 시선을 가지고 있다는 점이다.

공교육 학교를 절대적 기준으로 둔 사람들은 주로 '잘하고 못하고'의 축 위에서 사고하기 쉽다. 그래서 오디세이학교에 대해 '학교생활이나 학업(공부)에 부적응을 한 학생들이 오는 것이 아닌가'라는 식의 선입견을 가지거나, '스스로의 삶을 개척하는 훌륭한 학생들'일 것이라고 마음대로 예상한다. 그런데 오디세이들에게 중요한 건 잘하고 못하고가 아니라, 현재의 교육 시스템이 제대로 돌아가고 있느냐이다. 학교에 적응을 했건 못했건, 공부를 잘했건 못했건, 오디세이들이 입을 모아 이야기하는 건 공교육 학교 자체가 방향성을 잃어버렸거나 낡은 방법론을 갖고 있다는 관점이다. 다시 말해 이들은 학교가 삶의 진지함, 배움의 즐거움을 버렸다고 생각한다.

은하 _ 공교육이 추구하는 목표가 뭔지 잘 모르겠어. 교과 과목을 잘 가르쳐서 대학에 보내는 건지, 학생들을 학교라는 시스템에 맞춰서 교실 속에서 잘 지내게 하는 건지. 인생의 목표를 세우려면 어떻게 살아가야 할지 고민해봐야 할 텐데, 학교는 마치 인생을 어른들이 정해 놓은 정답에 맞춰서 살아가게끔 훈련하는 곳 같아. 조희연 교육감님이 입학식에 오셔서 '60~70년대에는 쉬지 않고, 놀지 않고, 지식을 빨리 머릿속에 구겨 넣는 것이 시대적 과제였지만 지금은 그것이 학생을 잠자게 하는 낡은 교육이 되었다'라고 했는데, 그 말에 공감해. 지금이 한국 교육에 큰 전환점이 필요한 시점인데, 오디세이학교가 중요한 역할을 할 수도 있지 않을까?

수수 _ 공교육에서는 무엇을 배우고 싶어서라기보다 대학을 위해, 취업을 위해, 미래를 위해 지금의 행복을 포기한다고 생각해. 학습과 배움이 사람을 행복하게 만들 수 있다는 사실을 오디세이학교가 보여줄 수 있으면 좋겠어.

선비 _ 10년 동안 공부만 하고, 나중에 삶의 행복을 찾겠다는 기획은 말이 안되지. 다들 미래의 행복을 위해 지금의 행복을 유예하고 있는데, 그게 미래의 행복을 보장할까? 우리는 마땅히 지금 행복해야 하는 존재잖아.

이런 대화를 듣고 있으면 마치 모든 오디세이들이 교육계의 혁명가인 듯하다. 문제의식도 해석도 보통이 아니다. 하지만 처음부터 그랬던 건 아니다. 학교 밖으로 나올 때는 그 이유도 배경도 모호했고, 그저 두루뭉술하게 이대로는 안 될 것 같은 '느낌'이 다였는데, 좀 거리를 두고 보니 점점 보이는 게 생겼던 셈이다. 그 보이는 것을 지금의 언어로 정리하게 된 데는 또 한참의 과정이 있었다. 과연 이들은 어떤 과정을 통해 삶과 배움에 대해 이전과 다른 시각으로 바라보게 된 것일까.

2. 우리가 오디세이학교에서 배운 것

이들이 9년 동안 몸담았던 공교육 시스템에 대해 당차게 비판을 할 수 있는 건, 학교를 혐오하거나 무시해서가 아니다. 오히려 '학교'라는 것이 사람을 얼마나 주체적인 존재로 성장시킬 수 있는지 알게 되었기 때문이다. 갈등을 두려워하지 않고 온몸으로 부딪혀본 경험이 있기에 나와 다른 사람들과 생각을 나누는 것에 주저함이 없고, 그 과정에서 내적 성장이 일어난다.

오디세이학교에는 네 가지 핵심적인 교육방법론이 있다. '스스로 배우기, 더불어 배우기, 실행하며 배우기, 몸으로 배우기'다. 그냥 좋아 보이는 단어를 나열해놓은 그저 그런 개념어가 아니다. 오디세이학교에서 매일매일 실제로 일어나고 있는 일들이다.

1) 스스로 배우기 _ 안전한 피드백 가운데 자라나는 주체성

뽀까 _ 1학기 초에 시작여행으로 갔던 금오도 기억나지? 야외에서 강의를 듣고 있었는데, 나를 포함해서 많은 죽돌*들이 햇빛을 가리고 졸면서 이야기를 듣고 있었어. 그때 처음으로 판돌인 선미가 화가 잔뜩 나서 '햇빛이 불편하면 실내로 들어가서 강의를 듣자고 제안할 수도 있고, 졸리면 일어서서 들을 수도 있는데, 어떻게 모두들 그 상황 자체를 아무 생각 없이 그냥 당연하게 생각하고 있는 거죠?'라고 물었던 적이 있어. 내가 처한 상황에 대해 스스로 내 생각을 밝혀야 하는 거구나, 그동안 내가 얼마나 아무 생각 없이 살아왔는지 '띵'했던 순간이었어. 어떤 수업 내용보다도, 그런 순간들이 나의 주체성을 자극했지. 오디세이를 이해하기 위해서는 수업뿐만 아니라 학교의 생활 모두를 이야기해야 한다고 생각해.

선비 _ 주체성은 나를 불편하게 하는 것, 짜증나게 하는 것들로부터 생겨나는 것 같아. 우리가 수업에 대한 불만이나 설거지 관련 이슈를 가지고 자치회의를 굉장히 오래 했잖아. 주체성을 가지게 되는 건 내가 불만을 명확히 하고 '바꿔야겠다'고 생각하는 순간 아닐까.

아나 _ 스스로 주체성을 가지면 사회제도의 불편함이 눈에 보이고 내 생각을 말해야 하는데, 그렇게 되면 한국사회에서 고등학생으로 사는 것이 힘들어져. 수료 후에 공교육 학교로 돌아와서 더 강하게 느껴. 어쩌면 나는 주체성을 가지게 되면서 사회를 마주하는 게 더 두려웠던 건지도 몰라.

• 하자센터에서는 센터에 정기적으로 드나드는 청소년들을 '죽치고 작업하는 청소년'이라는 의미에서 '죽돌'이라 부른다. 또한 길잡이 교사와 같은 비청소년 스탭들은 판을 돌리는 사람이라는 의미로 '판돌'이라 부른다.

천 _ 오디세이에 와서 누가 주체성을 가르치진 않았지만 갖게 되었어. 사실 몸의 휴식보다는 정신적 휴식을 원해서 왔는데, 오히려 쉴 새가 없었지. 그래도 예전보다 더 활발하게 생각한다는 점이 좋았어.

수수 _ 그동안 나는 '능동적인 개인'이 되지 못했어. 항상 누군가에게 의지했고 누군가가 알아서 해주기를 바란 거지. 그러다 보니 내가 정말로 무엇을 하고 싶은지, 하기 싫은지 알 수 없었어. 지금까지 오디세이에서 보낸 시간을 통해 내가 완전히 주체적인 사람이 되었다고 말하지는 못할 것 같애. 하지만 그래도 나는 꽤 많이 변했고 앞으로도 더 많은 기회가 있을 것이라고 생각해.

전보다 주체적인 나로 변화하기까지는 '자치회의' 시간의 도움이 컸어. 흔히 학교는 작은 사회라고 말하는데, 이 작은 사회에서 나는 주체적인 개인이 되는 경험을 할 수 있었어. 초반의 자치회의 시간에는 다들 말이 없었지만 점점 말이 많아지는 과정을 거치는 게 보여. 나도 처음에는 무언가 의견을 냈을 때 돌아올 반응과 주변의 시선 때문에 두렵기도 했지만, 계속해 자치회의를 하면서 점점 덜 불안해졌어.

주체적인 내가 되지 못했던 이유는 나에 대한 불신도 있었어. '내가 하면 잘 안 되겠지?', '이렇게 해도 되는 건가?' 같이 나 자신에게 믿음(자신감)이 없었던 것 같아. 직접 무언가를 해본 경험이 없다 보니 막연한 두려움으로 뭐든 시도하길 망설였고 기회도 갖지 못했어.

하지만 오디세이에서는 직접 준비해야 하는 행사며 활동이 거의 대부분이라, 잘할지 못할지 모르지만 그냥 무작정 기획도 하고 실행도 해보면서 자신감을 얻을 수 있었어. 1학기 학습공유 '쇼하자' 때 포스터 제작에 참여하면서 진짜 열심히 했거든. 결과도 생각보다 좋아 신나기도 했지만, 꼭 잘되지 않았다 해도 예전과 달리 실망이나 좌절은 하지 않았을 거라는 확신이 들더라고. 여러 활동을 하면서 얻은 자신감은 도전하기 망설였던 나를 조금 더 용기 낼 수 있게, 주체성 있게 행동할 수 있도록 했고, 나는 그 자체로 만족했다고 생각해.

퐁 _ 오디세이에 와서 제일 놀란 건 스스로 생각할 수 있는 자유를 준다는 점이었어. 관계도 그렇고 수업도 그렇고, 자기 능력껏 듣고 학습을 기획할 자유를 주는데, 그게 무조건 좋지는 않지. 내가 어느 정도 컨트롤할 수 있는 상황에서 주어져야 한다고 생각해. 그리고 자유에 대한 책임을 같이 주어야겠지.

자유와 책임 사이의 갈등은 오디세이라는 배를 나아가게 하는 주된 추동력 중의 하나다. 생전 처음 만나는 자유는 얼핏 가볍고 달콤해 보이지만, 진정한 자유의 의미를 알게 되는 시점은 '나와 옆 사람의 자유를 지키기 위해서 필요한 책임들이 엄청나게 무겁고 쓰다는 사실'을 발견하게 된 후부터다. 일 년 동안 이 과정을 속성으로 겪는 건 꽤나 깊은 성장통을 필요로 한다.

흔히 주체적인 사람이 되려면 스스로의 힘으로 일어서야 한다고 생각하기 쉽다. 하지만 이들은 동료와의 관계 속에서 자신의 주체성을 찾았다고 말한다. 이전의 학교에서는 집단 속에서 경쟁하고 눈치 보느라 '나'로 살 수 없었던 반면, 오디세이에서는 곁에 있는 친구들이 나를 있는 그대로 봐주기 때문에 스스로 설 수 있게 되는 것이다.

이런 의미에서 오디세이학교에 와서 관계에 대해 배운다는 건, 단지 마음 맞는 친구를 사귄다는 의미만은 아니다. 나를 존중하고 인정하는 타인을 만난다는 것이다. 반대로 오히려 관계에 무덤덤해지는 경우도 많다. 일반학교에서는 무리에 속하지 않으면 따돌림을 받을 것 같았지만, 여기서는 누구나 자기 모습 그대로 존재해도 되기 때문이다. 나만의 생각을 밝혀도, 나의 단점이 알려져도, 내가 잘하지 못해도 도태되거나 배제당하지 않는 안전한 공간에 와 있다는 사실을 알게 된 후에야 사람은 '주체적인 인간'으로서의 첫 걸음을 내딛게 된다.

2) 더불어 배우기 _우정과 환대로부터 시작되는 연대

2019년 오디세이하자의 시작여행에서, 하자센터 설립자 조한혜정 명예교수의 특강이 끝난 뒤 차크라가 손을 번쩍 들고 질문을 했다. "조한께서 한 사람이 성장하려면 그들 둘러싼 공동체의 역할이 중요하다고 하셨는데요, 개인주의적 성향을 가진 사람들과 공동체는 어떻게 양립할 수 있을까요?" 조한은 너무 쉬운 문제라는 듯 대답했다. "'진짜' 개인이 되면 커뮤니티를 찾게 돼요. 지금의 파편화된 한국사회는 개인이 제대로 서지 않은, 그냥 '덩어리'일 뿐이죠. 사회학 용어로 말하면 유기적 연대가 아닌 기계적 연대에 머물러 있다는 거예요. 그러니까 진짜 공동체도 없고 진짜 개인도 없는 겁니다."

'초연결 시대의 고립'에 빠진 현대인들이 갖는 딜레마가 바로 여기 있다. 혼자 있으면 너무 외롭고 같이 있으면 너무 불편하다. 그 사이에서 괴로워하는 젊은 사람들을 보면 기성세대 입장에서는 '자아를 조금이라도 내려놓으면 될 텐데'라고 생각하기 쉽다. 하지만 조금이라도 '가드'를 내리면 곧바로 펀치가 들어오는 '무한경쟁 무연사회'를 살아온 이들로서는, 그 알량한 자아라도 붙들고 있지 않으면 안 된다.

공들 _ 얼마 전 기사를 봤는데 브라질에서 총기사고로 죽는 사람보다 우리나라에서 자살로 죽는 사람이 2배라고 하더라. 뭐가 더 문제일까. 다른 사람에 의해 죽는 것과, 스스로 죽게 만드는 것. 그 질문이 머릿속에 남았어.

경쟁에서 이겨야만, 혹은 어떤 기능을 할 수 있어야만 이 사회에 존재할 수 있다는 생각에서 벗어나, 이미 내가 이곳에 있고 나를 환대해주는 사람들이 있기 때문에 사회 구성원으로서의 자격이 있다는 생각으로 옮겨오기까지는 아주 오랜 시간이 걸린다. 그 속도를 높여주는 것은 우정과 환대를 실제적으로 보여주는 '곁'의 존재, 그리고 그들과 함께 하는 일상의 의례들이다. 하자 오디세이들의 '곁'에는 센터 내의 다른 청소년들, 다른 캠퍼스의 오디세이들, 그리고 지구 반대편의 덴마크 청소년들이 있었다. 덴마크는 이상하리만큼 당연한 일들이 당연하게 이루어지는 사회라서, 그곳 청년들과의 교류를 통해 오디세이들은 더욱 우리

사회에 대해 깊이 생각하게 된 듯하다.

뽀까 _ 덴마크 애프터스콜레에 교류하러 갈 때, 삶을 조금 흔들 만한 충격을 받을 거라고 생각했어. 하지만 생각보다 '띵~'한 것은 없더라고. 왜 그럴까 생각해보니 행복이라는 속성은 대단하고 큰 것이 아니라 아주 작은 것들이 조금씩 묻어나는 것들이잖아. 그래서 오히려 내가 덴마크에 대해 안테나를 크게 키우고 갔어야 그 미묘함을 알 수 있었을 거라 생각돼. 그래도 그중에 안테나에 잡힌 것은 '환대'에 대한 이야기였어. 하자에서도 그 이야기를 많이 하긴 했는데, 덴마크에서는 일상 속에서 환대를 느끼고 왔어.

일례로 덴마크에서 만난 버디(짝꿍) 동생이 다니는 초등학교에 가서 오디세이 설명을 하게 됐는데, 질문을 받는 시간이 훨씬 더 걸렸어. 그 질문들은 대개 이런 것들이었지. "너는 무슨 색을 좋아해?" "한국어로 안녕과 사랑해가 뭐야?" 딱히 쓸모 있는 질문은 아니었지만 관심을 표하는 것이 그 사람에 대한 존중과 환대의 기본이기 때문에 어떤 질문이든 하라고 교육받는 것 같았어.

수수 _ 나는 계속 큰 규모의 공동체에서만 생활해왔는데, 오디세이는 전체 20명 정도의 작은 공동체였고, 수업을 할 때는 더 작게 그룹을 나누어 활동하기도 했어. 원래 있던 학교에서는 내가 어떤 행동을 해도 다른 친구들 사이에 묻히거나 별로 튀지 않았지만 여기선 소규모의 끈끈한 공동체라 내가 무언가 행동을 하면 전체에 영향이 가지. 예를 들어 누군가 한 명이 숙제를 게을리하기 시작하면 다들 점점 더 하지 않게 되거나, 지각도 유행처럼 번지곤 하잖아. 그래서 '내 몫'이 나만의 것이 아니라 '우리 것' 같은 느낌이 들어, 제대로 하려고 노력하게 되고 주변을 둘러보게 되는 것 같아.

학교에서는 성향이 비슷비슷한 친구들하고만 무리를 지어서 다녔는데 오디세이에서는 다양한 친구들과 활동을 하면서 계속 마주치기도 하고 궁금한 친구들이 많아서 새로운 친구들과도 이야기를 많이 해보게 되었어. 이렇게 오디세이는 내가 공동체를 인식할 수 있게 해주었고, 더 낫게 행동할 수 있는 경험을 만들어주었고, 다양한 친구들을 만날 수 있게 도와주었어.

3) 실행하며 배우기, 몸으로 배우기 _ 참여와 진로

조희연 교육감이 처음 공약으로 내걸었던 전환학년제 학교의 이름은 '인생학교'였다. 그 후 '삶의 의미와 방향을 탐색한다'는 그 정체성은 오디세이와 분리된 적이 없다. 그런 점에서 오디세이의 고민은 청소년 진로기관인 하자센터의 미션과 맞닿아 있다.

'진로'란 과연 무엇일까? 좁은 의미의 진로는 상급학교 진학, 또는 직업 선택을 가리킨다. 하지만 넓은 의미로는 개인의 생애 발달과 그 과정 모두를 포함한다. 말 그대로 인생의 나아갈 길(進路)을 탐색하고 원하는 방향으로 실현해내는 일이 진로다. 하지만 한국에서 진로의 의미는 수십 년 동안 전혀 넓혀지지 않았다. 오히려 저성장 시대에 접어들면서 더 좁아진 느낌도 든다.

공들 _ 한국과 덴마크를 비교해보면, 한국은 입시위주 교육이라서 공정함과 공평함만 강조되지 교육의 다양성이 확보되지 않는 것 같아. 결국 입시와 취업 위주로 모든 게 흘러가지. 덴마크에서 놀란 건 엄청난 다양성 때문이기도 했지만, 무엇보다 꿈에 대해 다르게 생각하는 것 같았어. 한국에서는 내 진로에 대해 막막해하고 희망직업을 빨리 선택해야 한다는 조급함이 있잖아. 그런데 덴마크 친구들은 꿈이 뭐냐고 물었을 때 정확한 직업보다 '어떤 활동에 관심이 간다'라고 이야기하더라. 나는 컴퓨터에 관심이 있다, 랩이 재미있다는 식으로. 교육의 다양성이 이런 식으로 발현되고 있었어. 내가 관심 있는 분야를 탐구할 수 있는 환경이랄까.

'너 꿈이 뭐야?'라는 질문에 한국에 사는 내가 잘 모르겠다고 하는 것과, 덴마크에 사는 샤샤가 잘 모르겠다고 하는 것은 차이가 있다고 봐. 나는 아마 '대책 없는 아이'로 바라보는 어른들의 걱정스런 눈빛과 함께 "그래, 공부 열심히 하고!"라는 말을 들을 테고, 샤샤는 아직은 잘 모르지만 어쨌든 자신이 원하는 것이 무엇인지 탐구할 수 있는 환경 속에서 공부하겠지.

선비 _ 덴마크 애프터스콜레에서는 아침마다 뉴스를 보여주면서 그것에 대해 서로의 생각을 설명하는 시간이 있었어. 그걸 보면서 '한국에서 청소년들이 뉴스를 보나?'라는 생각을 하게 됐지. 단편적인 정보만 가지고는 십대들이 뉴스를 이해하기 힘든데 어떻게 해야 하는지를 물어보니까 '뉴스를 바꿀 수는 없고, 뉴스를 이해할 수 있게 학교가 바뀌어야 한다'고 이야기하더라고. 덴마크는 그런 교육을 받으면서 아주 젊을 때부터 정당 활동을 한다더라.

선진국가의 교육이 창의성, 자율성, 비판능력과 사회참여 등을 강조하는 이유는 그런 능력을 가진 사람이 빠르게 변화하는 환경

속에서 자기 진로를 잘 개척해간다는 것을 알고 있기 때문이다. 이른바 '핵심 진로 역량'이라는 것인데, 여기에서 전문적인 지식과 기술이 차지하는 비중은 생각보다 작다.

중앙집권적 관료제를 중심으로 하는 산업사회에서 분산형 권력과 수평적 소통체계를 중심으로 하는 탈산업사회로 이행하면서, 핵심역량의 중심은 분야별 전문지식에서 통합적 협업 능력으로 이동하고 있다. 이런 시대에 가장 중요한 것은 '사람과 사회에 대한 신뢰 형성'이다.

오디세이에서 소통과 협력이 가능해지는 이유는, 모두들 앞만 보고 혼자 달리는 것이 아니라 곁을 느끼며 함께 걷기 때문이다. 허겁지겁 뛰어갈 때는 눈에 들어오지 않았던 주변의 환경, 또래들과의 관계 속에서 자신의 내면과 위치를 살필 수 있게 된다. 포용적인 커뮤니티 안에서 자기결정권을 가지고 타인과 공존하는 훈련은, 이들이 훗날 어떤 직업을 선택하더라도 보편적으로 쓰이게 될 핵심 진로 역량을 길러준다.

3. 오디세이학교의 의미와 역할

어떤 의미에서 오디세이는 지극히 상식적인 보통교육을 하는 공교육 학교다. 스스로 판단하도록 요구하고, 함께 기획하도록 판을 벌이며, 옆에 있는 사람을 존재 자체로 인정하게끔 문화를 만들어갈 뿐이다. 그런데 오디세이학교의 의미와 역할을 논하면서 이 친구들은 제도권, 비제도권 운운하며 갑론을박을 벌였다.

아나 _ 오디세이는 대안교육의 장점을 제도권에 있던 청소년에게 제공하면서 동시에 그 제도권에서 얻을 수 있는 복지와 지원을 누릴 수 있는 장점을 가진 교육기관인 것 같아. 그래서 제도권과 비제도권을 구분할 필요는 없다고 생각해. 대안적인 교육을 하면서, 출석이나 기말고사처럼 제도가 요구하는 최소한의 일을 하는 곳. 그것들을 지키면서 내용적으로 누릴 수 있는 것을 누리는 곳. 그게 오디세이학교가 아닐까.

수수 _ 대안교육과 공교육 사이에서 중간자적 역할을 하는 게 오디세이의 역할이 아닐까. 오디세이학교는 그냥 똑똑해지는 게 아니라 똑똑한 '사람'이 될 수 있도록 도와주잖아. 오디세이는 내가 다른 사람과 공존하기 위해 어떻게 살아가야 하는지 알게 하는 곳이야. 공교육에 대해서 비판적인 것은 좋지만 적대적으로만 생각하면 학교를 바꿀 수가 없지. 오디세이에서 배운 것들을 가지고 공교육으로 돌아가 변화를 위해 노력할 수 있으면 좋겠다고 생각해.

은하 _ 제도권 안에 있는 사람과 비제도권에 있는 사람이 함께 모이는 그 중심에 오디세이가 있다고 생각해. 아나는 학교 밖에서 학교 안으로, 나는 안에서 밖으로 간 건데, 그럴 수 있었던 것은 서로 다른 길을 걸어왔던 사람들이 서로의 이야기를 듣는 과정이 있었기 때문이지. 학교의 안과 밖에서 서로 교류할 수 있게 도와주는 것도 오디세이 역할의 하나인 것 같아.

사실 오디세이의 갭이어는 전국의 고1 중에서 일 년에 100여 명만이 경험하는 삶이다. 이 경험이 본인에게 힘을 주었다는 사실은 알고 있지만, 그 힘이 어디에서 어떻게 쓰일 수 있을지, 아직은 불안할 수밖에 없다. 하지만 오디세이들은 본인들의 불안을 넘어서 사회로 눈길을 돌렸다.

오디세이의 역할에 대해 이야기해보자고 하니 학교에 대해 요구나 제안을 하는 것이 아니라 각자가 '자신의 역할'을 이야기했다. 본인들이 만들어낼 사회적 파장, 바뀌어버린 내 삶이 만들어낼 영향 등에 대해 말이다. 마치 '우리가 곧 학교다'라고 말하고 있는 듯하다.

뽀까 _ 제도권으로 돌아가서 영향을 나눠야 할 의무감이 있다는 얘기도 했지만 나는 학교 밖에서도 좋은 영향을 줄 수 있다고 생각해. 자퇴를 하든 공교육으로 돌아가든 도피가 아니라 자기 주관에서 나오는 온전한 선택이라면 괜찮은 거잖아? 그런 선택을 할 수 있도록 만드는 게 더 맞는 것 같아.

아나 _ 공교육으로 돌아가 무엇을 바꾸거나 주변에 영향을 끼치는 게 오디세이학교의 목표라 생각하지는 않아. 어디를 가든 그 개인이 잘 사는 것이 중요한 거잖아. 조금 더 생각하면서 살 수 있도록 학교에서 하지 못했던 많은 경험을 하게 해주고, 스스로 생각할 수 있는 힘을 길러주는 것이 오디세이라고 생각해. 일 년에 100명 정도가 다니는데 이 사람들이 입시 중심의 학교 시스템을 바꿀 수는 없지. 우리의 목표는 커다란 것이 아니라 개개인의 삶을 바꾸는 것이고, 그거면 된다고 생각해.

퐁달 _ 어떤 대안학교를 오래 다니다가 다른 학교를 간다고 했을 때, 거기 있던 선생님이 '어느 곳을 가더라도 그곳에 길이 있다'고 말씀해주셨어. 오디세이가 만드는 마음가짐이 그런 게 아닐까? 내가 어느 곳에 가더라도 다른 사람들과 협력하는 방법을 배우고 스스로 잘 사는 방법을 배웠다고 생각해. 오디세이에는 다른 사람과 협력하고 소통하는 과정이 많은데, 그 안에서 겪은 변화를 조금씩 퍼뜨려나가고 있는 게 아닐까.

천 _ 덴마크에서 '내가 행복하려면 우리가 행복해야 한다'라는 문구가 인상적이었어. 우리 사회가 이 정도로 변하기 위해 오랫동안 이 오디세이학교가 지속되었으면 좋겠어.

호우 _ 여기서는 내가 지금 느끼는 감정과 이유를 되묻게 돼. 폭력에 무감각해진 나를 계속 흔들어서 깨우는 곳, 가끔 의미 없게 그냥 있고 싶은 나를 절대로 용납하지 않는 그런 곳이어서 그런 게 아닐까. 나와 다른 가치관과 방법론, 사람을 마주하고 받아들여야 했으니까. 달리 말하면 내가 평생 쌓아온 것들을 내려놓고 완전히 다른 방식으로 매번 고민하는 과정이었어. 고요했던 예전과 달리 머릿속이 마구 요동치는 느낌이 들어 짜증이 날 때도 있지만, 이제는 내가 왜 이렇게 힘들고 화가 나는지, 왜 그 사람의 말이 옳고 내 생각은 옳지 않은지, 이런 질문들을 내가 왜 포기하면 안 되는지 고민하기 시작한 거야.
또 하나 내가 얻은 게 있는데, 이런 고민을 계속 하면서, 나 혼자서는 거스르지 못하는 사회라는 물결 속에 있다는 것을 느껴. 사회고 정치고 세상이고 아예 관심조차 없다가 조금 아주 조금씩 눈을 뜨게 되었고, 부조리한 것이나 크고 작은 폭력이 눈에 자꾸 밟히기도 하더라고.

　　문화학자 엄기호와의 대담 〈무기력한 아이들이 불안·혼돈 겪고 이겨낼 수 있는 피난처〉(한국일보 2016년 7월 21일자)에서, 오디세이학교 정병오 부장교사는 오디세이학교가 '안전한 피난처'라고 설명했다. 단순히 숨는 공간이 아니라 뭔가 아직 모호한 것을 시도해도 안전한 곳이라는 의미다. 우리 사회는 '더 나은 배움을 위한 도전'을 허락하지 않고 있다. 실패를 허락하지 않는 전쟁터에서 도전과 실험은 발붙일 곳이 없다. 그런 의미에서 우리 사회의 아이들은 모두 '겁쟁이'로 자라날 수밖에 없다.

　　오디세이학교에서는 매일매일 자신의 마음과 행동을 일치시켜보는 실험이 일어난다. 그 속에서 오디세이들은 자신이 지향하는 추상적 가치와 실제로 행하는 구체적 행동을 정렬해보면서 스스로에 대해 알아간다. 그렇게 파악한 자신의 정체성이 타자 혹은 사회적 맥락 속에서 어떤 의미와 역할을 가질 수 있는지, 가볍고 소박하게 도전해보면서 사회적 감각을 길러간다. 그 결과로 사람들과 사회에 대한 신뢰를 형성하게 되고, 무엇이든 해볼 수 있겠다는 자신감이 자라난다. 그리고 한번 그 힘을 가지게 되면, 수료 후든 성인이 된 후든 성장은 계속될 수 있다. 그렇게 오디세이들은 더 훌륭한 무엇이 되는 중이다. 오늘도.

3부

공교육과 대안교육이 만나다

'약속의자전거'와 함께하는 자전거 리사이클링 _ ⓒ 오디세이혁신파크

오디세이학교가
생겨나기까지

정병오
공교육 교사로서 오디세이학교 TF팀에 참여한 이후 운영지원센터를 맡아
실무를 담당해왔으며, 2018년 오디세이학교가 각종학교가 된 이후에는
교육기획부장으로 함께하고 있다.

1. 새로운 교육적 요구의 등장

많은 사람들이 주목하지는 않았지만 2012년 대선은 우리 교육에서 매우 중요한 개념이 등장한 해였다. 당시 박근혜 후보는 핵심 교육공약으로 아일랜드의 전환학년제를 모방한 '자유학기제'를 내세웠다. 중학교 시기에 한 학기 정도는 시험에 얽매이지 않고 자신의 소질과 적성을 찾는 배움을 마음껏 누릴 수 있게 하겠다는 내용이었다. 그런데 당시 야당 후보였던 문재인 후보도 중요한 교육공약으로 '행복한 중2 프로젝트'를 내세웠다. 그 당시 '중2병'이라는 말이 유행하였듯이 중학생들의 걷잡을 수 없는 정서적 불안정 시기에 대한 대안적 정책이었다고 추측된다. 한 해

동안이라도 기존 교육과정에 얽매이지 않는 자유로운 교육을 통해 아이들이 자신의 길을 찾도록 돕겠다는 것이었다.

이러한 두 대선 후보의 교육공약에 대한 교육계의 평가는 시큰둥했다. 대선공약이라면 대학서열화 해소와 학벌체제 개혁, 대학체제 개편이나 대학입시의 대폭적인 변화 등 우리 교육의 근본 모순을 건드리거나 큰 골격을 바꾸는 것이어야 하는데 거기에 미치지 못했다는 것이다. 당시 두 후보가 중학교 한 학년 또는 한 학기의 교육과정을 바꾸겠다는 정도의 미시적인 정책을 대표 공약으로 내걸었던 것은 아마도 청소년 성장기에 획기적인 교육적 변화가 필요하다는 것을 인식하고 그것이 국민적 공감을 얻을 것으로 기대했기 때문일 것이다.

그동안 교육부에서는 대학입시 개혁을 중심으로 여러 차례 교육개혁 조치를 시도하였다. 우리 교육의 핵심 모순이 대학입시에 있다는 것은 모든 국민이 동의하는 바였기에 대학입시를 어떻게 바꾸느냐에 교육개혁의 성패가 달려 있다고 생각한 것이다. 하지만 대학입시 문제는 뿌리 깊은 학벌체제와 대학서열화, 더 나아가 노동시장의 문제와 복지체제에 이르기까지 우리 사회의 모든 모순들과 다 맞물려 있다는 데 문제의 심각성이 있다. 그래서 이러한 근본 사회 모순이 해결되지 않은 상태에서 대학입시와 고교 교육과정을 건드리는 개혁은 또 다른 모순을 낳을 수밖에 없음을 국민들은 경험을 통해 알게 되었다. 대학서열화와 학벌체제, 노동시장의 문제를 개선하고, 그에 기반하여 대학입시를 개혁하는 노력을 포기해서는 안 되지만, 이것이 너무 오랜 시간이 걸리는 일이라는 데 대부분의 국민들이 지친 심정이었을 것이다.

그러면 이러한 사회 모순이 해결될 때까지 우리는 무엇을 해야 할 것인가? 대학입시와 그 기저에 있는 사회 문제가 해결되지 않은 상황에서도 입시교육과정 속에 있는 중고등 학생들에게 그 나이의 발달단계에 맞게 자아정체성을 찾고, 자신의 소질과 적성을 탐색해보고, 미래를 꿈꾸어보고, 각 교과의 특성에 맞는 본질적인 탐구 학습을 하게 함으로써 교육의 새로운 돌파구를 찾아볼 수는 없을까 하는 문제의식이 교육계 안팎에서 싹트기 시작했다.

물론 대학입시의 영향권에 있는 우리 교육 현실에서 쉬운 일은 아닐 것이다. 그렇다고 해서 아무런 목표나 동기부여도 없는 학생들에게 입시교육만 강요하는 것은 그 아이들에게 좌절만 더 안겨주고 학습포기자나 수업시간에 잠자는 무기력한 아이들만 양산할 뿐이다. 입시교육을 넘어 자기 삶의 의미와 방향을 찾고 스스로 공부할 수 있는 힘을 길러줌으로써 거기서 길러진 생명력으로 입시교육체제 가운데서도 자기 꿈을 찾아 나아갈 수 있는 교육이 필요하다는 인식이 사회적으로 확산되고 있었다.

2. 자유학기제 정책의 성과와 한계

자유학기제는 심도 깊은 연구에 바탕을 둔 정교한 정책으로 제시된 것이 아니라 대선 교육공약의 형태로 다소 급하게 제시된 것이기 때문에 이 공약이 구체적으로 무엇을 의미하는지에 대해서는 처음부터 논란이 많았다. 2013년 2월 박근혜 정부 출범 후 실제로 자유학기제를 시행해야 하는 시점이 다가오면서 이에 대한 정확한 개념과 내용을 채우기 위해 청와대와 교육부 차원에서 많은 논의가 있었다. 이때 논의의 핵심은 자유학기제를 중학교 교육과정의 개혁으로 방향을 잡을 것인지 아니면 전환학년제 도입으로 방향을 잡을 것인가에 관한 것이었다. 그 핵심 쟁점은 다음과 같다.

자유학기제를 둘러싼 쟁점

	교육과정 개혁의 방향	전환학년제 방향
정규 교육과정과의 관계	정규 교육과정 내에 한 학기를 지정	정규 교육과정 밖에 별도의 학기로 운영
시기	중1	중3 혹은 고1 (혹은 중3과 고1 사이)
대상	그 학기에 해당하는 모든 학생	희망자
전면 실시 여부	2–3년 시범 실시 후 모든 학교에 전면 실시	시범학교 혹은 민간 차원 희망학교 지원

긴 논의의 끝에 청와대와 교육부는 자유학기제의 개념과 내용을 전환학년제가 아닌 교육과정의 개혁으로 방향을 확정했다. 해당 학년은 고입과 가장 거리가 먼 중1 과정으로 하되, 우선 중간고

사와 기말고사로 대표되는 지필고사를 없앰으로써 시험에 얽매이지 않고 교과의 특성에 맞게 학생의 참여 활동을 확대하는 수업을 할 수 있게 했다. 그리고 예체능이 아닌 보통 교과의 수업 시수를 축소하고 여기에 기존의 창의적 체험활동 시간과 합쳐서 자율적인 자유학기 활동을 170시간 이상으로 대폭 확대했다. 이 자율과정의 운영은 동아리 중심, 예체능 중심, 선택 프로그램 중심, 진로탐색 중심 등 학교의 실정에 맞게 학교에서 선택하게 했다. 자유학기제의 평가는 점수나 등수로 표기하지 않고 활동 내용과 그 과정에서 발견된 학생들의 특성을 서술로 표기했다. 당연히 이 학기의 성적은 고입 내신에 반영하지 않기로 했다.

이렇게 2013년 전반기에 큰 틀을 정리한 후에 2013년 2학기부터 전국 42개교 시범학교에서 시범 실시를 했다. 이후 시범학교와 희망학교를 확대해서 2015 개정 교육과정의 적용과 함께 2016년부터 전국의 모든 중학교로 확대되었다. 2017년 문재인 정부가 들어선 뒤에도 자유학기제 정책은 지속되어, 중 1학년 내내 운영하는 자유학년제로 확대되고, 진보 성향의 교육감들이 이를 더 발전시켜가고 있다. 이렇게 볼 때 자유학기제는 진보와 보수를 떠나 우리 교육의 중요한 개혁정책으로 자리잡게 된 것으로 보인다.

정권이 바뀐 뒤에도 계속 지지를 받으며 시행되고 있지만 자유학기제가 전체 교육에 미치는 영향은 미미한 편이다. 오히려 거대한 입시교육의 흐름 속에 함몰되는 것 같은 안타까움도 있다. 그럼에도 그동안 우리 교육이 도무지 손댈 수 없다고 생각했던 몇 가지 성역에 균열을 가져온 것은 중요한 성과로 평가되어야 할 것이다. 물론 이러한 작은 균열이 거대한 벽을 무너뜨리는 가시적인 변화로 연결되려면 더 많은 노력이 필요하겠지만, 일단 이 작은 균열을 교육계가 제대로 인지하고 공유하는 것이 필요하다. 자유학기제가 기존의 교육이 도무지 바꿀 수 없을 것이라고 여겼던 성역들을 깨뜨린 내용은 다음과 같다.

첫째, 중간, 기말고사로 대표되는 정기 지필고사를 없앴다. 우리나라 중등교육에서 정기 지필고사는 경쟁과 선발을 위한 최종적이며 유일한 목표이다시피 했고, 수업은 시험을 대비하기 위한 수단에 불과하게 되었다. "시험에 나온다" "밑줄 쫙!"이라는 표현에서 볼 수 있듯 수업을 왜곡시키고 교사의 창의성을 떨어뜨리며 교사를 교과서 전달자로 전락시키고 안주하게 만드는 주범이었다. 그런데 비록 한 학기지만 중등학교 단계에서 시험을 없앰으로써 정기 지필고사가 수업과 평가에 필수적이지 않을 수 있다는 것을 교사들이 인식하게 되었다. 교과가 추구하는 본래 목적에 따라 수업을 하고 그 과정에서 드러난 학생의 성취를 다양한 방식으로 기록하는 것이 우리 교육 안에서 가능하다는 것을 보여주기도 했다.

둘째, 국영수로 대표되는 지식 중심 과목의 시수가 축소되고 그 대신 예체능 과목과 체험학습, 주제선택 활동 시수가 확대되었다. 교과 시수 조정 문제는 각 교과와 그를 둘러싼 학계가 사활을 걸고 싸우는 전쟁터와 같은 곳이었다. 이러한 싸움에서 절대적인 우위를 차지하고 있는 국영수 과목의 수업 시수는 일종의 성역이었다. 그런데 자유학기제에서는 아이들의 전인적인 성장, 진로 체험과 탐색을 위해 국영수 등 지식중심 과목들의 시수를 축소하고 입시와 무관한 예체능과 체험학습, 주제선택 활동 시간을 확대했다. 이미 시행되고 있는 교육과정 20% 증감의 자율권 범위 내에서 지금까지는 국영수 시수가 확대되는 것이 일반적이었다는 것을 생각한다면, 국영수 시수 축소와 예체능 및 학생 선택 활동의 확대를 이끌어낸 자유학기제의 힘은 실로 놀라운 것이라 할 수 있다.

셋째, 교사에게 완벽한 교육과정 편성권과 평가권을 주면서 교사별 평가체제를 가져왔다. 국가가 기본적인 교육과정의 틀을 제시하지만 그 교육과정을 어떤 방법으로 어떻게 가르칠 것인가 하는 것은 교사의 고유한 권한이다. 그리고 가르친 자가 가르친 내용을 가지고 평가를 하는 것도 교육학의 가장 기본적인 원칙이다. 그런데 지금까지 우리나라에서 교사는 단지 교과서의 내용을 충실히 전달할 것을 요구받았으며, 자신이 가르친 내용에 따라서가 아니라 교과서의 내용에 대해서만 평가를 해야 했다.(물론 교과서 위주로 가르쳤기 때문에 가르친 내용을 평가했다고 볼 수도 있겠지만, 교육과정을 창의적으로 재구성하여 가르친 교사의 경우 자신이 가르친 내용을 평가할 수가 없었다.)

그동안 교사에게 교육과정 재량권과 평가권을 주고 교사별 평가체제를 도입해야 한다는 문제제기가 꾸준히 있었지만 이를 실현할 수 있는 실마리를 찾지 못했다. 그런데 자유학기제에서는 정기 지필고사를 없애고 수행평가만 실시하되, 그 결과를 계량화된 숫자가 아닌 서술식으로 기록하게 함으로써 기존의 교과서 위주로 모두가 똑같이 수업하고 똑같이 평가해야 하는 족쇄를 일순간에 해소해버렸다. 그리하여 모든 교사에게 실질적인 교육과정 편성권과 평가권이 주어지고 교사별 평가가 가능하게 되었다.

넷째, 자유학기 활동으로 주제선택 활동이 도입되면서 아이들에게는 실질적인 선택이, 교사들에게는 새로운 주제별 교육과정 설계가 가능해졌다. 그동안 아이들은 국가가 제시하는 획일적인 교육과정을 그대로 따르기만 했지 자신의 관심과 흥미에 따른 실질적인 선택은 불가능했다. 그런데 이제 학생들은 자신의 흥미와 관심, 진로에 따른 주제를 선택하여 심도 깊은 공부를 하거나, 새로운 선택 교과 개설을 요구할 수도 있게 되었다. 그리고 교사들은 아이들의 발달에 맞는 교과를 직접 구상해 과목을 개설하고 교육과정을 설계하는 기회가 확대됨에 따라 교육과정 전문가로서의 실질적인 전문성을 발휘할 수 있게 되었다. 물론 이러한 권한은 동시에 의무와 부담으로 작용하는 것이 사실이지만, 교사로서 실질적인 전문성을 발휘할 수 있게 하고 교사를 성장시키는 건강한 부담이라고 할 수 있다.

다섯째, 교육을 학교에만 가두지 않고 지역사회로 확대하고 지역사회와의 협력 모델을 만들어가고 있다. 그동안 학교는 배움을 교실 안의 배움으로만 한정해왔을 뿐, 지역사회 가운데서는 고립된 섬으로 존재했다. 하지만 자유학기제는 학생의 주제 탐구와 진로 체험을 강조하면서 지역사회의 직업 세계와의 연결을 자연스럽게 가능하도록 만들었다. 학교는 그동안 한 번도 관심을 갖지 않던 학교 주변의 야채가게, 커피숍, 미용실, 병원, 소규모 공장이나 기업, 관공서 등과 관계를 맺고, 그들과 함께 아이들의 진로와 미래에 대해 고민을 나누게 되었다. 그리고 지역사회에서도 교육과 돌봄에 대한 관심과 책임감을 갖기 시작했다. 주제선택 활동이나 동아리 활동 관련해서도 교사가 감당하기 어려운 영역에서는 지역사회의 전문가나 장인들의 도움을 요청하게 되었다. 이 과정에서 한 아이를 키우기 위해 학교와 지역사회가 협력하는 경험들이 조금씩 축적되고 있다.

자유학기제가 그동안의 관행들에 작은 균열을 내면서 새로운 교육의 가능성을 열었다는 점에서는 큰 의의가 있지만, 이것이 전체 교육의 흐름을 바꾸는 데까지 나아가지 못한 것은 추진 과정에서의 몇 가지 문제를 안고 있었기 때문이다.

첫째, 자유학기제를 중1로 한정했다는 것이다. 자유학기제 실시를 처음 논의할 때 자유학기제가 학생들의 진로탐색에 가장 의미 있게 작용하기 위해서는 중3이나 고1이 적기라는 지적이 많았다. 하지만 중3이나 고1은 입시체제와 충돌이 불가피했고, 그래서 입시와 최대한 먼 중1을 선택한 것이다. 다시 말해 교육적 선택이 아니라 정치적 선택이었던 셈이다. 그 결과 중1 자유학기제는 학생들의 시험 부담을 덜어주고 교사에게 수업과 평가의 변화를 가져오는 효과는 있었지만, 학생의 성장에 필요한 자아 발견과 진로 탐색의 의미를 극대화하지는 못하는 아쉬움을 남기고 있다.

둘째, 자유학기제를 성급하게 전면화했다는 것이다. 2013년 전국 42개 학교에서 시범실시할 때와 2014년과 2015년 시범학교를 확대할 때만 해도 자유학기제에 대한 현장의 만족도는 매우 높았다. 자유학기제에 관심을 가진 학교들이 지원했고, 자유학기제를 통해 새로운 교육 혁신을 추구하고자 하는 교사들이 1학년 담임을 자원해서 의욕적으로 내용을 채워가는 노력이 있었기 때문이다. 그런데 시범학교의 만족도가 높아지자 정부는 모든 중학교에 자유학기제를 의무화하면서, 제대로 준비하지 못한 채 형식적으로 운영하는 학교들이 늘어나고, 인식의 차이로 인한 불만들이 터져 나오면서 자유학기제 정책의 효과가 오히려 감소하는 상황이 나타나고 있다. 정부가 긴 안목으로 자유학기제를 통해 교육을 혁신하고자 하는 학교를 중심으로 성과를 쌓아가면서 준비된 학교들이 스스로 자유학기제를 선택하게 하는 정책을 취했더라면 지금보다 훨씬 더 나은 정책 효과를 거두었을 것이다.

셋째, 자유학기제가 교육청 주도의 획일적인 통제 정책으로 흘러가고 있다는 것이다. 자유학기제가 처음 시범 실시될 때는 정부에서 큰 틀만 제시하고 구체적인 내용을 채우는 것은 학교 현장의 몫이었다. 처음에는 한국교육개발원에서 시범학교들을 지원하면서, 단위학교 차원의 시도를 통해 자유학기제의 다양한 모델이 개발될 수 있도록 유도하였지만, 모든 중학교에 전면 실시되면서 이는 교육청이 관리해야 하는 중요한 업무가 되어버렸다. 거기다가 의욕이 없는 학교들에서는 자유학기제를 형식화하고 무력화하는 일도 빈번하게 일어났다. 그러자 교육청은 자유학기제의 세부 요소를 구체적으로 정하고 그 요소들 하나하나를 점검하기 시작했다. 이는 나름 의욕을 가지고 그 학교에 맞는 모델을 만들어가고자 하는 학교들에는 족쇄로 작용했다. 자유학기제의 핵심이라고 할 수 있는 '학교와 교사의 자유'가 사라지면서 자유학기제의 생명력이 약화되는 현상이 나타나고 있는 것이다.

3. 해외 사례에 비추어 본 오디세이학교

오디세이학교는 이러한 중학교 자유학기제가 우리 교육에 던진 성과와 한계를 배경으로 탄생했다. 처음 자유학기제가 도입될 때 논의되다 배제된 '전환학년제'를 2014년 당시 서울시교육감 조희연 후보가 교육공약에 포함시킴으로써 전환학년제의 불씨를 살린 것이다. 당시 조 후보는 교육공약에 고등학교 1학년 시기에 자신의 삶의 의미와 방향을 탐색하는 '(가칭) 인생학교'를 설립하겠다는 공약을 내걸었다.

조희연 교육감은 이 학교를 통해 두 가지 목표를 달성하고자 했다. 첫째, 중학교를 졸업하고 고등학생이 되는 성장의 전환기에 삶의 의미와 목표를 찾는 학생들에게 자유로운 사고와 성찰, 도전과 모험의 기회를 제공하는 1년간의 교육과정을 제공하고자 했다. 중1 자유학기제가 기본 필수과정이라면 고1 자유학년제는 심화 선택과정으로, 이 과정에 참여하는 학생들에게는 '교육원정대'라는 의미를 부여했다.

둘째, 자유학년제 교육과정 운영을 통해 기존 입시위주 교과중심의 교육과정을 벗어나 보다 교육의 본질에 맞는 창의적이고 자율적인 교육과정 운영의 경험을 축적함으로써 교육과정 다양화와 공교육 혁신의 모델을 제시하고자 했다.

1) 아일랜드 전환학년제

2012~2013년 자유학기제의 내용을 채우는 논의가 한창일 때 해외 모델로 가장 주목받았던 것이 아일랜드의 전환학년제와 덴마크의 애프터스콜레였다. 새로운 교육을 시작할 때 그 나라 교육의 토양과 사회 상황을 먼저 고려해야 하지만 해외 사례를 참고하는 것도 필요하다. 해외 사례를 통해 교육의 보편성 차원에서 우리가 하고자 하는 일의 의미를 더 분명하게 볼 수 있기 때문이다.

아일랜드는 교육을 통해 경제가 급성장한 면에서 한국과 유사하다. 유럽에서 교육열과 대학진학율이 가장 높은 나라로, 과도한 입시경쟁으로 학생들이 성적 압박감에 시달려 자신을 성찰하고 세상을 탐색하는 기회를 갖지 못해 건강한 사회인으로 성장하지 못한다는 비판을 많이 받고 있었다. 이러한 문제점을 극복하기 위해 교사 출신 교육부장관이었던 리처드 버커가 1974년에 도입한 제도가 전환학년제Transition Year다.

전환학년제는 한국의 고1에 해당하는 중등 4학년 학생들에게 일 년간 시험이나 공부에 대한 부담 없이 자유롭게 세상과 자신을 탐색하는 시간을 갖게 하자는 취지에서 실시되었다. 이전까지 아일랜드의 중등교육은 5년제 과정이었지만, 전환학년제가 시작되면서 사실상 6년제(중학교 3년, 전환학년 1년, 고등학교 2년)로 바뀌게 된 것이다.

도입 첫해 이 교육과정을 채택한 학교는 3개교에 불과했다. 이

계열(layer)	주요 내용
필수과목 계열 (core subjects layer)	5, 6학년 단계에서 대학진학을 위한 졸업시험 과목인 영어, 수학, 외국어 등 핵심과목의 기초를 다지는 시간이다.
선택과목 탐색 계열 (subject sampling layer)	5, 6학년에 개설된 선택과목 가운데서 학교 혹은 개인의 관심을 따라 선택적으로 공부한다.
자유 관심 계열 (transition year specific layer)	학교 교과목에는 편성되어 있지 않지만 개인의 관심을 따른 과목이 개설된다. 여기에는 심리학, 건축학과 같은 학문적인 과목부터 갈등 연구, 영화 연구, 미디어, 리더십 같은 사회성이 강한 과목, 창업, 주식, 요리, 웹디자인, 작곡, 연기 등에 이르기까지 매우 다양하다.
체험 및 활동 계열 (transition year calander layer)	초청 강연, 패션쇼, 직업 체험, 봉사 활동, 외국 여행, 교환학생 프로그램 등 자유로운 학교 밖 활동을 말한다.

아일랜드 전환학년제의 기본 구성

후 10여 년 동안도 20개 학교만 참여할 정도로 확산은 더뎠고, 이 제도가 도입된 지 20년째인 1993년도까지도 21%의 학교만 전환학년제를 개설했고, 전체 학생의 13%만이 이를 선택했다. 하지만 1994년 이후 정부의 재정 지원, 프로그램 보조교사의 지원 서비스 강화, 교사교육 강화 등의 정책 지원을 하면서 참여율이 급증하기 시작했다. 그 결과 2017년 현재 93% 학교가 전환학년제를 시행하고 있으며 72%의 학생이 이 과정을 이수하고 있어 정규 교육제도로 자리를 잡은 상황이다.

전환학년의 교육과정은 획일적으로 정해져 있지 않고, 각 학교마다 나름의 자율성이 보장된다. 하지만 국가 차원에서 4개 계열 layer의 교육과정과 내용을 제시하고 있고, 이 안에서 각 학교가 자기 학교에 맞게 재구성을 한다.

교육부에서는 가이드라인만 제시하고 교육과정 구성 및 운영 관련해서는 철저하게 학교의 자율성을 존중한다. 또한 교육과정 선택과 운영에서 학생과 학부모의 의사를 존중한다. 프로그램 개설 및 평가에 부모들이 참여하고, 학교는 최대한 학생과 학부모의 의견을 존중한다. 그리고 학교마다 이 프로그램을 기획 조정하는 운영자가 있고, 이들이 서로 협력하며 정보를 교환하며, 외부 단체나 사회기관들과 협력도 잘 이루어지고 있다. 평가는 대체로 개개인의 배움의 결과를 정리해놓는 포토폴리오 형태로 이루어지고, 성적으로 환산하지 않는다.

2) 덴마크의 애프터스콜레

애프터스콜레Efterskole는 덴마크의 역사에 기반한 매우 독특한 교육제도다. 명칭 때문에 언뜻 방과후 학교로 오해되기도 하지만, 1년 과정의 전일제 학교이다.

덴마크는 1814년에 '일반교육법'을 통해 학령기 아동(7~14세) 전체를 대상으로 7년간 의무교육제도를 국가 차원에서 도입한 세계 최초의 공교육 체제 국가다. 그런데 덴마크의 국부로 알려진 그룬트비Nikolaj F. S. Grundtvig는 국가가 주도하는 공교육체계에 문제를 제기한다. 그는 교육은 국가나 교회에 충성하는 신민 내지 신도를 양성하는 것이 아니라 국민 개개인의 삶을 깨워 민주시민을 양성하는 것이어야 한다고 보았다.

그룬트비의 영향으로 1850년대 이후 '자유학교'들이 설립되기 시작한다. 이 자유학교에는 초등학교와 중학교에 해당되는 9학년 과정의 자유기초학교Freeskole가 있고, 중학교와 고등학교 사이에 애프터스콜레, 그리고 고등학교 이후 과정인 폴케호이스콜레Folkehoskole가 있다. 우리의 대안학교에 해당되는 덴마크의 프리스콜레는 의무교육과정인 초등학교와 중학교 9학년까지만 있고, 이후 고등학교 과정은 모든 학생들이 공교육을 이수한다. 그리고 갭이어 형태로 중학교와 고등학교 사이에 1년 과정의 애프터스콜레가 있고, 고등학교 이후 청년들을 위한 3~9개월 과정의 시민대학인 폴케호이스콜레가 있다.

이러한 자유학교는 공교육과 일정한 긴장을 유지하지만 서로 대립하지 않고 협력하면서 영향을 주고받는다. 정부는 자유학교에도 공교육의 75% 정도 재정 지원을 하고 있다.

애프터스콜레는 1851년 그룬트비의 제자였던 크리스틴 콜Kresten Kold에 의해 설립되었고, 이후 긴 역사적 변천 속에서도 그 정신을 유지하면서 성장해왔다. 현재는 덴마크 전역에서 245개의 애프터스콜레가 운영되고 있으며, 중학교 졸업생 중 30% 정도가 이 과정을 거친 후 고등학교로 진학하고 있다.

애프터스콜레는 '인격 형성'에 교육의 목적을 두고 있다. 이는 특정한 기능을 익히거나 직업을 준비하는 과정이 아니라 보편적 의미에서 자아를 형성하고 개성을 발현시키며, 도덕적 의지를 가지고 자신을 둘러싼 세계와 책임 있는 관계를 형성해가는 것을 의미한다.

애프터스콜레에서는 각 학교마다 독특한 '중점과정'을 운영하는데, 아이들의 관심사와 개성에 맞춘 음악, 미술과 디자인, 연극과 영화, 스포츠, 여행, 국제교류, 종교, 프로젝트와 현장 연구, 난독증 같은 학습장애 등 매우 다양한 특색을 띠고 있다. 그렇지만 배움이 활동과 재미에만 치우쳐 있는 것이 아니라 일반 학문 교과와 연계성을 가지고 있어서 보편교육의 성격을 띠고 있다. 그리고 이러한 모든 교육과정은 '민주시민교육'을 지향하고 있어서, 각자가 자기 삶의 주인으로 살아가면서 공동체적 맥락에서 생각하고 행동할 수 있도록 돕는다.

애프터스콜레는 이러한 교육목표와 교육과정을 위해 기숙학교로 운영된다. 일 년 동안 교사들과 학생들이 함께 생활하는 모든 과정 속에서 학교가 지향하는 교육목표를 녹여내고 있다. 이러한 특성 때문에 주로 고등학교에 진학하기 전 여유 있는 시간을 가지면서 자아를 찾고 진로를 탐색하거나 친구들과 깊은 우정을 나누고 싶어 하는 학생들이 애프터스콜레를 선택한다. 교육과정은 학교 특성에 따라 매우 다양하기 때문에 한 가지로 말하기는 어렵지만, 주로 기본교과, 중점교과(각 학교가 중점으로 추구하는 교과), 활동, 탐방, 여가 시간 등으로 구성된다. 그리고 어떤 학교들은 중학교 과정에 해당하는 8학년이나 9학년 과정을 함께 개설하기 때문에 8, 9학년 학생들이 이용하기도 한다. 다음은 스포츠를 중점과정으로 하는 샘소 애프터스콜레의 교육과정이다.

샘소 애프터스콜레 교육과정

분류	주요 내용
필수과목	덴마크어, 영어, 수학, 과학, 아침 합창, 스토리텔링, 독일어/프랑스어 (8학년), 사회/역사/종교(9학년), 운동 경기(모든 학생이 선택해야 함)
활동	노래 부르기, 난민 주간, 기금 모금, 뮤지컬, 파티
탐방	문화 체험, 성(城) 방문, 회교사원 방문, 색다른 음식 체험.
야외활동	다이빙, 골프, 사냥, 격류 래프팅, 패러글라이딩, 축구, 카누 타기, 등산과 야영, 산악 자전거 등
여가시간	숙제, 다른 동료들과 살아가기, 우정, 데이트, 스포츠, 컴퓨터 게임

3) 전환학년제, 애프터스콜레, 오디세이학교 비교

위에서 살펴본 바와 같이 오디세이학교는 아일랜드의 전환학년제 그리고 덴마크의 애프터스콜레와 놀라울 정도로 유사성을 가지고 있음을 알 수 있다. 오디세이학교는 처음 시작할 때 전환학년제나 애프터스콜레의 사례를 참고했지만 이들을 그대로 가져온 것이 아니라 한국 교육의 맥락에서 그 필요를 살피고 한국 청소년들이 처한 상황에 적합한 모델을 만들어내려고 노력해왔다. 그런데 그 결과가 이러한 유사성을 보여준다면 이는 16~17세 청소년들이 자기를 성찰하고 세상을 탐색하며 세상에서 자신

전환학년제, 애프터스콜레, 오디세이학교 비교

	전환학년제	애프터스콜레	오디세이학교
시작 년도	1974년	1851년	2015년
학교 형태	공교육 내 중3 이후 선택 학년의 신설	정부 지원을 받는 사립학교로 정규 학제 바깥에 신설	고등학교 1학년 학력 인정 위탁과정
교육목표	삶을 성찰하고 세상을 탐색하는 건강한 사회인 양성	건강한 인격 형성과 민주시민 양성	삶의 의미와 방향 찾기
해당 학년	고1	고1(중2, 중3도 선택 가능)	고1
필수 여부	선택	선택	선택
교육 연한	1년	1년	1년
확산 정도	72% 학생이 선택	30% 학생이 선택	서울 100명, 창원 40명

을 어떻게 펼치고 기여하며 살아갈지를 고민해보게 하는 교육은 어느 사회에서나 보편적으로 필요한 것임을 말해준다.

4. 대안학교와 혁신학교의 실험을 딛고

2013년 자유학기제가 시작되면서 해외 사례로 주목받았던 아일랜드의 전환학년제와 덴마크의 애프터스콜레에 대한 사회적 관심과 연구가 본격적으로 시작되었다. 아일랜드와 덴마크의 학자들과 교사들이 한국을 방문해서 사례 발표를 하기도 하고, 한국의 교육학자와 교사들이 아일랜드와 덴마크를 방문하는 일도 부쩍 늘어났다. 그런데 해외 사례를 알아가면 갈수록 이러한 제도적 틀과 운영 노하우는 배울 것이 많지만 교육 내용은 이미 우리 안에 축적된 것이 많다는 깨달음을 얻게 되었다.

한국의 교육은 해방 이후 취학과 진학률이 급격히 확대되면서 초중고 단계의 완전 취학을 이루고 세계에서 제일 높은 대학진학률을 달성했다. 하지만 내용 면에서 무한경쟁을 통한 입시위주 교육으로 치닫다 보니, 학교는 사회와 괴리되고 교육은 삶과 동떨어져, 더불어 살아가는 민주시민을 기르는 역할을 상실하고 말았다. 이 가운데서 아이들은 자신감과 정체성을 찾지 못하고 미래를 저당 잡힌 채 무의미한 지식 습득과 경쟁에 지쳐 삶을 허비하는 안타까운 상황이 반복되고 있다.

이러한 우리 교육의 문제와 아이들이 겪는 고통을 덜어주고
자 학교 밖에서 교육의 본질을 회복하려는 움직임이 일어났다.
1990년대 후반부터 시작된 이 흐름은 1997년 산청 간디청소년
학교 개교와 함께 대안학교 설립 형태로 이어졌다. 이들은 삶과
배움을 일치시키는 교육, 지성과 감성, 덕성을 함께 깨우는 전인
교육, 아이들을 배움의 주체로 세우고 스스로 배우는 힘을 길러
주는 교육, 함께 더불어 살아가는 공동체 교육 등 그동안 공교육
에서 구호로만 내세웠고 실제로는 입시경쟁 교육에 매몰되었던
교육의 본질을 살려내려는 노력이었다.

이러한 대안교육의 역량과 성과가 축적되면서 공교육에도 영
향을 미치기 시작했다. 처음에는 인구 감소로 폐교 위기에 처한
농산어촌 학교들이 '작은 학교 살리기 운동' 차원에서 대안교육
의 성과들을 도입하기 시작했고, 2009년 진보 성향의 김상곤 경
기도교육감이 취임하면서 혁신학교 정책이 본격화되었다.*

혁신학교는 기존의 교육과정 체계 안에서 수업의 틀을 경쟁이
아닌 협동 방식으로 바꾸고, 학생들이 주체적으로 참여해 탐구하
는 형태로 변화를 추구했다. 그리고 교사들이 보다 주체적으로
교육과정을 재구성하고 학교 교육을 교육의 본질에 맞게 바꾸어

---

* 혁신학교는 2010년 진보 교육감들이 당선된 지역을 중심으로 점차 확산되었다. 하지만
그 전에도 이런 학교가 없었던 것은 아니다. 경기도 성남의 남한산초등학교, 부산의 금성초
등학교 등이 선구적인 모델 역할을 했다. 흔히 혁신학교를 진보교육감 작품이라 생각하지
만, 혁신학교는 현장 교사들의 자발적인 학교혁신 운동으로 출발했다는 점에 의의가 있다.

가기 위해 소통할 수 있는 민주적인 관계를 기반으로 학교를 혁신하는 움직임을 만들어냈다.

　오디세이학교는 교육 목표와 취지에서는 전환학년제나 애프터스콜레를 참조했지만, 교육목표를 달성하기 위한 교육과정 운영과 관련해서는 대안학교들이 20년 동안 쌓아온 역량과 성과를 활용했다. 그리고 공교육에 대안교육의 성과를 결합하는 부분에서는 작은학교운동이나 혁신학교운동이 해왔던 과정의 도움을 받았다. 하지만 오디세이학교는 여기에서 좀 더 나아가고자, 공교육과 대안교육이 협력하는 과정에서 단지 부분적 도움을 받는 차원을 넘어 대안교육이 운영 주체로 결합해 함께 학교를 운영하는 틀을 만들고자 했다. 그리고 대안교육의 역량과 성과를 공교육의 학력인정 체제인 오디세이학교에 맞게 접목시켜 전체 공교육의 변화에 기여하고자 노력해오고 있다.

오디세이학교의 어제와 오늘 그리고 내일

정병오
오디세이학교 교육기획부장

1. 공교육과 대안교육이 만나다

오디세이학교는 2014년 7월에 취임한 조희연 서울시교육감의 '일반고 살리기' 교육공약을 구체화하는 안의 하나로 제시되었다. '(가칭)인생학교 시범운영'이라는 과제를 걸고 "대학 입시 교육과 교과 지식 중심의 획일적 교육과정의 틀에서 벗어나 삶과 자신에 대한 성찰, 다양한 체험 등 원하는 공부를 중심으로 자기 주도적 삶을 개척하고 민주시민 역량을 기르는 공교육의 새로운 모델을 고등학교 1학년 희망 학생을 대상으로 실시하겠습니다"라고 그 방향을 제시했다.

이 공약에 따라 학교 준비에 들어가면서, 교육청에서는 지금까지 공교육에 없던 전혀 새로운 학교를 만드는 것인 만큼, 우선 많은 관계자들과 접촉하여 이러한 구상을 알리고 의견을 듣고자 했다. 교육혁신에 관심 있는 대학교수들, 문화예술가, EBS 프로듀서, 교육 관련 시민운동가들과 자문회의도 열고, 공교육 현장의 교장단과 학부모 단체, 대안교육에 관심 있는 교사들을 초청한 간담회에서 의견을 들었다. 그리고 최종적으로 시의회의 승인과 지원을 받기 위해 많은 노력을 기울였다. 하지만 대체적으로 필요성에는 공감하면서도 실현 가능성에 회의적이거나 '1년 동안 학교 밖에서 교육을 받은 아이들이 다시 공교육에 적응할 수 있겠느냐'는 우려의 목소리가 더 컸고, '아이들 데리고 교육 실험을 하느냐'는 언론의 비판도 만만치 않았다.

서울시교육청에서는 오디세이학교가 성공하기 위해서는 무엇보다 공교육 체제 밖에서 교육의 본질을 놓치지 않으면서 씨름해 온 대안교육기관들의 실질적인 도움과 협력이 중요하다고 판단해 이들에게 협력과 도움을 요청하는 손을 내밀었다. 하지만 대안교육기관에서는 그동안 관청과 협력하는 과정에서 자율성을 존중받지 못했던 부정적인 경험들로 인해 교육청에 대한 신뢰가 별로 없었다. 교육청은 민관협력 체제를 구축하고 지속하기 위해서는 좀 더 깊은 존중과 신뢰 구축을 위한 진정성 있는 태도가 필요하다고 판단하고, 이를 위해 수도권의 대안교육기관 관계자들을 초청하여 정책 취지와 방향을 알리고 참여와 협력을 요청하는 공개 설명회를 열었다. 그 후에도 심층 토론과 협의를 지속하면서 신뢰에 기반한 민관협력의 틀을 만들어가기 위한 노력을 기울였다.

　이러한 민관협력의 정신은 학교의 밑그림을 그리기 위한 TF 구성에도 반영되었다. 이 TF에는 교육청 담당자 외에도 새로운 교육에 대한 고민과 문제의식을 가진 공교육 교사, 그리고 오랫동안 대안교육에 헌신해왔던 대안학교 관계자들도 참여했다. TF에 참여한 공교육 교사들은 과도한 입시경쟁 교육 속에서 자신의 길을 찾지 못하고 방황하거나, 무기력하고 수동적인 아이들에 대한 안타까움으로 이를 극복하기 위한 새로운 길을 모색하던 이들이었다. 특히 이들은 2000년대 후반부터 우리 교육에 신선한 자극제 역할을 하던 북유럽 교육에 많은 관심을 갖고 있었다. 그래서 자발적인 교육탐방단을 꾸려 핀란드, 스웨덴, 덴마크를 탐방하면서, 한국 교육에 덴마크의 애프터스콜레를 적용하는 방안을 고민하고 있었다.

　한편 TF에 참여한 대안교육 관계자들은 대안교육이 공교육과 대립되는 개념으로 이해되거나 특별한 학생들을 위한 교육으로 인식되는 데 안타까움을 느끼고 있었다. 이들이 지금껏 추구해온 것은 사실 '교육의 본질'이었기에 공교육과 대안교육을 구분 짓지 않고 '교육'이라는 큰 틀 안에서 우리 교육을 새롭게 하는 방향으로 나아가고자 했다. TF에 참여한 대안교육 관계자들은 오디세이학교를 지난 20여 년 동안 축적해온 대안교육의 역량과 성과를 공교육에서 실현할 수 있는 기회로 받아들였다. 그리고 이를 통해 우리 교육의 변화에 기여할 뿐 아니라 대안교육도 좀 더 성숙할 수 있을 것이라고 기대했다. 공교육과 대안교육의 협력의 필요성에 대해서는 당시 조희연 교육감의 발표문에서도 잘 드러난다.

지금까지는 제도권 공교육과 제도권 밖의 대안교육이 분리되어 있었습니다. 대안교육은 기본적으로 제도권 공교육에서 담아내지 못하는 어려움을 극복하고 보완하기 위한 대안적 교육 실험으로 출현하였기 때문입니다. 그런 점에서 제도권 공교육은 대안교육이라는 '거울' 속에 비친 공교육의 문제점들을 직시하고 보완하려는 노력을 해야 하며, 근래에는 공교육 현장에서 그러한 요구와 필요성이 더욱 커지고 있습니다.

오디세이학교는 제도권 공교육 내에서 대안교육으로 표출되는 교육적 요구들을 수렴하고자 하는 시도이며, 제도권 공교육과 대안교육의 선순환적 협력 보완 관계를 통해서 공교육을 혁신하고자 하는 하나의 노력이라고 할 수 있습니다.

_2015년 3월 17일 '오디세이학교 추진 계획' 조희연 교육감 발표문 중

학교 이름을 교육청 공모를 통해 오디세이학교라고 정한 것은, 학생들이 일반적인 학교 교육과정에서 벗어나 쉼과 성찰, 모험의 일 년을 통해 자기 삶의 주체로 바로 설 수 있게 하려는 교육철학을 그리스 신화 오디세우스의 영웅적 항해의 서사에 비유하여 담으려는 뜻이었다. 조희연 교육감은 우리나라 최초의 고교 자유학

년제 오디세이학교에 "삶의 의미와 방향을 찾는 교육 원정대"라는 별칭을 붙여 2015년 3월에 추진 계획을 발표했고, 그해 5월 26일 40명의 학생들과 함께 첫 항해를 시작하게 되었다.

2. 오디세이학교 교육과정을 논의하다

TF는 먼저 대상을 중3으로 할지 고1로 할지를 놓고 고민했다. 중3이 고입 진로 선택을 놓고 고민하는 시기이고, 고1에 비해 대입에서 좀 더 떨어져 있기 때문에 참여하기가 더 좋을 것이라는 의견도 있었다. 하지만 중학교 자유학기제가 이미 시행되고 있어 중복될 수 있고, 중3 때 진로 고민이 본격적으로 시작되기 때문에 중3 말에 선택하도록 하고 고1 시기에 '고교 자유학년제' 과정을 마련하는 것이 더 좋겠다는 결론에 도달했다.

오디세이학교를 현 학제에 어떻게 접목시킬 것인가도 고민이었다. 현 초중고 12학년 체제 가운데 새로운 개념의 한 학년을 신설하기 위해서는 많은 논의를 통해 교육기본법을 고치는 단계까지 나가야 하는 것이므로 많은 시간이 걸리는 문제였다. 그래서 기존에 있던 '위탁형 대안교육기관' 제도를 활용하기로 했다. 이 제도는 학생이 일반학교에 학적을 둔 상태에서 서울시가 지정한 대안교육기관에서 일정 기간 교육을 받은 후 다시 원적교로 복교가 가능하고, 그 기간 동안의 학력을 인정받을 수 있는 시스템이었다. 오디세이학교도 이 체계를 활용하면 바로 시작할 수 있고, 고교 1학년 학력을 인정받는 새로운 선택형 교육과정을 운영할 수 있는 조건이라고 판단했다.

하지만 학교 적응에 어려움을 겪는 학생들을 대상으로 하는 위탁형 대안학교와 달리 오디세이학교는 자기 삶의 의미와 방향을 찾기 위해 자원하는 학생들을 대상으로 하는 학교가 되어야 했다. 오디세이학교에서 고교 1학년을 수료한 학생들은 학력을 인정받아 고2로 진급할 수 있게 하고, 고교 생활을 처음부터 다시 시작하고자 하는 학생은 고등학교 1학년으로 재입학할 수도 있게 하는 틀을 마련했다. 위탁과 예산 지원의 근거는 위탁형 대안교육기관 규정에 맞추었지만, 민관협력형 대안교육 과정이면서 일반고 선택 교육과정의 한 유형으로서 교육청 중등교육과가 운영 책임을 맡게 되었다.

TF에서는 교육청과 대안교육 민관협력의 체계를 중시하면서 토론과 협의를 통해 오디세이학교의 교육과정을 준비해갔다. 학교의 비전과 핵심 가치, 핵심 역량, 교육활동의 원리는 TF에서 정리하고, 이러한 목표와 원리에 맞추어 어떤 교과목과 활동을 편성할지는 협력운영기관으로 참여하는 대안교육기관이 자율적으로 정하도록 했다. 그리고 각 협력운영기관이 편성한 교과와 교육활동은 운영협의회를 통해 서로 공유하고 조율하기로 했다.

교육과정 논의에서 어려웠던 점은 고교 1학년 학력 인정 과정으로서 이수해야 할 보통교과 과목과 시수를 결정하고 성적 산출을 위한 평가 계획까지를 마련해야 하는 것이었다. 2015년 오디세이학교를 시작할 때는 2009 교육과정이 적용될 때였기 때문에 고등학교 졸업 이수에 필요한 교과군별 이수단위를 학생들이 복교한 뒤 고2, 3학년에서 다 채울 수 있다고 판단하고 보통교과를 영어, 수학, 한국사 3과목 4단위씩 운영하는 것으로 최소화했다. 그리고 2018학년도부터는 2015 교육과정이 적용되면서 고1 때 국어, 영어, 수학, 통합사회, 통합과학, 한국사 6과목을 필수로 이수해야 하는 상황이 되어, 이 6개 과목을 교육과정에 포함시키는 방식으로 바꾸어야 했다. 이는 오디세이학교에서 감당해야 할 가장 도전적인 난관이었다. 이를 위해 별도의 교수학습 개발 연구팀에서 오디세이학교의 교육철학에 맞는 방식으로 6개 과목별 교육과정-수업-평가 재구성 자료를 개발하였고, 오디세이학교는 그동안 3년 간의 보통교과 운영 경험을 바탕으로 학생들의 탐구 프로젝트 방식으로 교육과정과 수업을 혁신하며 운영하는 노력을 계속해오고 있다.

한편, 교육청에서는 오디세이학교의 정책적 타당성 연구와 성과 및 의의에 대한 참여관찰 연구를 2년에 걸쳐 추진하고[*] 그 결과를 2017년 2월 심포지움 형태로 발표했다.

---

[*] 고교자유학년제 정책 방향 및 교육과정 운영 모델 연구(2015). 강대중 외. 서울시교육청
고교자유학년제 오디세이학교 참여관찰 연구(2015). 나윤경 외. 서울시교육청
오디세이학교의 교육적 효과성에 관한 2차년도 참여관찰 연구(2016). 나윤경 외. 서울시교육연구정보원

3. 민관협력의 운영 체계

오디세이학교는 서울시교육청의 강력한 의지와 지원으로 시작되었지만, 실제 오디세이학교가 그 의지에 걸맞은 내용을 갖추고 정착하게 된 것은 20년 동안 대안적인 교육을 하고자 노력해온 민간기관과의 긴밀한 협력이 있었기 때문에 가능했다. 공교육 교사들 가운데도 새로운 교육에 대한 관심과 의지를 가진 교사들이 있었지만 이들은 개별 교과 중심의 분절된 교육에 익숙해져 있었고, 한 학생의 성장을 고려한 통합적인 교육에 대한 경험도 적었다.

오디세이학교는 처음부터 민간 대안교육기관들과 긴밀한 협력 가운데 진행이 되었다. 교육청이 오디세이학교가 학력 인정 과정으로서 공교육의 한 형태로 자리를 잡도록 행정조치를 하고, 학생을 선발해서 원적교로부터 위탁을 받아 1년 교육 후 복교하는 과정이 원활히 진행되도록 지원하며, 교육에 필요한 재정을 지원하는 역할을 했다. 그리고 공모를 통해 협력운영기관으로 참여한 대안교육기관은 교육청과 업무 협약을 맺고 일 년 동안 아이들을 만나며 오디세이학교가 지향하는 교육과정을 운영하는 역할을 감당했다.

2015년 처음 오디세이학교가 시작할 때는 공간민들레, 꿈틀학교, 아름다운학교 이렇게 3개의 대안교육기관이 협력운영기관으로 참여했고, 2016년부터는 아름다운학교 대신 하자센터가

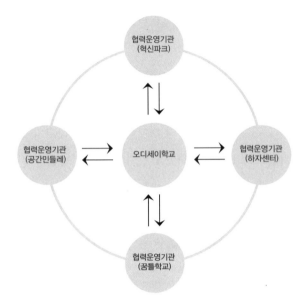

참여하고 있다. 그리고 2017년부터는 두 해 동안 오디세이교육에 참여했던 공교육 교사들이 별도의 팀을 구성하여 서울시 혁신파크에서 한 학급을 맡아 운영하고 있다.

민관협력 체제를 원활하게 유지하기 위해 운영협의회와 운영지원센터를 두었다. 운영협의회는 교육청 담당자와 협력운영기관 대표, 운영지원센터 담당교사(2018년부터는 학교의 교감)가 참여하는 자율협의체로서, 월별 정기회의를 통해 각 협력운영기관의 교육 상황을 공유하고 학교 운영과 관련된 주요 의사결정을 하면서 오디세이학교의 정체성을 확립해간다. 운영지원센터는 학생의 선발부터 복교에 이르기까지 모든 학사행정을 담당하고,

오디세이학교 (교무실, 행정실)	✓ 교육청 및 대안교육기관과 소통·협력을 통한 운영 총괄 ✓ 학생 모집 및 선발, 홍보 및 안내 상담 ✓ 공동수업(자율, 교과), 공동의례·활동 등 공통과정 기획 및 운영 ✓ 전체 교사 회의, 교사 연수 및 포럼 등 주관 ✓ 오디세이학교 행·재정적 지원

협력운영기관	✓ 협력운영기관
	  – 공교육 운영기관 : 오디세이혁신파크
	  – 민간 협력운영기관 : 공간민들레, 꿈틀학교, 하자센터
	✓ 오디세이학교와 협의하며 기관별 교육과정 운영
	✓ 길잡이교사가 학생 10명 내외를 전담해서 학습과 생활을 이끌어 감

운영협의회	✓ 교감, 부장교사, 협력기관 대표, 교육청 담당자로 구성 ✓ 오디세이학교 제반 규정의 제·개정 심의 ✓ 교육과정 운영에 관한 사항 심의 ✓ 학생 모집, 협력기관별 학생 배치, 수탁 해제 심의

오디세이학교 운영 주체들의 역할

입학식과 수료식, 보통교과 등 공통교육과정을 진행하며 기타 각 협력운영기관에 대한 지원 역할을 맡고 있다.

　서울시교육청에서 직접 운영하는 위탁형 대안교육과정 프로그램으로 출발했던 오디세이학교는 예산 지원의 안정성과 제도적 지속성을 확보하기 위해 2018년부터는 초중등교육법에 의한 각종학교로 설립 전환되었다. 그리하여 교장과 교감, 행정실을 두고 행정 업무를 체계적으로 담당할 수 있게 되었으나, 학교의 교육활동을 논의하고 결정하는 중심 기능은 여전히 협력기관들과 교육청이 함께하는 운영협의회가 맡고 있다.

4. 민관협력의 심화와 선택 교육과정의 다양화

2015년 오디세이학교를 시작할 때 민관협력은 교육청이 행정과 재정 지원을 담당하고 대안교육기관이 실제 교육을 맡는다는 의미였다. 이때도 공교육 교사가 참여는 했지만 운영지원센터 소속으로 행정 지원과 공동교육과정을 운영하는 책임 정도만 지고 있었다. 그런데 2016년부터는 공교육 교사를 더 선발하여 각 협력운영기관에 1명씩 파견하면서 기관 소속의 대안학교 교사 2명과 그 기관에 파견된 공교육 교사 1명이 한 팀이 되어 교육과정을 기획하고 운영하고 평가하는 체제를 갖추게 되었다.

이 과정에서 민관협력 체제는 화학적 변화를 거쳤다. 가장 큰 변화는 오디세이학교에 참여한 공교육 교사들의 교육적 안목이 열리고 역량이 자라는 것으로 나타났다. 교과 전문가로서 역량을 갖추고 교육에 헌신하면서도 아이들의 변화와 성장이 잘 이루어지지 않는 공교육 현실에 답답함을 느끼고 오디세이학교에 참여한 공교육 교사들은 한 아이의 성장을 중심에 놓고 통합적으로 접근하는 대안교육 현장에서 교육의 본질에 기반한 교육적 안목을 내재화하기 시작했다. 대안교육 교사들도 공교육에 대한 비판적인 인식에서 벗어나 공교육과의 협력 가능성을 열어갔다.

민관협력을 통한 공교육 교사들의 성장은 공교육 교사 팀으로 구성된 별도 운영기관의 탄생으로 이어졌다. 각 대안교육기관에 파견되어 교육활동에 참여했던 공교육 교사들이 2017년에 서울혁신파크에서 별도 팀으로 교육과정을 운영하는 모델을 만들게 되면서, 협력기관별로 중점 운영하는 선택 교육과정이 더 다양해졌다. 공교육 교사들이 대안교육기관에 참여하면서 교육의 본질과 학생의 성장에 맞춘 교육과정을 기획 운영하는 역량을 기르고, 대안교육기관들이 이 과정에 적극적으로 협력함으로써 가능했다. 공교육 교사들로만 구성된 새로운 팀이 별도의 교육과정을 운영하기 시작한 것은 이후 오디세이학교가 공교육에 더욱 확산될 수 있고, 따라서 공교육 변화에 기여할 수 있는 가능성을 높였다는 점에 큰 의미가 있을 것이다.

오디세이학교는 4개의 운영기관들이 아이들에게 삶의 의미와 방향을 찾게 하는 일 년간의 교육과정을 운영한다는 지향점을 공유하고 (보통교과를 포함한 몇 개의 공동교육과정을 운영하고는 있지만) 기본적으로 각 기관의 교육과정 운영의 자율성을 최대한 보장해주고 있다. 이는 학생들 한 명 한 명에게 좀 더 적합한 교육과정을 제공해줄 수 있는 장점이 있지만 다양한 교육과정이 어떻게 공통된 교육목표를 지향할 수 있을지, 그리고 지속적인 변화를 통해 교육의 질을 높일 수 있을지는 초기부터 중요한 과제였다.

이 과제를 오디세이학교는 감독과 평가를 통해 해결하기보다 개방과 공유를 통해 풀어가고 있다. 오디세이학교의 모든 수업과 활동은 (학생들에게 방해가 되지 않는 선에서) 외부에 개방되어 있다. 이뿐 아니라 학생들과 교사들이 여러 통로로 교류하고 있다. 그래서 모든 교육활동이 서로에게 공개되어 있다. 그리고 교사들이 한 해의 교육과정을 시작하기 전에 각 기관의 일 년 교육과정을 공유하고 서로 피드백을 주고받으며, 매 학기 단위로 서로 평가를 공유하며 각자 어려움을 내놓고 도움을 주고받는 과정을 거친다. 이러한 과정이 반복되면서 각 기관들이 고유성과 강점을 유지하는 가운데 서로의 강점을 통해 자신들의 부족한 점을 보완해가면서 전체적으로 교육과정의 질이 개선되는 것을 느끼고 있다. 이렇게 오디세이학교 각 협력운영기관 간에 형성된 협력과 상생의 과정은 오디세이학교가 다양성 가운데서 공통성을 가지고 날로 발전해가는 데 큰 힘이 되고 있다.

5. 학교 공간

오디세이학교는 독립적인 자체 공간을 마련하지 않고 서울시교육청에 속한 정독도서관의 한 공간을 리모델링하여 운영을 시작했다. 학교 공간을 마련하려면 시간이 걸리는 문제도 있었고, 첫해에는 학생들을 40명만 선발했기 때문에 큰 공간이 필요하지 않았다. 또 오디세이학교 공간에서는 공동 수업만 하고 나머지 활동은 협력운영기관에서 진행했기 때문에 작은 공간으로도 별 어려움이 없었다.

하지만 2016년부터는 학생 수가 90명으로 늘어나고 각 협력운영기관에 30명의 학생들이 배정되다 보니 협력운영기관들이 가지고 있는 교육공간으로는 부족한 상황이 되었다. 그래서 도심 공동화로 문을 닫게 된 초등학교 공간의 일부를 오디세이학교 본부와 협력운영기관 중 한 곳의 수업 공간으로 활용하게 되었다. 이후 서울혁신파크의 일부 공간을 서울시와 협의 하에 임대해 교육공간으로 확보했고, 서울시교육연수원 서초분원 건물의 일부도 교육공간으로 사용하고 있다. 이렇게 하여 현재는 서울시교육청 소속의 건물 3곳과 서울시 소속의 건물 1곳, 그리고 협력운영기관 중 공간을 잘 갖추고 있는 하자센터의 공간을 포함해 총 5곳을 오디세이학교의 교육 공간으로 활용하는 분산형 캠퍼스 체제로 운영되고 있다.

학교가 하나의 독립된 공간을 갖지 않고 여러 공간들을 활용하는 것의 가장 큰 장점은 교육이 학교 건물 안에 갇히지 않고 지역과 긴밀한 연관을 맺고 그 인프라를 활용할 수 있다는 점이다. 정독도서관의 경우 도서관 인프라를 활용할 수 있고, 서울혁신파크는 사회혁신을 꾀하는 NGO나 사회적 기업 등이 모여 있는 공간이어서 그 모든 기관들과 교육적 협력이 이루어지고 있다. 그리고 각 협력운영기관 단위의 독립성이 강화되어 마치 한 학교 안에 작은 4개의 학교로 운영되는 다양성이 살아나는 것도 장점이다. 하지만 독자적인 학교 건물이 없다 보니 협력기관 사이의 긴밀한 협력이 어렵고 통일된 문화가 잘 형성되지 않는 어려움도 있다. 이런 이유로 오디세이학교의 철학을 잘 보여줄 수 있는 독립된 공간이 필요하다는 의견도 꾸준히 나오고 있다.

6. 오디세이학교의 학생들

오디세이학교를 시작할 때 가장 많이 주의했던 것은 삶의 의미와 방향을 찾는 1년의 길찾기 교육과정을 운영하는 학교의 정체성을 학생들과 학부모들에게 정확하게 설명하고 이러한 취지에 맞는 학생을 선발하는 일이었다. 자칫 우리의 의도나 설명과 관계없이 사람들에게 특별한 유형의 학교로 낙인찍히는 결과가 될까봐 염려되었다. 그래서 첫 학생을 모집할 때 다음과 같이 약간은 추상적인 문구로 표현했다.

오디세이학교는 이런 학생들과 함께하고 싶습니다.

- "난 뭘 하면 좋을까? 어떻게 살면 행복할까?" 고민하는 사람
- 대학 진학만을 위한 공부보다 내 삶을 찾아가는 공부를 하고 싶은 사람
- 내 생각을 키우고 당당하게 말하고 싶은 사람
- 다양한 사람들과 함께 색다른 경험을 하고 싶은 사람
- 내 삶의 길을 찾아보는 주인공이 되고 싶은 사람

이 모집 공고를 보고 교사들은 당황해했다. 이 문구만 가지고는 어떤 학생을 뽑겠다는 건지 잘 모르겠다는 것이었다. 공부 잘하는 모범생을 뽑겠다는 것인지, 부적응 학생들을 뽑겠다는 것인지 분명히 해달라는 요청을 하기도 하고, 어떤 교사들은 내신성적 어느 수준의 학생들을 대상으로 하는지를 묻기도 했다. 하지만 아이들은 이 문구를 보고 반응을 하기 시작했다. 바로 자신이 지금 고민하는 있는 문제라며 지원한 학생들이 많았다.

학생 선발은 학생들이 제출한 자기소개서를 기반으로 면접을 통해 이루어졌다. 중학교 내신 성적은 전혀 보지 않고 출결 사항은 학생의 중학교 시절의 생활을 파악하는 참고자료로 활용했다. 면접에서 제일 중요하게 확인한 것은 1년의 오디세이학교 과정을 통해 자신을 변화시키고 싶은 의지가 있느냐 하는 것과 오디세이학교에 대해 정확하게 이해하고 있느냐 하는 것이었다. 부모님의 권유로 마지못해 지원했지만 자신의 의지가 전혀 보이지 않는 학생, 오디세이학교를 특별한 기능을 익히거나 대학진학을 위한 스펙으로 생각하고 지원한 학생은 선발하지 않았다.

이러한 과정을 통해 오디세이학교에 입학하게 된 학생들은 대략 다음과 같이 구분된다.

오디세이학교 입학생들의 유형

유형	특성
자유로움을 추구하는 학생	– 과중한 공부와 꽉 짜인 학교 규율에서 벗어나고 싶은 학생 – 예체능 계통 활동을 많이 하면서 즐겁게 학교 생활을 하고 싶은 학생
평범한 삶을 벗어나 자기 길을 찾고 싶은 학생	– 자신이 잘하는 것이 무엇인지 몰라 찾고 싶은 학생 – 삶이 막막하고 무엇을 해야 할지 모르겠다는 학생 – 자신있게 자신을 표현하고 당당해지고 싶은 학생
학교의 한계를 넘어 삶에 대한 관심이 많은 학생	– 주어진 공부와 학교 생활을 성실하게 잘 감당하고 있으나 어떻게 살아야 할지 진지한 고민이 많은 학생 – 입시위주 공부도 열심히 하고 있지만 삶과 세상을 깊이 성찰하는 공부를 하고 싶은 학생
학교부적응 및 위기청소년	– 방황을 많이 한 학생 – 학교 생활과 잘 맞지 않아 자퇴와 미진학을 고민하는 학생 – 사회성이 부족해 관계 맺기의 어려움을 겪은 학생

매해 학생들을 선발하고 교육과정을 운영하면서 확인하는 것은 정말 다양한 유형의 학생들이 지원을 한다는 것이다. 이러한 오디세이학교 학생들의 구성은 일반계 고등학교 1학년 교실의 학생 구성과 거의 다를 바가 없다. 오디세이학교의 학생 구성은 일반계 고등학교 교실의 단면인 것처럼 보인다. 이것은 오디세이학교의 정체성이 우리 교육 가운데 자리를 잘 잡고 있다는 증거이기도 하고, 오디세이 교육이 모든 유형의 학생들에게 필요한 보편성을 갖는다는 것을 의미하는 것이기도 하다.

이러한 학생 구성의 다양성은 오디세이학교의 교육목표를 달성하는 데 큰 힘이 되고 있다. 물론 이러한 다양성은 일반계 고등학교에서도 나타나는 현상이지만 효과적인 학습을 중요시하는 일반계 고등학교에서 이러한 다양성은 효율적인 수업 운영의 장애 요인으로 작용하기도 한다. 그리고 학급 구성원간의 상호작용이 많지 않은 교실 상황에서는 비슷한 유형의 아이들끼리만 어울리는 경향이 있고 숨을 공간이 많다.

하지만 오디세이학교는 30명의 학생이 3명의 교사와 생활을 함께하고 공동체 활동과 서로에 대한 피드백이 일상화된 구조이기 때문에 모든 학생들이 서로 상호작용을 해야 한다. 여기서 구성의 다양성이 갖는 교육적 역동성이 활발하게 일어난다. 물론 처음에는 자신이 선호하지 않는 유형의 아이들과 상호작용을 해야 하는 상황에서 갈등도 많이 일어난다. 하지만 이러한 갈등 또한 오디세이 교육의 소중한 자산으로 작동하고 있다.

7. 아이들의 변화와 성장

오디세이학교를 처음 시작할 때 주위에서 기대도 많았지만 우려의 목소리도 컸다. 오디세이학교를 시작한 주체들도 나름의 확신을 가지고 교육을 시작했지만 실제로 교육의 성과가 아이들의 변화로 나타나기 전까지는 마음을 졸이기도 했다. 그런데 1년의 교육을 마칠 즈음이면 아이들의 변화와 성장이 자신이 느낄 뿐 아니라 주변 부모나 교사들이 느낄 정도로 드러난다. 흔히 교육의 열매는 먼 훗날 드러나기 때문에 단기간에 평가할 수 없다고 하나 오디세이학교에서는 아이들마다 정도의 차이는 있지만 각각에 맞는 변화와 성장이 매해 예외 없이 나타나고 있다.

교사 입장에서 관찰되는 아이들의 공통된 변화는 우선 표현력이 자란다는 것이다. 오디세이학교에 처음 왔을 때 대부분의 아이들은 입을 잘 열지 않는다. 회의를 하든 수업을 하든 마찬가지다. 여기가 어떤 이야기를 어디까지 할 수 있는 자리인지 눈치를 보면서 자신의 생각을 함부로 표현했다가 사람들에게 비웃음을 사지 않을까 두려워한다. 그런데 오디세이 공간 안에서는 어떤 이야기를 하든지 존중받고 비난받지 않는다는 신뢰가 생기면 아이들은 자신의 생각을 말하기 시작한다. 여기서는 자신을 꾸밀 필요가 없고 있는 그대로의 자기로 존재해도 괜찮다는 확신이 들기 시작하면 비로소 입을 열기 시작하고 자기 생각을 솔직히 말하며 상대방의 이야기를 경청하는 분위기가 형성된다. 이렇게 안전한 공동체 가운데서 자신을 솔직하게 표현하는 것이 훈련되면 조금 불편한 자리를 포함한 어떤 상황에서도 당당하게 자기를 표현하게 되는 것이다.

아이들에게서 감지되는 뚜렷한 변화 중 또 하나는 주체성이 향상된다는 점이다. 오디세이학교는 아이들의 내면에 깊게 형성된 수동성을 깨기 위해 많은 노력을 기울인다. 교사들이 아이들을 향해 약간 공격적일 수도 있을 정도로 "왜?"라는 질문을 던지고 "그래서 네 생각은 뭐니?"라고 묻는다. 학교의 많은 일들을 자치회의에서 결정하기 때문에 자신의 생각과 의견이 그대로 학교의 활동에 반영되고 자신에게도 영향이 미치는 것을 모두가 경험한다. 수업이나 소그룹 활동에서도 아이들이 직접 기획하고 상호 피드백을 통해 보완하면서 끝난 후에는 평가를 통해 또 보완하는 작업을 거친다. 이러한 활동과 수업을 통해 아이들은 어떤 일이든 한 번 더 생각해보고 왜 그런지를 알아보고 스스로 결정하고 책임을 지는 주체성을 형성해간다.

또 오디세이학교를 다닌 아이들에게서 어른에 대한 신뢰가 형성되는 걸 확인할 수 있다. 대부분의 배움은 어른들의 도움을 받아 이루어진다. 하지만 요즘 아이들은 어른들, 특히 가장 가까운 어른인 부모나 교사를 자신들을 억압하고 통제하는 존재로 받아들이기 때문에 신뢰하지 않는다. 이는 아이들의 배움과 성장에 매우 큰 장애물로 작용한다. 오디세이학교에서는 아이들과 모든 것을 함께하는 길잡이 교사들이 권위를 내세우지 않고 자신들을 동등한 인간으로 존중하고 설득하며 기다려주는 것을 경험하면서 아이들은 교사를 신뢰하기 시작한다. 이렇게 교사들에 대한 신뢰가 쌓이면서 수업이나 다른 활동을 통해 만나는 어른들에 대해서도 신뢰를 가지고 마음을 열게 된다. 그래서 오디세이학교에서 아이들은 교사를 격의 없이 대하지만 일반학교에 비해 훨씬 더 교사의 권위를 존중한다. 그리고 이러한 신뢰는 낯선 어른들에 대한 경계를 허물고 쉽게 다가갈 수 있게 하여 일평생 배우는 자로 살아갈 수 있는 중요한 자산이 된다.

또한 일 년의 과정을 거친 아이들은 삶에 대한 기대가 커진다. 무한경쟁시대를 살아가는 우리 아이들은 삶에 대한 기대가 그리 크지 않다. 그냥 공부 열심히 해서 안정적인 직업을 얻어 편하게 살 수 있으면 좋겠다는 생각을 할 뿐이다. 어른들은 꿈을 이야기하지만 아이들은 그 꿈을 안정되고 편안한 삶 이상으로 확장하지 못한다. 세상에 대한 그들의 경험이라는 것이 교과서나 미디어를 통해 본 것에 국한되기 때문이다. 그러기 때문에 오디세이학교에서는 아이들이 최대한 세상을 많이 경험할 수 있게 돕는다. 어떤 영역에서 소신껏 자신의 삶을 개척하고 삶의 의미를 찾은 사람들을 만나면서 돈을 많이 벌지 않아도 재미있고 의미 있게 살아가는 사람들이 많고, 그런 삶도 멋질 수 있다는 것을 느끼면서 가치관도 많이 변한다. 그리고 자신의 삶도 지금까지 교과서나 미디어에서 봤던 삶의 테두리를 벗어나 자신이 정말 원하는 것이 무엇인지, 자신이 정말 좋아하고 잘하는 것이 무엇인지 고민을 하게 된다.

　이러한 아이들의 변화와 성장은 해마다 아이들의 입을 통해 확인할 수 있다. 오른쪽 표는 1기 학생들이 수료하면서 쓴 글에서 밝힌 자신의 변화와 성장을 유형별로 정리한 것이다.

8. 복교 과정에서의 진로 선택

　오디세이학교 1년의 과정을 마칠 즈음이 되면 아이들은 복교에 대한 걱정을 하기 시작한다. 그런데 아이들 고민의 핵심은 일반학교로 돌아가 적응하지 못하면 어쩌나가 아니다. 오히려 오디세이학교에서 형성된 주체적인 배움의 태도, 세상과 부딪혀가는 용기를 잃어버리지 않을까를 염려한다. 그래서 꼭 고등학교를 졸업해야 하는 것도 아니고 스무 살에 대학을 가야만 하는 것도 아니니 오디세이학교 이후에도 좀 더 자유롭게 배우면서 자신을 성장시켜가다 대학 진학의 필요성을 느낄 때 대학에 가겠다는 아이들도 많이 있다.

　교사들은 아이들의 이런 생각을 존중하지만 가급적이면 일반학교에 복교할 것을 권한다. 비록 일반학교가 치열한 입시경쟁 구도로 운영되는 곳이지만 오디세이학교에서 배웠던 비판적 성찰의 자세를 유지하면서 고민하며 살아남는 것도 이후 자신의 삶에 큰 자양분이 될 것이라고 이야기를 한다. 그리고 일반학교에

분류	자신의 변화에 대한 수료생들의 표현
사고력 향상	✍ 넓은 시각을 갖게 되었다. ✍ 여러 생각을 많이 하게 되었다. ✍ 생각을 하는 방향이 달라졌다. ✍ 열린 사고를 하게 되었다. ✍ 생각하는 힘이 생겼다. 생각하는 것에 적응되었다. ✍ 내가 생각하는 것에 대해 생각할 수 있게 되었다.
소통능력 향상	✍ 말을 더 논리적으로 할 수 있게 되었다. ✍ 내 의견을 잘 말할 수 있게 되었다. ✍ 다양한 의견을 받아서 심오한 주제로 이야기를 하게 되었다. ✍ 남들 앞에서 말하고 다른 사람들을 이해하는 힘이 생겼다.
기획력 향상	✍ 어딘가를 가도 기획하거나 계획을 짜는 습관을 갖게 되었다. ✍ 우선순위를 정해서 할 일을 다 할 수 있게 되었다.
주체성 향상	✍ 하고 싶은 일이 생겼다. ✍ 하라고 하는 것을 그대로 하지 않고 '왜?'라고 생각하게 되었다. ✍ 나만의 생각을 하고 실천하게 되었다. ✍ 혼자 할 수 있는 게 많아졌다. ✍ 더 나에게 집중할 수 있게 되었다. ✍ 스스로 하고 싶은 것을 찾아서 하게 되었다.
자신감 향상	✍ 자신감이 생겼고, 나에 대한 믿음이 생겼다. ✍ 좀 더 많은 것을 할 수 있게 되었다.
진로 찾기	✍ 진로에 대한 생각을 다시 해보았다. ✍ 진로에 대한 고민이 풀렸다(진로를 찾았다) ✍ 재미있는 게 생겼다. ✍ 나에 대해 다시 한 번 생각하게 되었다. ✍ 뻔하지 않은 삶을 알게 되었고, 앞으로의 삶에 대한 방향이 생겼다.
새로운 경험	✍ 새로운 경험(체험)을 많이 했다. ✍ 새로운 사람들을 많이 만났다. ✍ 예체능 수업을 많이 했다. ✍ 세상에는 참 다양한 사람들이 살고 있다는 것을 알게 되었다. ✍ 내 또래에 무언가 정말 열심히 하고 있는 친구들을 많이 보게 되었다.
인성 계발	✍ 여유를 경험했다. ✍ 더 책임감을 가지게 되었다. ✍ 성격이 더 밝아지고 좋아졌다. ✍ 더 성실해졌다. ✍ 용기가 생겼고, 성숙해졌다. ✍ 의지와 의욕이 생겼다. ✍ 학교가는 것이 즐거워졌다.
인간관계의 변화	✍ 소중한 사람들을 만났다. ✍ 어른들을 대하기가 편해졌다. ✍ 친구들이랑 잘 어울리게 됐다. ✍ 주변 사람들과 동등하고 기쁘게 지낼 수 있게 되었다. ✍ 공동체생활을 경험했다.
교육 문제 안목 형성	✍ 우리나라 교육의 가장 큰 문제점을 느꼈다. ✍ 입시경쟁에 구속되어 있던 것들로부터 벗어났다. ✍ 꼭 대학을 가서 직장을 얻어야만 먹고살 수 있다는 생각이 깨졌다.

도 올바른 교육적 지향을 가진 선생님들이 계시고 자기 삶을 고민하는 아이들도 있으니 그런 선생님, 친구들과 함께 오디세이학교에서 배웠던 참된 배움의 문화를 적용시키고 확산시키는 노력을 해보라고 권하기도 한다.

어떠한 선택을 하든 복교 과정에서의 고민은 아이들의 성장에 또 하나의 전환점이 된다. 흔히 오디세이학교는 아이들에게 두 번의 전환을 경험하게 한다고 말한다. 첫 전환은 다른 친구들과 똑같이 일반고 진학을 선택하지 않고 1년간 오디세이학교에서의 배움이라는 다른 선택을 할 때 이루어진다. 아이들은 오디세이학교 진학을 위한 자기소개서를 쓰고 면접을 하면서 끊임없이 왜 친구들과 다른 1년의 시간을 가지려고 하는지를 묻고 또 답하는 과정에서 아이들은 자기 삶의 중요한 시간을 선택하는 경험을 한다. 그리고 1년의 오디세이학교 과정을 다 마치고 일반고로 복교하는 과정에서 또 다시 자신이 왜 일반고 복교를 선택하려는지 혹은 복교가 아닌 다른 선택을 하려는지를 고민하는 가운데 스스로 삶을 성찰하고 주체적인 선택을 하게 된다.

복교 과정에서 아이들 앞에 놓여 있는 선택지는 크게 두 가지다. 하나는 일반고로 복교하는 것이고, 다른 하나는 복교를 하지 않고 자퇴하는 것이다. 이 비율은 해마다 다르지만 매해 수료생의 20% 안팎이 복교하지 않고 자퇴를 선택한다. 처음에는 복교하지 않고 자퇴하는 학생의 비율이 높은 것 때문에 비판을 받기도 했다. 하지만 중요한 것은 자퇴의 비율이 아니라 왜 자퇴를 선택하는지, 그리고 자퇴 후 어떤 생활을 하는지이다.

자퇴를 선택한 학생들 가운데는 학교 부적응으로 인해 고등학교에 진학하지 않으려다가 오디세이학교를 통해 많이 회복되었으나 다시 일반학교에 적응하기는 힘들 것으로 판단해서 자퇴를 선택한 아이들도 있다. 하지만 더 많은 경우는 자기만의 자유로운 배움을 더 지속하다가 대학의 필요를 느낄 때 진학하겠다는 주체적인 선택이 더 많다. 인문학 공부모임 같은 곳을 찾아다니거나 홈스쿨링을 선택하는 아이들도 있고, 비인가 대안학교를 가는 아이들도 있다.

복교를 선택하는 아이들에게는 2학년 복교와 1학년 복교라는 두 가지 선택지가 있다. 1학년 복교는 고등학교 1학년 교육과정부터 다시 시작할 수 있기 때문에 학력결손에 대한 염려가 줄어든다. 하지만 한 살 어린 후배들과 동급생이 되어 생활해야 하는 부담감이 있고, 오디세이학교에서의 배움에 대한 기록을 학생생활기록부에 남길 수 없다는 아쉬움을 감내해야 한다. 2학년 복교는 교우관계의 어려움은 없지만 학력결손을 보충하기 위해 더 열

구분	복교		자퇴(복교 후 자퇴생 포함)	계
	1학년 복교	2학년 복교		
1기	–	26	8	34
2기	9	59	6	74
3기	5	46	14	65
4기	18	49	9	76

오디세이학교 수료생 복교 현황

심히 공부해야 하는 부담감이 있다. 교사들은 1학년 복교를 많이 권하지만, 이는 '긴 인생에서 일 년이라는 시간은 큰 의미가 없다'는 것을 깨닫고 극복해야만 가능하기 때문에 1학년 복교를 선택하는 아이들은 많지 않다.

9. 복교 이후의 고등학교 생활

오디세이학교를 처음 시작할 때 주변에서 가장 많이 우려했던 것은 이 학생들이 일 년 동안 자유로운 교육을 받은 후 일반학교로 돌아갔을 때 잘 적응할 수 있겠느냐는 것이었다. 이러한 우려는 3년 단위의 완결된 교육 체제를 갖추지 않고 1년 동안 입시교육의 흐름에서 벗어나 자유로운 배움을 경험하게 한 후 다시 입시교육 체제로 돌아가게 하는 것은 무책임하다는 비판으로 이어졌다.

하지만 처음 오디세이학교를 시작한 사람들의 생각은 조금 달랐다. "물론 1년 동안 다른 배움의 과정을 경험하고 입시경쟁교육에 복귀해서 적응하는 것이 쉽지는 않겠지만 3년의 완결된 교육을 한다고 해도 그 다음 단계는 역시 경쟁체제이기 때문에 본질적으로는 같은 문제를 갖는다. 대학뿐 아니라 대학 이후 취업을 포함한 우리 사회 자체가 극단적 경쟁체제라는 현실이 존재한다. 그렇다면 1년이든 3년이든 아이의 상황에 따른 선택일 뿐이다. 많은 아이들의 경우 자기 삶의 방향을 잡는 데 가장 중요한 시기인 고등학교 1학년 때 내면을 성찰하고 세상을 마주하는 힘을 길러준다면 입시체제는 물론이고 이후 경쟁적인 세상 속에서도 주체적이고 도전적인 삶을 살아가는 데 큰 도움이 될 것"이라고 생각했다.

학교가 시작한 지 5년 정도 지나면서 1기에서 4기까지 수료한 학생들이 일반고에 복교해 입시체제 가운데서 자기 길을 모색하고 있고, 1기와 2기 학생들 상당수는 대학에 진학했다. 일 년이 아니라 좀 더 오랜 시간을 함께 했더라면 더 좋았을 것이라는 아쉬움이 남는 아이도 몇몇 눈에 띈다. 하지만 다수의 학생들은 충분하지는 않지만 오디세이학교에서 배우고 형성한 주체적인 삶의 태도에 기반하여 경쟁체제 속에 휩쓸리지 않고 자기 나름의 길찾기 노력을 계속하고 있는 것으로 보인다.

학생들이 오디세이학교를 다닐 때는 스스로 자신의 변화와 성장을 실감하기가 쉽지 않다. 그런데 수료 후 일반고로 복교한 후에 비로소 자신이 오디세이학교에서 어떻게 변했고 어떤 부분에서 성장했는지 체감한다. 친구들의 문화가 낯설다고 느끼는 것은 자신이 변화했기 때문이다. 분명히 자신도 지난 9년 동안 몸담았던 익숙한 문화이고 그 가운데는 친하게 지낸 친구들이 있음에도, 친구들이 과도하게 그룹을 형성하거나 뒷담화를 많이 하는 문화가 불편하게 느껴지고, 예능이나 게임, 외모, 이성 등에 치우쳐 있는 대화에 끼어들기가 쉽지 않거나 답답함을 느낄 때가 많다는 것이다. 어떤 아이들은 이런 차이를 확인하며 소외감을 호소하기도 하지만, 또 어떤 아이들은 학급 전체의 문화를 바꾸는 쪽으로 노력하는 가운데 반장 또는 회장 같은 리더 역할을 하는 아이들도 있다.

복교한 학생들이 느끼는 낯설음의 또 다른 영역은 학교 문화와 관련된 것이다. 교사와 아이들의 관계가 단절되어 있고, 학생들 한 명 한 명을 존중하지 않고 학생들에게 불필요한 규제가 많다는 것을 피부로 느끼는 것이다. 그리고 학교 문화가 과도하게 입시에 집중되어 있어서 학생들의 다양한 표현이나 성장의 장을 열어주지 못하는 것도 학생들이 느끼는 불만이다. 이에 대해 개인 차원에서 교사들과 학교에 건의하거나 소극적 저항이나 나름의 실천을 하는 아이들도 있고, 교육청에 민원을 제기하는 등 적극적으로 문제제기를 하는 학생들도 있다.

하지만 혼자 힘으로 학교의 문화를 바꾸기는 쉽지 않기 때문에 좌절감을 경험하기도 한다. 이러한 좌절감은 학교의 문화에 따라 차이가 많다. 혁신학교 등 학교가 입시에 덜 치우쳐 있는 경우 아이들이 학생회나 동아리 등에 적극 참여함으로써 해소하는 경우가 많다. 반면 입시에 치우친 학교의 경우 학교 내에서 어려움을

구분	대학 진학		미진학(취업)				기타	계
	국내 대학	외국 대학	귀농	청년활동	시간제 노동	직업훈련		
인원	18	5	2	1	4	2	2	34

1기 수료생들의 진로 선택 현황

해소하기가 어려워 학교 밖에서 청소년 활동 등을 통해 해소하기도 한다.

복교생들이 겪는 또 하나의 어려움은 학업에 대한 적응이다. 이는 중학교 때까지 교과의 기초가 어느 정도 쌓여 있느냐에 따라 개인차가 많이 난다. 그렇지만 오디세이학교의 보통교과 수업 시수가 일반학교보다 적기 때문에 이 부분에서 오는 학습 공백은 공통적으로 발생한다. 이에 대해 오디세이학교 수료생들은 '미래에 하고 싶은 일을 하기 위해 필요하다면' 대학에 가고자 하기 때문에 무조건 입시를 준비하는 학생들보다 학습 동기 면에서 강점이 있다고 이야기한다.

무엇보다 오디세이학교에서 책을 읽고 생각을 나누고 이를 글로 표현하고 삶 속에서 실천 과제를 찾아본 경험이 입시 공부에도 많은 도움이 된다고 한다. 특히 국어나 사회 과목은 오디세이학교에서 한 공부와 많이 연결됨을 느낀다고 한다. 그리고 각 교과별 수행평가 과제나 보고서를 수행할 때, 수업시간에 토론하고 발표할 때, 동아리나 창의적 체험활동 수업을 할 때 자신들의 역량이 많이 성장해 있음을 발견한다고 한다.

그렇지만 영어나 수학처럼 기초가 튼튼해야 하고 반복 학습을 통한 숙달이 중요한 과목의 경우 학습 공백을 느낀다고 말한다. 그래서 복교 후 첫 학기에는 학습 공백을 메우기 위해 노력을 많이 해야 따라잡을 수 있다고 한다. 그래서 선배들은 후배들에게 오디세이학교 활동을 충실히 하면서도 주말이나 방학을 활용해 영어나 수학 교과 학습을 틈틈이 보충하라고 조언한다.

이렇게 일반고로 복교한 이후 학교문화와 충돌하고 입시교육 과정에 중압감을 느끼면서도 자기 길찾기를 계속한 아이들은 대부분 대학에 진학한다. 그리고 복교하지 않고 자퇴를 선택한 아이들도 상당수는 대학에 진학한다. 이렇게 눈에 보이는 진학의 결과는 일반 학생들과 큰 차이가 없다. 고등학교 1학년 때 오디세이학교를 거친 것이 대학입시 결과에도 좋은 영향을 끼친 아이도 있고 그렇지 않은 아이도 있다. 다만 이 과정에서 조금 더 주체적인 고민과 모색을 했고, 지금도 하고 있다는 면에서 여전히 의미가 있는 것으로 보인다.

10. 오디세이학교의 발전 방향

현재 오디세이학교와 같은 일 년 과정의 전환교육 모델이 전국 곳곳에 생겨나고 있다. 오디세이학교는 교육청에서 예산과 행정을 지원하는 학력인정 과정으로서, 대안교육기관과의 민관협력으로 운영되고 있고, 경남교육청에서 시작한 창원자유학교는 공교육 교사들이 주관하는 방식의 학력인정 과정으로 운영되고 있다. 그리고 순수하게 민간에서 운영하는 비인가 기숙형 갭이어학교인 꿈틀리인생학교(인천 강화)가 있고, 통학형으로는 열일곱인생학교(경기 용인), 청소년인생학교 쉴래(경북 상주), 홈스쿨 결합형인 꽃다운친구들(서울 마포) 등이 있다. 각각의 모델이 그 나름의 의미가 있기 때문에 저마다 특성을 살려가되, 민간이 운영하는 현장들도 정부나 지자체가 재정지원을 함으로써 공교육의 다양성을 확대하는 것이 바람직할 것이다.

현재 오디세이학교는 4개의 협력운영기관에서 6개의 선택 교육과정을 운영하고 있다. 오디세이학교의 선택 교육과정은 특정 분야에 전문적인 기능이나 역량을 길러주기 위한 것이 아니라, 자기를 성찰하고 세상을 탐색해갈 수 있게 다양한 통로를 열어줌으로써 좀 더 쉽게 진로를 찾을 수 있도록 돕는 과정이다. 그러므로 오디세이학교 지원자들이 더 늘어날 것을 예상할 때, 선택 과정을 아이들의 욕구와 필요에 따라 좀 더 다양하게 개설하고 유연하게 변화시켜갈 필요가 있다.

기숙형 과정도 신설할 필요가 있다. 오디세이학교는 서울시에 거주하는 학생들을 대상으로 통학형 학교로 운영을 시작했다. 하지만 17세 청소년들이 1년의 시간 동안 깊은 상호작용을 통해 함께 성장해가는 교육과정이라는 점에서 기숙사에서 함께 생활하는 교육이 더 효과적일 수 있다. 또한 기숙학교는 서울 시내를 벗어난 지역에 마련될 수 있기 때문에 자연과 농산어촌 환경을 기반으로 한 교육과정을 운영할 수 있는 장점이 있다. 기숙형 오디세이학교를 신설하여 학생들이 통학형과 기숙형 가운데 선택할 수 있게 하는 것이 좋을 것이다.

시민을 기르는 교육

_오디세이학교의 교육과정

김경옥
공간민들레 대표.
오디세이학교 TF에서 밑그림을 함께 그렸다.

1. 들어가며 _ 오디세이교육의 전제

오디세이학교 초창기에 "애들 대상으로 실험하는 것 아닌가" 하는 말들이 있었다. 그럴 때마다 "오디세이학교라는 시스템은 실험일 수 있어도 우리가 하는 교육은 이미 오래전부터 해오던 실천을 가다듬은 것"이라고 대답했다. 오디세이학교의 교육내용은 어느 날 갑자기 나온 게 아니다. 세상에 새롭게 나온 것은 '서울시교육청 오디세이학교'라는 새로운 제도이다. 오디세이의 교육활동은 오래전부터 수많은 사람들이 교육의 의미나 목적을 되새김질하며 연구하고 비평하고 다시 시도하기를 반복하면서 세운 교육철학과 방법에 기반하고 있다. 그래서 오디세이교육은 특별하고 새로운 것이 아니라 교육의 본질에 충실한, 충실하려고 노력하는 교육이라 할 수 있다.

그럼에도 오디세이학교의 교육활동이 일반학교의 교육과 다른 데는 몇 가지 전제가 있기 때문이다. 먼저 교육활동의 주요 주체가 제도 바깥에서 오랫동안 교육적 실천을 해온 대안교육기관이라는 점이다. 첫해 2015년에 협력기관으로 결합한 공간민들레와 꿈틀학교, 아름다운학교, 2016년부터 결합한 하자센터는 20년 가까이 학교 밖 청소년들과 함께 배움과 성장의 길을 열어왔고, 오디세이교육은 그 경험을 딛고 나아가고 있다.

공간민들레는 학교 틀과는 거리가 있는 자유로운 교육과정을 운영해왔다. 15~18세에 이르는 청소년들과 함께 '스스로 서서 서로를 살리는 교육'을 추구해왔다. 특히 2006년부터 '배우기를 배운다'는 슬로건으로 1년제 교육과정을 운영해온 터라, 교육청의 1년제 갭이어 구상이 그리 낯설지 않았다. 그리고 꿈틀학교는 문화예술과 교육을 접목시키며 진로를 잘 찾아갈 수 있도록 돕는 교육활동을 오랫동안 해온 현장이다. 흥미나 관심사를 토대로 실제로 경험하면서 삶의 방향을 찾아나가는 활동이 주를 이룬다. 이런 경험은 오디세이학교가 1년제 진로교육의 정체성을 갖는 데 디딤돌이 되었다. 아름다운학교나 하자센터도 청소년의 자발성을 키우고 스스로의 존엄성을 회복하며, 더불어 살아가는 시민으로서의 자질을 키우는 교육을 해왔다. 이러한 대안교육기관의 오랜 교육 경험은 형식적, 비형식적 교육과정으로 정리되어 실제로 구현되기도 하고, 눈에 보이지 않는 공기처럼 교실과 사람들 사이를 흘러 다니며 오디세이 교육을 만들어왔다.

오디세이교육의 또 하나의 중요한 특징은 1년이라는 한정된 시간이 주어진다는 것이다. 6년도 3년도 아닌 딱 1년이라는 '시간성'을 반영하는 교육활동이다. '시간성'이라는 표현을 쓴 까닭이 있다. 교육계획을 세우는 데 '1년'이라는 물리적 시간을 감안해야 하는 것도 있지만, 더 중요하게는 교육 계획을 실행하는데 유한한 시간을 명심하는 것이 매우 중요하기 때문이다. 주어진 시간이 '1년'뿐이라는 사실을 간과하면 자칫 과도한 욕심을 부릴 수도 있고, 때론 너무 느슨해져 타이밍을 놓칠 수도 있다. 갭이어 과정의 1년이라는 시간은 단순한 물리적 시간을 넘어 오디세이 교육을 좌우하는 중요한 본질이라 할 수 있다.

그리고 세 번째 특징은 자발적으로 오디세이를 선택한 아이들과 함께한다는 점이다. 오디세이학교에는 성장하고 싶어 하는 아이들이 온다. 일반고 진학을 앞둔 중학교 3학년 학생들 중 다른 친구들과 다른 길을 걸어보겠다는 결심을 한 아이들이다. 부모나 교사의 권유에 의해서든 자신의 판단에 의해서든 이 학생들은 오디세이학교가 자신에게 도움이 될 거라고 생각해 정성 들여 지원서를 쓰고, 면접을 본다. 면접에 참여한 학생들은 누구랄 것도 없이 "저는 오늘보다 내일 좀 더 나아지고 싶고, 오디세이가 그것을 도와줄 수 있다고 생각해요"라고 강력하게 자신을 어필한다.

2015년 5월 오디세이 1기 지원자 면접날을 잊을 수가 없다.

40명 모집에 80명 가까운 지원자가 몰려왔다. 한 지원자의 말은 지금도 기억에 생생하다. "담임선생님한테 가정통신문을 받아 무심코 가방 안에 넣으려다 한 문장에 꽂혀 단숨에 읽어 내려갔어요. '옆을 봐도 괜찮은 1년, 모험과 용기를 가지고 떠나는 삶의 방향을 찾는 항해…' 가슴 두근거려 빨리 누구에게든 말해야지 하고 집으로 달려갔어요. 엄마는 뭐라 할지, 어떻게 말해야 할지, 세상에 태어나 처음 내 인생을 내가 결정하는 순간이 온 느낌이었어요." "뭐가 잘못됐는지는 모르겠지만, 지금 이대로는 아닌 것 같아요"라고 말하는 지원자도 있었다.

오디세이학교에 다른 문턱은 없다. 본인이 오디세이에서 배우기를 원하는지가 중요한 가늠자다. 1기부터 5기까지 많은 지원자들을 만났지만, 최소한 면접 자리에서만큼은 모두 최선을 다해 배우고, 성장하고 싶어 하는 대한민국의 열여섯 인생이었다. 물론 면접 당시의 그 강력한 바람이 내내 이어지는 건 아니다. 3월이 지나고 4월로 들어서면 봄날 눈 녹듯 흔적도 없이 사라지기도 하지만, 그래도 그 바람을 소중하게 품고 간다. 그것이 오디세이 교육활동의 전제이자 특징이다. 당사자 스스로 드러낸 배움과 성장의 욕구이고, 그것만이 배움의 문을 열 열쇠이기 때문이다. 설령 그날만의 맹세라 해도 그 다짐과 바람을 붙들고 1년을 간다. 그 말들은 지원서의 기록으로, 면접장에서의 기억으로 교사들에게 남아 수시로 떠오른다. 누구에게나 있을, 어쩌면 숨겨두었거나 잊었을 수도 있는 배움과 성장의 욕구를 다시 발아시키기 위해서다. 교육은 그래야 시작된다고 믿기 때문이다.

2019년 현재 서울의 네 군데 배움터에서 각각의 특색을 가진 오디세이 교육활동이 이루어지고 있다. 하지만 어느 곳이나 오랜 대안교육의 경험을 딛고, 1년의 시간성을 갖고, 학생 당사자의 바람을 품고 교육활동을 한다는 공통점을 가진다. 네 곳의 현장을 자세히 살피지 못하고 오디세이민들레의 교육활동을 중심으로 소개하지만, 활동의 명칭만 다를 뿐 네 현장의 교육활동은 서로 닮았다. 관찰과 공부가 부족해 제대로 표현하지 못하거나 전달하지 못하는 내용이 더러 있을 것이다. 이후 현장을 꼼꼼하게 돌아보면서 좀더 통합적인 연구가 이루어지기를 기대한다.

2. 삶의 방향과 가치를 찾는 교육 _ 교육방법론

1) 배움이 일어나는 네 가지 원리

오디세이학교는 '삶의 방향과 가치를 찾는' 교육을 하고자 한다. 한 인간이 성장해가는 과정에서 열여섯, 열일곱 살은 주요한 변곡점이다. 흔히 '중2병'이라고 일컫는 질풍노도의 사춘기를 거치면서 혼란에 빠진 몸과 마음이 조금씩 정돈되어가는 시기다. 이 시기에 자신이 속한 공동체를 타자로 여기는 관점을 갖게 되면 스스로 약자 포지션에 서서 피해의식에 젖게 된다. 사회화 과정이란 것이 결국 자기 편을 늘여가는 과정이라고 볼 때, 건강한 시민은 공동체를 자기 편으로 인식하는 사람을 말한다.

열일곱 살 청소년 시기의 아이들은 자기 자신을 넘어서 세상에 대한 관심이 커지고, 세상과 어떻게 관계를 맺어야 할지 몰라 불안하고 막막한 느낌을 갖는다. '왜 살지?' '이렇게 살아도 될까?' '가족은 왜 필요해?' 같은 물음이 머릿속을 헤집는 시기다. 대수롭지 않은 일로 울분을 토하거나 우울해하기도 하고, 답도 없는 질문을 붙들고 몇 날을 끙끙거리기도 한다. 청소년기의 그 방황이야말로 '삶의 방향과 가치를 찾는 여정'이다.

하지만 지금 대한민국의 청소년들에게는 방황할 시간도 마음의 여유도 주어지지 않는다. 제대로 성장할 기회를 주지 않는 것이다. 그래서 이십대가 되어서도 '애어른' 같은 젊은이들이 넘쳐난다. 그래서 오디세이에서는 1년이라는 시간 동안 마음껏 자신과 타인과 세상에 대해 궁금해 하고, 질문을 던지고, 사유하고, 지금까지 해보지 않았던 시도를 하며 나와 세상을 알아갈 수 있도록 돕는다. 이것이 오디세이의 교육의 핵심이다.

오디세이학교에서 '삶의 방향과 가치를 찾는 교육'은 단순히 선언이 아니라 교육 실천의 기준이자 지침이다. 실천의 시작점에는 '어떻게 하면 삶의 방향과 가치를 찾는 교육이 가능할까'라는 질문이 있었다. 우리는 질문에 대한 답을 찾아, 기존의 학교 교육을 비판적으로 들여다보고, 대안적 교육을 해온 국내외 사례는 물론 20년 가까운 우리들의 경험을 다시 검토했다.

우리가 찾아낸 답은 새로운 것이 아니었다. 당사자가 배우고자 할 때 비로소 교육이 작동하기 시작한다는 것이다. 오디세이의 네 군데 배움터는 아이들도 교사도 다르고 분위기도 조금씩 다르지만, 이 점에서는 다르지 않다. 모든 오디세이 교실에는 '스스로 배운다' '서로 배운다' '하면서 배운다' '넘나들며 배운다'라는, 학생을 중심에 둔 배움의 네 가지 원리가 작동하고 있다.

하나, 스스로 배운다

오디세이 배움터들에서는 조금씩 다른 모습으로 '스스로 배우기를 돕는 교육활동'이 이루어지고 있다. 프로젝트 활동, 인턴십, 기획여행, 자치회의, 선택수업 등 이름은 다양하지만, 그 바탕에는 이 원리가 깔려 있다. '스스로 배우기'는 활동명이나 수업명이 아니라 그것을 운용하는 원리이거나 자세다. 그래서 교사들은 눈에 보이는 활동보다 눈에 보이지 않지만 살펴야 할 것들을 더 주의 깊게 살핀다.

흔히 학생의 자기결정권을 말하면, '그럼 아이들이 뭘 하든 그냥 내버려 둔다는 건가' 또는 '뭐든 자기 멋대로 해도 된다는 말인가'라고 묻는다. 이어서 '그럼 교사가 하는 일은 뭔가'라는 말도 따라온다. 30여 년 가까이 아이들의 자유에 기초한 교육을 구현하고 있는 일본의 키노쿠니학교 호리 교장은 이렇게 말한다.

"교육에서 자기결정의 원칙을 생각할 때, 교사는 그저 방관자거나 지켜보는 이가 아니다. 아이 자신의 선택, 발상, 판단 등을 존중한다고 해서 교사가 자신의 '지도성'을 포기할 이유는 없다. 오히려 그 정반대다. 교사는 아이의 현재의 모습(발달단계, 성장 정도, 학습력, 기호, 적성 등)을 잘 이해한 후, 그 아이의 지적 흥미를 자극하고, 열중해서 몰두하게 하고, 그럼으로써 역량을 기를 수 있는 활동이나 환경을 풍부하고 주도면밀하게 준비해야 한다. 교사가 아무리 열심히 한다 해도 직접적으로 아이들을 자라게 할 수는 없다. 아이들을 자라게 하는 것은 여러 가지 활동이나 환경이다."

교사는 학생이 제멋대로 하게 내버려 두는 게 아니라, 마음껏 시도하고 도전하는 과정에서 배우고 자랄 수 있도록 판을 만드는 사람이다. 지적 흥미나 의욕을 자극하는 활동이 준비되어 있지 않은 환경에서 "무엇이든 네가 좋아하는 일을 해도 된다"라는 말을 들은 학생은 오히려 부자유를 강하게 느낀다. 스스로 배우도록 돕는 배움터는 뭐든 하고 싶은 것을 해도 된다고 말하는 것을 넘어, 매력 있는 활동이 풍성한 곳이어야 한다.

'하늘은 스스로 돕는 자를 돕는다'는 속담처럼 뭔가를 배우고자 하는 사람은 먼저 스스로를 돕는다. 그리고 그 마음이 주변 사람들을 움직여 도움을 끌어낸다. 그렇다면 스스로를 돕는 그 자발성은 어떻게 생겨나는가. 교육현장의 고민은 여기 있다. 스스로 마음을 내는 '자발성'과 그 마음과 판단을 신뢰하는 '자신감'이 작동할 수 있는 환경을 만드는 것이 교육의 역할일 것이다.

무기력한 아이들이 점점 늘어나고 있다. 모든 것이 이미 정해져 있는 학교와 학원을 오가는 생활을 십여 년 하다 보면 당연한 일일 것이다. 오디세이에서 강조하는 '자기결정권'이나 '스스로'가 중요하다는 메시지를 처음 접한 학생들은 '이걸 믿어도 돼?' 하는 표정을 짓는다. 1년의 시간 동안 첫 두 달은 '믿어도 돼?'에서 '믿어도 돼!'가 되어 가는 시간이다. 오디세이 5년의 경험에 비춰보면, 해가 갈수록 그 신뢰의 단계로 나아가기까지 점점 더 오랜 시간이 걸린다.

　학생들이 배움의 길로 들어서게 하는 데는 교사와 학생의 관계도 중요하다. 오디세이에서는 교사를 '길잡이'라 부른다. 일방적으로 가르치는 사람이 아니라 배움의 길로 안내하거나 자극을 주는 사람이라는 의미다. 학생들은 교사의 말을 따르는 게 아니라 그의 모든 걸 보고 따른다. 오디세이 교사의 역량(교육력)은 그래서 교수력이나 활동력 등으로 분리해 판단할 수 없다. 그의 인격과 삶의 태도, 실행하는 모습 등 모든 것이 어우러져 학생들을 배움의 길로 안내하기 때문이다.

　학생들이 스스로 배우도록 돕는 사람으로서 교사는 무엇보다 스스로 배우고 성장하는 사람이어야 한다. 그래서 오디세이에서는 교사의 전공이 무엇인지, 뭘 잘하는지보다 지금 무엇을 더 알고 싶어 하는지가 중요하다. 아이들뿐만 아니라 교사 자신이 알고 싶거나 하고 싶은 것을 테마로 수업이나 프로젝트 활동을 구성하는 까닭이 여기 있다. 배움의 열정은 전염성이 강하다.

둘, 서로(함께) 배운다

　교육은 다른 사람들과 함께 살아가는 원리를 배우고 익히는 과정이다. 사회화 과정이라고 표현하기도 한다. 협력하는 법을 아는 집단이 생존 가능성이 더 높다는 것을 인류는 진화과정에서 터득해왔다. 혼자 살기, 혼밥, 혼술 같은 말들이 유행하고 있지만, 그럴수록 더불어 살아가는 힘은 더 중요해질 것이다.

　오디세이에서 말하는 '서로 배운다'는 팀 단위의 활동을 하면서 함께 배우는 것을 뜻하기도 하고, 배움이 상호작용의 과정이거나 결과라는 말이기도 한다. 이는 배움터가 경쟁의 장이 아니라 서로 도움을 주고받으면서 함께 성장하는 곳이라는 의미다. 하지만 오디세이학교에 오는 아이들은 이미 경쟁에 오랫동안 노출되어 있었던 터라, 협력하고 함께 배우는 문화에 쉽게 젖어들지 못한다. 가령, 프로젝트 활동은 거의 그룹 단위로 이뤄지는데, 1학기 때 아이들은 흔히 "버스 타는 아이들은 어떡해요?" 하고 묻는다. 여기서 '버스 탄다'는 말은 무임승차, 아무것도 하지 않고 성과만 얻어가는 것을 말한다. 그래서 아이들은 서로 경계하고, 짜증내고, 눈치 본다. 그런데 2학기 중반쯤 되면 이런 질문을 하는 아이가 없다. 불과 한 학기 만에 바뀔 정도로 협력과 연대의 경험은 강력하다.

　흔히 어른의 백 마디 말보다 친구나 또래의 한 마디가 훨씬 큰 힘을 발휘한다. 집단 안에서 '서로 가르쳐주기'가 가동되면 배움의 역동성은 배가 된다. 부산의 우다다(우리는 다 다르다)라는 대안학교에서는 10여 년 전부터 '선배교사' 시스템을 운영하고 있다. 무언가에 대해 조금 더 아는 또래나 선배가 다른 친구들을 가르치는데, 교사들은 아무리 열심히 해도 그들을 따라잡을 수 없다고 한다. 서로 배우기(상호학습)의 좋은 사례다.

최근 개별화교육, 맞춤교육이라는 말이 널리 회자되면서 각자 배우고 싶은 것을 배울 수 있도록 돕는 것을 바람직하게 여긴다. 하지만 아이들 한 명 한 명을 고려하는 교육과 모둠학습이 모순되는 것은 아니다. 그룹 단위로 이뤄지는 '함께 배우기'의 장점은 특히 탐구(학습) 활동의 경우 확실하게 발휘된다. 예컨대 각자 민감하게 반응하거나 알아차리는 지점이 다르다 보니 혼자서는 보지 못하던 것을 보고 배울 수 있다. 다각적인 시점에서의 관찰, 다양한 가설의 형성, 역할분담에 의한 실행과 검증 등 개별학습에는 없는 장점이 많이 있다.

하지만 그룹학습은 때로는 누군가에겐 피곤하고 손해 보는 일이 되기도 하므로 세심한 배려가 필요하다. 그룹을 만들고 운영할 때 무엇보다 아이들의 특징이나 상태를 고려해야 한다. 구성원에 따라 일어날 수 있는 여러 가지 일들을 예측하면서 난이도도 조절해야 한다. 처음부터 너무 어려운 작업을 함께하다 보면 함께 배우기를 그저 고단하고 피곤한 과정으로 받을 가능성이 높다. '스스로 배우기'에서도 교사의 준비가 강조되지만, '더불어 배우기'도 다르지 않다.

"오늘의 아이를 어제의 방식으로 가르치면 아이들의 내일을 빼앗는 것이다." 존 듀이가 한 말이다. 그는 이미 100년 전에 시카고대학에 듀이스쿨을 열어 '실행하며 배운다 learning by doing'는 말로, 텍스트 중심의 교실에 갇힌 교육에 경종을 울렸다.

일찍부터 프로젝트 학습을 실천해온 키노쿠니의 호리 선생은 '하면서 배운다'라는 원리에 대해, 그저 몸을 쓰거나 실제 사물을 만져보는 데서 그쳐선 안 되고, '문제(혹은 문제 장면) 감지 → 관찰 → 가설 설정 → 가설 수정 → 행동에 의한 검증'의 순서를 밟는 체험활동으로 연결되어야 한다고 말했다. 이는 귀납과 연역의 방법을 넘나들면서 문제를 해결하는 과학적인 문제해결 방법이다. 이러한 활동이 지적 탐구로서 자발적으로 이루어지려면 활동 자체에 충분한 가치가 있고, 그것을 아이들이 실감할 수 있어야 한다. 그것은 '진짜'인 활동이어야 하며, 다른 목적을 위한 수단이거나 소꿉장난 같은 어설픈 모방이어서는 안 된다. 작은 건축물을 지어도 실생활에서 쓸 수 있는 제대로 된 것을 지어야 한다. 그리고 단순히 손으로 하는 작업이 아니라 자발적인 지적 탐구로 연결되도록 설계해야 한다.

"인지교육에 서툰 것은 공교육도 대안교육도 마찬가지이다. '하면서 배운다'는 듀이의 교육철학 영향을 받아 체험학습을 강조하지만, 대개는 '한번 해보는' 것에 그치고 만다. 맛보기 식의 경험으로는 깊은 체험도 어려울 뿐더러 인식의 영역으로까지 나아가기란 불가능하다. 키노쿠니 아이들이 산비탈에 미끄럼틀을 설치하고 공무점을 지어 실제로 활용하는 것처럼 실전에서 제대로 해보는 것이 중요하다. 그 속에서 피타고라스 정리도 익힐 수 있으면 금상첨화다."(격월간 『민들레』 통권 120호, '탈학교운동을 돌아보며' 현병호)

실제로 뭔가를 하면서 배우는 교육활동은 오디세이 커리큘럼의 핵심이자 모든 배움의 출발점이다. 오디세이하자의 경우 그 모태가 작업장학교인 것에서도 짐작할 수 있듯이 체험과 작업을 통한 배우기가 전반에 깔려 있다. 꿈틀이나 민들레의 경우 자체 인프라가 부족해 사회의 자원을 활용하면서 다양한 체험활동을 해오고 있다. 이런 경험은 자연스레 넘나들며 배우는 오디세이의 활동으로도 이어지고 있다.

넷, 넘나들며 배운다

'넘나들며 배운다'는 '유연성' 또는 '개방성'을 의미한다. 이것만은 배워야 한다고 고집하거나, 여기서만 배워야 한다고 주장하지 않는다. '삶의 방향과 가치를 찾기 위해' 필요한 거라면 무엇이든 어디서든 누구에게든 배운다는 의미다.

'넘나들며 배운다'를 시도하게 된 배경에는 (도시형) 대안학교의 열악한 인프라가 한몫 했다. 꿈틀학교도 공간민들레도 삶의 힘을 키우는 교육을 꿈꾸면서, 그것을 구현하기에는 부족한 것들이 너무 많았다. 공간도 교사도 내용도 부족했다. 그 부족함을 해결하기 위해 서울이라는 거대한 공간을 배움터로 삼아 종횡무진 상상력을 펼쳤다. 서울은 다양한 자원이 넘쳐났고, 교사들의 도움 요청에 적극적으로 화답했다. 특히 여러 문화예술 작업자들이 자신의 작업장을 배움터로 기꺼이 내주기도 하고 또 교사로 나서주어, 교육활동은 풍성해지고 깊어졌다. 학교 담장 안에서는 만날 수 없었던 고수들을 만나면서 학생들의 배움의 욕구나 열정도 자라났다. 미디어센터, 지역 방송국(동작FM, 마포 FM, 성북FM 등), 영상기록원, 역사박물관, 청소년수련관 등의 공공자원도 중요한 인프라였다. 학교를 베이스캠프로 해서 배움의 공간이 확대되고 확장되었다. 이 경험은 이후 오디세이 교육과정을 설계하고 운영하는 일로 이어졌다.

오디세이꿈틀의 인턴십 활동은 '넘나들며 배우기'의 좋은 모델이다. 청소년의 배움을 지지하는 수많은 멘토와 현장이 이미 연결되어 있어, 진로를 탐색하는 인턴십의 현장이 된다. 공교육 교사들이 서울혁신파크 안에서 운영하고 있는 오디세이 교실도 마찬가지다. 혁신파크 한 건물 안의 일부 공간을 교실로 쓰고 있지만, 혁신파크 전체를 학교 공간처럼 활용하고 있다. 단순히 공간만 사용하는 것이 아니라 그곳의 다양한 철학, 혁신적인 활동과 사람들 모두를 연결해 오디세이혁신파크의 교육자원으로 활용하고 있다.

'삶의 방향과 가치를 찾는' 일이라면, 가고자 하는 방향이 분명하다면 거기에 이르는 과정은 유연하고 개방적이어야 한다. 학교의 담장을 넘어서는 '넘나들며 배우기'는 활동 간의 넘나들기, 교과목의 넘나들기, 가르치는 이와 배우는 이의 넘나들기 등 다양한 넘나들기로 확장된다. 근대 학교교육이 분절시켜놓은 과목과 역할, 공간을 넘나들면서 살아 있는 교육이 가능해진다. 삶이 본래 통합적이기 때문에 배움 또한 통합적일 수밖에 없다.

이런 발상과 활동 방식은, 교과서와 시간표에 익숙해 있던 학생들에겐 낯설고 생소한 것이지만, 조금만 시간이 지나면 금방 익숙해진다. 그러고 나면 스스로 적당한 장소를 찾아내기도 하고, 강사를 직접 섭외하기도 한다. 교사들은 미처 보지 못하는 트렌드와 연결되는 즐거움을 아이들 덕분에 누리기도 한다. 2학기가 되면 학생들은 누구보다 적극적으로 넘나들며 배우는 주체가 된다.

2) 교육활동의 특징

오디세이교육의 네 가지 원리는 사실 따로 작동하는 것이 아니다. 스스로 배운다, 서로 배운다, 하면서 배운다, 넘나들며 배운다는 말은 표현이 다를 뿐 동일한 배움의 네 측면을 이야기하는 것이기도 하다. 서로를 살리는 가운데 스스로 서게 되는 것이 삶의 원리이듯, 서로 배우는 가운데 스스로 배우게 된다. 또한 뭔가를 해보면서 배우는 것은 모든 배움의 기본 원리이다. '배우고 때때로 익히면 또한 기쁘지 아니한가'라는 논어의 구절은 변함 없는 배움의 원리를 말해준다. 해보면서 배우고 반복하면서 온전히 익히는 과정은 곧 스스로 배우는 과정이자 경계를 넘나들면서 함께 배우는 과정이다.

연결하고 서로 보완한다

마찬가지로 오디세이학교에서 이루어지는 모든 교육활동은 서로 연결되어 있고 상호보완적이다. 공교육 속에 있는 오디세이의 교육활동 역시 일반학교에서처럼 시간표로 표현된다. 각각의 활동이 요일별, 시간별로 나뉘어져 있다. 하지만 이 모든 교육활동은 서로 유기적인 연관 관계 속에서 기획되고 실행된다. 교육과정의 설계 단계에서부터 실행 단계에 이르기까지 이 점을 놓치지 않도록 각별히 유념한다.

이를테면 삶의 방향과 가치를 찾을 수 있으려면 먼저 배울 줄 아는 능력을 기르는 것이 중요하다. 삶의 방향을 잡는 것은 평생의 일이다. 방향을 제대로 잡고 자신의 입장을 세워 올바른 결정을 할 수 있으려면 거기에 필요한 교육내용이 무엇일지, 그 내용을 제대로 실현하려면 어떤 방식을 쓸지, 가장 원활한 흐름을 만들어내려면 어떤 맥락으로 연결하면 좋을지 논의해 교육계획을 세우고 시간표를 짠다. 삶의 방향과 가치를 찾는 교육이 씨줄이 되고, 배우는 법을 배우기가 날줄이 되어 눈에 보이는 시간표라는 그물망이 만들어진다.

연결과 상호보완성은 실행 단계에서 더욱 중요하다. 모든 구성원들이 교육의 실행과정에서 왜 이것이 중요한지를 이해해야 한다.(이를 위한 중요한 교육적 장치가 후술하는 '그룹미팅'이다.) 각 교육활동을 이끄는 길잡이끼리, 혹은 수업 담당 교사와도 교육 현황이나 목표, 학생의 상태 등에 대해 자주 소통하면서 서로의 교육활동이 유기적으로 연결되어 진행될 수 있게 노력하는 것은 그때문이다.

배우기를 배운다

오디세이교육의 또 하나의 특징은 배우는 자로 서도록 돕는 교육이라는 점이다. 학생은 흔히 '가르침을 받는 이'로 간주된다. 시대가 달라졌다며 자기주도학습을 강조하지만, 배움의 과정에서 자기주도성이란 오해되기 십상이다. 진정한 배움은 구체적으로 뭘 배울지는 모르지만 여하튼 배우고자 하는 상태일 때 일어나기 때문이다. 배우는 자는 주도적으로 앞서갈 수 없다. 배우는 자는 뒤좇는 모드에 있을 때 가장 유연한 상태가 되고, 그럴 때 가르침과 배움이 만난다. 선생이 가르치지 않은 것을 배울 수도 있다.

배우는 자로 전환하는 가장 중요한 교육과정으로 프로젝트 활동이 있다. 학생들이 관심사를 중심으로 모여 함께 목표를 세우고 그 목표를 이뤄가는 활동이다. 매주 목요일 하루 종일 하는 이 활동은 학생들을 배움의 주체로 서게 함으로써 '가르침을 받는 자'에서 '배우는 자'로 전환해가는 과정이다. 프로젝트 이외의 수업 등은 프로젝트의 목표를 더욱 원활하게 또는 풍성하게 이뤄낼 수 있도록 돕는 역할을 한다.

오디세이교육은 더불어 배우고 익히는 즐거움과 효능감을 느낄 수 있도록 구조화한다. 그룹미팅, 기획활동, 프로젝트 활동, 체육활동 등 많은 교육활동은 '공동체의 성취'가 곧 '개인의 성취'로 연결됨을 알게 한다. '단체기합'이나 '다함께 책임지기'처럼 공동체나 협력을 부담스러운 것으로 여기게 만드는 것이 아니라, '다 같이 힘을 모으니 혼자 하는 것보다 훨씬 잘 되고, 즐겁구나' 하는 경험이 되게 기획하고 운용한다. 개인 활동보다는 팀 활동이 중심이되, 팀끼리 줄을 세우거나 평가하지 않는다. 당연히 결과물보다 과정을 중요하게 여기며, 각자의 역량이 발휘될 수 있도록 교사는 개입하고 조정한다.

사람들은 내일에 대한 기대가 있을 때, 희망을 접지 않았을 때 무언가를 배운다. 자신에 대한 존중감을 갖고, 자기를 둘러싼 세상(어른)에 대한 신뢰가 있을 때 배움이 일어난다. 오디세이학교에서의 모든 교육활동은 이렇듯 학생들이 배우고 싶은 마음이 일어나도록 돕는 데 초점이 맞춰져 있다. 내일에 대한 기대를 갖고, 자존감을 갖고, 세상에 대한 희망을 접지 않으려면 무엇이 필요할지를 생각하면서 교육내용과 방식을 설계한다.

잠재적 교육과정이 중요하다

오디세이교육의 가장 중요한 특징 중 하나는 잠재적 교육과정 또는 문화를 더 중요하게 여긴다는 점이다. 시간표보다는 시간표 너머에 있는 문화가 아이들을 하루하루 변화시킨다는 진리를 잊지 않는다. 아침에 배움터에 들어섰을 때의 공간 분위기, 교사와 학생의 관계, 대화 방식 등 일상을 구성하는 요소들 하나하나가 중요한 교육적 요소임을 잊지 않는다. 책걸상의 배치는 물론 공간의 색깔 등도 중요한 교육적 요소로 작용한다. 함께 배우는 장소로서의 교육공간은 앞으로 나란히 배치된 책걸상 배열이 맞지 않다. 서로 시선을 주고받으면서 이야기를 나눌 수 있는 책걸상 배치를 공간 구성의 기본으로 한다.

아이들과 교사가 친밀하고 수평적인 관계를 맺는 데 도움이 되는 별칭문화도 주요한 잠재적 교육과정의 일부라고 할 수 있다. 회의 때 누구의 목소리도 소외되지 않도록 배려하는 경청과 존중의 문화를 체감하게 되면 학생들은 이곳이 평가받고 비교당하는 서바이벌 공간이 아니라 그 어디보다 안전한 곳이라는 사실을 온전히 받아들이게 된다. 그리고 교사가 '배우는 자'로 거듭나라고 말하기보다 스스로 배우는 자로서의 모범을 보이고, 교사공동체가 협력하는 모습을 보이는 것이 시간표 상의 교육활동보다 더 큰 교육적 영향력을 미친다는 것을 잊지 않으려 애쓴다. 이처럼 공기처럼 공간과 사람들 사이에 배어 있는 문화가 아이들을 변화시키고 교육의 성패를 좌우한다.

3. 주요 교육활동

1) 학습계획 세우기 _ 마음 일깨우기

오디세이교육은 1년이라는 시간에 걸쳐 '기승전결'의 흐름으로 이루어진다. 3, 4월은 분위기로나 내용으로나 기起의 시기다. 한날한시에 비슷한 과정을 거쳐 오디세이에 들어왔지만 어떤 학생은 아직 운동화 끈도 제대로 묶지 않았고, '어디로 가야 하죠?' 하는 얼굴로 쳐다보는 학생도 있다. 또 달릴까 말까 망설이기도 한다. 이 무렵에는 오디세이에서 뭘 할지를 알고 '스스로' 마음을 내도록 하는 데 주력한다. 어쩌면 시켜서 한 것일 수도 있지만 '스스로' 한 것이라고 생각하도록 하는 과정이 이 시기에 집중적으로 이루어진다. 그중에서도 가장 먼저 해보는 것이 자신의 1년 활동 지도를 그려보는 것이다. '학습계획서 쓰기'다.

오디세이의 교사들도 우리에게 주어진 시간이 1년이라는 걸 인식하고 있어야 하고, 학생들도 이 전제 또는 조건을 분명히 알고 있어야 한다. 알고 지원했지만 대부분 그 조건이 구체적으로 자신에게 어떤 영향을 미치는지를 생각해보지는 않은 상태다. 그저 1년 동안 뭔가 하겠지 하는 막연한 기대를 가지고 있는 정도다. 1년이라는 시간 동안 무엇을 할 수 있을지(그대로 된다는 보장도 없고, 그대로 될 가능성도 아주 낮지만) 구체적으로 상상해보는 것이 중요하다. 3월, 잘해보고 싶고, 어제보다 좀 더 나아지고 싶은 마음이 간절할 때 자신의 1년을 설계해보도록 하는 활동이다.

그저 상상하게 하는 것이 아니라 구체적인 요소들을 제시하고, 그것을 어떻게 엮을지 시뮬레이션하고 정리하여 기록하도록 한다. 도구로는 '학습계획서'라는 양식을 사용한다. 계획서를 쓰기 전에 이 작업이 얼마나 중요한지 진지하게 오리엔테이션을 한다. 장소 세팅, 교사들의 태도만으로도 이것이 얼마나 중요한 일인지 느껴지도록 세심하게 준비한다. 그리고 1년 동안 학생들이 사용 가능한 자원, 활동, 수업 등에 대해 자세히 알려준다. 학생들은 이런 데이터를 가지고 설계도를 그린다. 학습계획서에는 오디세이에 대해 어떻게 이해하고 있는지, 1년을 어떻게 지내고 싶은지, 목표는 무엇인지, 그것을 위해 교사들이 어떻게 도우면 좋을지 등을 쓰게 한다.

학습계획서는 다음과 같은 안내글로 시작한다.

오늘 여러분이 정리하고 작성하는 이 계획서는 일종의 지도 같은 것입니다. 내가 목표 삼은 곳으로 가기 위한 내 나름의 안내도를 그려보는 겁니다. 이 안내도를 가지고 길을 나섰지만, 걷다보면 수정도 해야 하고, 다른 안내도를 만들어야 할 수도 있습니다. 어쩌면 목표지점이 달라질 수도 있습니다. 하지만 그럴 때일수록 2019년 3월, 처음 목표를 정했을 때의 내 상태를 정확하게 알아야 합니다. 그걸 딛고서야 더 정교한 지도, 더 유용한 안내도, 더 내게 맞는 길을 찾을 수 있으니까요.

다른 사람들과 서로 공유하면 안내도는 더욱 업그레이드됩니다. 혼자서 생각할 때보다 다른 사람들의 조언을 듣기도 하고, 또 내가 맘먹고 있는 것을 알려 도움을 받기도 하는, 그런 활동이 '스스로 서서 서로를 살리는 작업'입니다. 나의 성장이 나 혼자 동굴에서 분투해야 하는 외로운 과정이 아니라, 다른 사람의 지지와 격려와 응원을 받으며 해내는 즐거운 과정임을 여기서 경험하면 좋겠습니다.

학습계획서는 한번 작성하고 어딘가에 넣어두는 보관용 문서가 아니다. 학생에겐 일 년 내내 자기 학습 점검과 자기 관리의 지침으로 쓰이고, 길잡이 교사들에겐 학생의 성장과정을 가늠하는 바로미터가 된다. 교사와 학생이 대화하며 몇 차례 수정 작업도 한다. 학생들마다 조금씩 차이가 있지만, 대체로 버전3 또는 버전4의 학습계획서가 만들어진다. 1년을 마무리할 때 오디세이민들레에서는 한 해 배움의 과정을 한 권의 책으로 엮어내는데, 이때에도 학습계획서를 보면서 정리의 가닥을 잡는 경우가 많다.

2) 그룹미팅 _ 배움의 공동체

오디세이를 수료한 학생들 대부분이 꼽는 오디세이학교의 가장 큰 장점은 '안전한 배움의 공동체'라는 것이다. 네 곳 모두에 해당되는 이야기다. 이는 일반학교와 학습 내용이나 방식이 달라서이기도 하고, 평가 방식도 한몫할 것이다. 상대평가나 서열화가 아닌 한 명 한 명의 성장을 돕는 피드백 중심의 평가는 서로를 경쟁자가 아니라 오늘보다 좀 더 나은 나로 나아갈 수 있도록 도와주는 협력자로 느끼도록 한다.

교육내용이나 방식 그리고 평가를 넘어 실제로 배움의 공동체로 기능하는 활동도 있다. 바로 그룹미팅이다. 각 기관마다 다른 이름으로 불리지만, 모든 현장에서 빼놓을 수 없는 주요한 교육활동이다. 오디세이민들레에서는 열 명 정도의 학생과 한 명의 길잡이가 한 그룹이 되어, 서로의 배움을 챙기는 구조 또는 활동을 '그룹미팅'이라고 부른다.

'그룹미팅'은 매주 월요일 오전부터 오후까지 4시간 동안 이어진다. 시간 비중으로 보면, 목요일 하루 종일 이루어지는 프로젝트활동 다음으로 비중 있는 활동이다. 말 그대로 그룹 단위로 활동하는데, 스무 명의 학생들이 두 그룹으로 나뉘어 지난 일주일 동안 뭘 배웠는지, 무슨 일이 있었는지, 그건 어떤 의미였는지 돌아보면서 배움과 성장의 관점에서 해석하고 정리하고 기록하는 활동을 한다. 이는 학교에서 하는 교육활동뿐만 아니라 무심코 흘려보내기 쉬운 일상의 순간순간이 이어져서 결국 나의 오늘과 내일을 만들어낸다는 것을 반복해서 깨닫는 과정이기도 하다.

3월 중순 이 활동을 시작하면서, "자, 일상을 나눠보자"고 교사가 말문을 열면 "일요일에 짜장면을 먹었는데 맛있었다" 수준이던 대화가 9월 무렵이 되면 "가족과 주말에 짜장면을 먹으러 갔는데 대화가 온통 대학입시 이야기였다. 나는 어떻게 살아야 할지가 좀 보이면 무슨 대학 어떤 학과를 갈지 정하고 싶은데 너무 의견이 다르다. 대학입시도 그렇고 가족과의 관계도 그렇고 고민이 된다" 같은 이야기가 나온다. 그러면 이제 그룹미팅의 대화 주제가 '대학입시' 또는 '가족이란 무엇인가'로 방향이 잡히고, 집중 토론이 진행된다. 부족하면 오후를 넘어 다음날로 이어지기도 하고, 다른 그룹과 연합 토론을 하거나 전문가를 초대해 문제의식을 심화시키기도 한다. 그렇게 각자는 모두와 함께 세상을 보는 눈을 키우고 자신의 입장을 세워나간다.

그룹미팅의 또 다른 주요 활동은 '기록하기'이다. '기억은 기록을 이길 수 없다'를 명심하며 자칫 흘려보내기 쉬운 활동을 꼼꼼하게 기록하도록 하고 이를 챙긴다. 오디세이의 교육을 두고 '뭘 배웠지' 하는 반응을 보이는 경우가 종종 있다. 이는 배움의 당사자도 마찬가지다. 시험문제에 나오는 것이 아니면 공부가 아니고, 배웠다고 할 수 없을 것 같은 느낌을 가지곤 한다. "학교에 있는 아이들은 뭔가를 열심히 하는 것 같은데, 나는 아무 것도 하지 않은 것 같아 불안해요" 하는 아이도 있다.

오디세이민들레에서는 활동 전반을 기록하도록 하는데, 단순히 경과만 기록하는 것이 아니라 느낀 점, 고칠 점, 배운 점 등을 두루 기록하게 한다. 그리고 1년의 마무리 단계에서 이 기록을 정리해 한 권의 책으로 엮는다. 학생들은 쌓이는 기록물을 보면서 불안에서 벗어나곤 한다. 이 기록물은 그 자체로 배움의 과정이자 사유의 경로 지도 같은 것이어서, 그 뒤로도 자신의 나침반 노릇을 한다고 자랑스레 말하기도 한다. 학교로 돌아가 힘들 때면 이 책을 펼쳐보며 다시 힘을 낸다고 말한다.

3) 여행

오디세이에서 여행은 필수 교육활동이자 가장 중요한 교육활동 중 하나다. 교육은 크게 두 가지 흐름으로 이루어진다. '일상에서 시나브로 축적되는 경험과 자극, 그리고 일상을 떠나 낯선 곳에서 만나는 자극과 경험'이 그것이다. 이 둘이 서로 조화를 이루며 학생들의 내면을 변화시키고 가치관을 만들어낸다. 일상의 교육활동도 '넘나들기'를 통해 학교 밖으로 확장되지만 여행이 주는 자극이나 경험은 훨씬 크고 강렬하다. 특히 오디세이의 여행은 소규모 여행이어서 다양한 도전이 가능하고, 또 기획이나 실행 대부분을 학생들이 스스로 해낸다. 그러다 보니, 떠나기 전 준비 단계부터 여행의 교육적 기능이 작동하기 시작한다. 다녀와서 정리하고 결산하고 성찰하는 일 역시 여행의 일부다.

학생들이 많은 부분을 해낸다고 하지만, 그렇게 되도록 눈에 보이게 또 보이지 않게 교사가 들이는 품은 일상 활동의 몇 배다. 그러다 보니 여행은 교사들에게 큰 부담이지만 학생들에겐 도전이자 성취며 즐거움이다. 여행을 다녀오고 나면 쑥쑥 자라는 학생들을 보면서 교사는 그다음 여행을 다시 준비한다. 기관 별로 더 자주 가는 곳도 있고, 좀 덜 가는 곳도 있지만, 적어도 한 학기에 한 번은 긴 여행을 떠난다. 시작 시점인 3월의 시작여행과 가을여행은 모든 현장에 공통된 활동이다.

시작여행

네 기관 모두 3월에는 '시작여행'을 떠난다. 길게는 2주 짧게는 일주일의 시작 여행은, 집을 떠나 낯선 곳으로 이동해서 하는 활동이라는 점에서 여행이라 이름 붙였지만, 여행이라기보다 오디세이 1년의 압축된 체험활동에 더 가깝다. 기관별로 여행지나 활동내용은 조금씩 달라도 오리엔테이션, 워밍업 등의 성격을 가진다는 점에서는 닮았다.

3월 여행의 가장 큰 소득은 짧은 시간 안에 서로를 파악하게 된다는 점이다. 각자 타고난 바와 자라온 환경도 달라, 낯선 곳에서 긴 시간을 동고동락하다 보면 많은 것들이 보인다. 자기도 보이고 남도 보인다. 교사가 학생들을 파악하기도 하고 학생들도 교사를 파악한다. 학생들 서로도 마찬가지다. 그러다 보니 앞으로 다른 사람과 함께 살아가려면 최소한 어떤 삶의 태도가 필요할지 절로 생각하게 된다. 교사들 입장에서는 시작점에서 학생을 깊이 이해하고 관계를 만들어가는 기회이기도 하다. 이때 만들어진 신뢰 관계가 1년을 간다.

또 오디세이 1년의 압축 체험에 걸맞게 다양한 교육활동도 이루어진다. 팀을 만들어 단기 프로젝트 활동도 하고, 아침 열기와 그룹미팅도 시도한다. 시작도 마무리도 함께 의논하고 대화하고, 또 누가 시키지 않아도 알아서 해야 하고, 협력해서 해야 하는 상황과 일찌감치 만난다. 본격 활동이 시작되기 전의 위밍업이기도 하다. 말로 설명하기보다 이렇게 직접 해보면서 일 년 동안 펼쳐질 활동을 실감하게 된다.

오디세이민들레에서는 3월 시작여행 도중에 앞에서 언급한 학습계획서를 작성한다. 일 년 동안 무엇을 배우고 어떻게 활동할지, 자신이 세운 목표는 무엇인지, 그 과정에서 예상되는 장애물은 무엇이고, 장애물을 넘기 위해 어떻게 노력할 것인지 구체적으로 떠올리며 학습 계획을 세운다. 익숙한 공간에서 습관처럼 계획을 세우지 않도록, 자신이 세운 계획대로 활동하게 된다는 취지를 잘 안내하여 진지하게 임하도록 최대한 노력한다.

시작여행은 그 자체로 많은 변화를 가져다준다. 학생들은 여러 날을 함께 먹고자고 지내면서 자연스럽게 친구가 되고 배움의 동료가 된다. 모든 게 낯설어 주춤거려지기 일쑤일 때 서로가 서로에게 든든한 길동무임을 알아갈 소중한 기회이기도 하다. 또 뭐든 스스로 해야 한다는 깨달음을 얻기도 한다.

오디세이민들레는 해마다 제주도에서 2주 동안 시작여행을 한다. 아직 스산한 바람이 불어 몸도 마음도 움츠러드는 3월, 노란 유채꽃과 푸른 마늘밭이 펼쳐진 제주도에서 봄기운을 느끼며 마음과 몸을 새롭게 다잡는다. 제주는 자연만 아름다운 곳이 아니다. 4·3항쟁의 역사와 대안적 삶을 시도하는 많은 사람들의 현재가 어우러진 곳이다. 특히 제주의 동막골로 불리는 안덕면 대평리 마을은 해마다 찾는 곳으로, 오디세이 학생들의 3월 배움터가 되어준다. 학생들은 바다와 언덕과 동네 골목을 탐색하고 놀면서 앞으로 펼쳐질 일 년에 대한 기대를 키운다.

오디세이혁신파크도 해마다 제주도에서 1주일 정도 시작여행을 한다. 오디세이하자는 4월 말 '걸어서 바다까지'라는 이름으로 서울 영등포 배움터에서 출발하여 동해안 바닷가까지 9박10일 동안 도보여행을 하다가, 올해부터는 3월 초에 10일 정도 시작여행을 간다. 오디세이꿈틀도 3월 초 지리산, 경주 등지로 10일 정도 시작여행을 간다.

가을여행과 그밖의 여행들

3월의 시작여행에 비해 가을여행은 소규모 그룹별로 거의 학생 주도로 이루어진다. 여행의 목적부터 여행지, 활동 내용, 숙소, 돈 관리도 학생들이 알아서 정한다. 그룹별로 행선지도 다르고 활동내용도 다르다. 그동안 그룹 단위로 해오던 활동의 연장선에서 이루어지는 여행이다. 1학기를 마무리하고 2학기에 접어들면서 진로에 대한 고민이 깊어지고 인생에 대한 질문이 구체화되면, 그 질문들을 가지고 여행을 떠난다.

지난 한 학기 동안 삶의 방향과 가치를 찾는 가운데 각자에게 떠오른 화두 또는 질문을 모아, 그중 이번 여행을 통해 풀어보면 좋을 질문을 골라내고, 그 질문에 대한 답을 찾아 떠나는 여행이 가을의 질문여행이다. 준비에만 거의 한 달이 걸린다. 그룹별로 '나의 질문'을 모아 '우리의 질문'으로 정리하고, 모두의 질문을 가방 안에 넣고 여행을 떠난다. 질문에 정답을 찾기는 어렵지만, 답을 찾아나가는 과정을 함께해보는 것이다. 이때 도움을 받을 사람이나 장소 등은 모두 학생들이 스스로 조사하고 정해서 섭외한다. 멀리 떠나지 않고 서울에서 많은 사람들을 만나는 데 방점을 두는 그룹도 있다.

이밖에도 여름여행, 수료여행, 선배와 함께하는 여행 등 각 현장마다 여러 가지 성격의 여행이 교육과정 속에 들어 있다. 오디세이꿈틀은 시작여행과 가을여행 외에 1학기를 마무리하면서 여름여행을 떠난다. 주로 한적한 시골로 가서 2박3일 동안 '소리와 몸짓 워크숍'을 갖는데, 1학기 동안 '소리와 몸짓' 수업에서 익혔던 왜북 공연과 사물놀이를 그 지역 주민들 앞에서 공연한다. 그리고 이어서 2박3일 동안 1학기 마무리 활동을 한다. 또 2학기를 마무리할 때는 선배 수료생들과 함께 여행을 떠난다. 오디세이 과정을 마치고 본교로 복교하는 후배들의 고민을 선배들과 나누면서 선배들의 조언을 듣는 시간이다. 오디세이하자와 혁신파크에서는 12월에 수료여행을 떠나 지난 한 해를 돌아보며 정리하는 시간을 갖는다.

4) 프로젝트활동

'스스로 배우고, 서로 배우고, 하면서 배우고, 넘나들며 배우기' 이 원리를 가장 잘 녹여낼 수 있는 교육활동으로 '프로젝트활동'이 있다. 프로젝트는 먼저 목표를 세우고, 목표를 이루기 위한 경로를 설계하고 실행해나가는 프로세스이다. 일반적으로 비즈니스 현장의 프로젝트가 목표 달성을 최우선 과제로 한다면, 교육 현장은 과정을 중요시한다. 우여곡절과 시행착오를 겪으면서 계획을 세운다는 것이 무엇인지, 동료와 갈등은 어떻게 풀어야 하는지, 자기 관리는 어떻게 가능한지를 배우고, 때로는 실패를 통해서도 배운다. 그래서 교육에서의 프로젝트는 '하면서 배우는 그 모든 것이 학습 목표'에 해당한다.

활동을 경험한 학생들은 너나없이 "하나부터 열까지 스스로 해야 해서 힘들었지만 즐거웠다. 그래서 더 잘 배울 수 있었다"고 말한다. 물론 과정 중심이라고 해서 애초 설정한 목표에 이르는 일이 중요하지 않은 건 아니다. 프로젝트의 장점에는 스스로의 힘으로 성취감을 맛볼 수 있는 것도 있어서, 이를 고려한 기획과 실행이 필요하다.

프로젝트활동에는 몇 가지 쟁점이 있다. 교사의 개입은 어느 정도로 할 것인가? 개인프로젝트 또는 팀프로젝트? 목표 설정 또는 주제 설정은 어떻게? 목표의 난이도는? 이를 어떻게 푸느냐에 따라 활동의 양상이 달라진다.

오디세이민들레의 프로젝트는 가장 먼저 팀 활동을 전제로 한다. 2학기가 되면 상황에 따라 개인프로젝트를 수행하는 경우도 있지만, 기본은 팀활동이다. '더불어 배우기' 위해서다. 3월 제주 시작여행을 다녀오면 가장 먼저 일상적인 배움의 공동체인 '그룹'을 구성한다. 프로젝트팀 구성은 그 뒤에야 이뤄진다. 각자 자신의 관심사에 따라 프로젝트팀을 정하는데, 가능하면 그룹 길잡이가 아닌 다른 교사와 활동할 수 있도록 권하기도 한다. 다양한 어른을 만나야 다양한 자극을 받을 수 있기 때문이다.

오디세이민들레의 경우 해마다 대체로 4~5개의 프로젝트활동이 이뤄진다. 대안교육기관인 공간민들레에 속한 학교 밖 청소년들과 함께 활동을 하는데, 다양한 선택지도 제공하고, 다른 처지의 또래들과 협업하는 기회를 갖는 의미도 있다. 팀 단위의 프로젝트활동에 대해, 자기만 열심히 하고 어떤 아이들은 무임승차하는 게 싫다면서 불만을 토로하는 아이가 1학기에는 더러 있다. 팀프로젝트는 이런 경험과 기억을 '나와는 다른 걸 가진 친구들 덕분에 더 많은 걸 배우고 더 즐거울 수 있었던 소중한 경험이나 기억'으로 바꿔내기 위한 교육적 장치이기도 하다.

교사의 개입을 어떻게 어느 정도 할 것인지도 중요하다. 민들레의 경우, 프로젝트의 주제나 소재를 교사가 관심 있거나 좋아하거나 도전해보고 싶은 것에서 구한다. 2019년도의 '새로고침'(폐플라스틱 문제를 고민하고 대안을 찾는 프로젝트)팀은 환경문제에 관심 있는 교사가 깃발을 들었고, 게임을 즐기는 교사는 '세상에 나쁜 게임은 없다'는 이름으로 보드게임 연구 프로젝트 깃발을 들었다.

이렇게 교사의 관심이나 흥미에서 출발하는 까닭은 아이들이 시행착오를 겪으면서도 일정한 성취를 맛볼 수 있으려면 교사 스스로 흥미와 정보와 네트워크를 갖추고 있어야 하기 때문이다. 그럴 때 소꿉장난 같은 성취가 아닌 진짜를 제대로 맛볼 수 있다는 것을 경험으로 알게 되었다. 활동을 하면서도 교사의 개입을 굳이 감추려 하지 않는다. 오히려 프로젝트활동에서 교사의 역할을 정확하게 소통해내려 한다. 이때 교사는 활동의 지도자나 책임자가 아니라, 학생들과 마찬가지로 그 활동을 좋아하고 관심이 많은 좀 나이 든 동료임을 설명한다. 물론 그런다고 학생들이 교사를 동등한 동료로 대하진 않지만, 그래도 그 성격을 강조한다. 그래야 교사의 개입이 오히려 힘을 갖기 때문이다.

1년을 기승전결의 흐름으로 구성하고, 각 단계마다 목표를 둬서 나름의 성취를 맛볼 수 있도록, 목표의 난이도를 세심하게 설정해야 한다. 특히 첫 단계에서는 가능하면 성취를 맛볼 수 있도록 교사가 적절하게 개입한다. 도전할 의욕이 생기기도 전에 자칫 좌절하면 안 되기 때문이다. 2학기가 되면 학생들은 자기들끼리 해보고 싶다고, 교사에게 목소리를 좀 낮춰 달라고 주문하기도 한다. 그러면 기쁘게 지켜보기 자세를 취하지만, 뒤에서 바쁘기는 매한가지다. 예상 경로를 예측하고, 미리 판을 깔아보기도 하고 섭외도 하면서, 학생들이 '스스로' 할 수 있도록 해야 할 일이 많다.

서로 배우기, 함께 배우기는 '공유회'라는 장치를 통해 확장되고 깊어진다. 민들레 프로젝트활동은 앞서 언급한 것처럼 기승전결의 흐름을 갖는데, 각 단계에서 팀마다 어떻게 진행하고 있는지, 어려움은 없는지, 어떤 걸 자랑하고 싶은지, 무슨 도움이 필요한지를 나누는 공유회를 갖는다. 공유회는 1년에 4회 열린다. 1회는 각 프로젝트팀의 목표와 활동방식 등을 공유하고 필요한 정보나 조언을 구한다. 2회는 첫 번째 성취를 자랑스레 나누는 자리일 때가 많다. 3회 때는 주로 어려움을 토로한다. 누구 때문에, 무엇 때문에 힘들다는, 그럼에도 그런 어려움이 우리를 성장시킨다는 간증이 조금씩 나오기도 한다. 4회는 마무리하는 자리다. 아이들 입에서 '스스로 배웠고, 서로 배웠고, 하면서 배웠고, 넘나들며 배웠다'는 이야기가 나온다. 교사들의 노고가 나름의 보상을 받는 때이기도 하다. 이 힘으로 교사들은 다음 해 프로젝트 주제를 떠올린다.

꿈틀, 하자, 혁신파크의 프로젝트 활동 역시 민들레와 활동의 원리를 공유한다. 다만 수업에 할당되는 시간이나 교사의 개입 면에서 조금씩 차이가 있다. 1년 단위로 운영하기도 하고 1학기 단위로 운영하기도 한다. 프로젝트 주제를 정하고 활동 계획을 짜고 실행하는 단계에서 교사의 개입을 최소화하고 학생들이 스스로 하도록 유도한다. 당연히 각 단계마다 의사결정이 느리고 그 가운데 학생 상호간의 갈등이 일어나 성과가 잘 나타나지 않는 경우도 많다. 그렇지만 이 모든 과정 자체가 교육이라고 생각하고 교사는 약간의 자극과 조언을 줄 뿐 깊게 개입하지 않는다. 대신 이 모든 과정에서 점검과 비평활동을 함으로써 아이들의 경험이 교육적으로 의미있게 작용하도록 돕는다.

5) 자치회의

오디세이학교는 모든 구성원들이 매우 활발하게 상호작용을 하면서 배우는 곳이다. 20~30명이 한 단위로 모든 생활을 공유하므로 개인이 숨어 있을 공간이 없다. 그러다 보니 거의 모든 삶이 드러나고 이로 인해 수많은 갈등이 발생한다. 이 갈등을 교육적으로 풀어가면서 함께 배우고 성장하는 시간이 자치회의다.

자치회의에는 매주 2시간이 할당되어 있지만, 회의를 하다 보면 늘 시간이 모자라 방과 후까지 연장되곤 한다. 자치회의 주제는 매우 다양하다. 누구나 자신이 느끼는 문제를 안건으로 올린다. 물을 마시고 컵을 제대로 씻어놓지 않는 것 같은 일상생활 문제부터 수업 시간이나 여행 중에 핸드폰을 들여다보는 것, 욕설이나 젠더 문제 등 서로에게 영향을 주는 문제들을 다룬다. 수업 내용이나 선생님의 수업 방법에 대한 불만을 제기하기도 한다. 공동체와 관련된 모든 문제가 안건으로 나온다.

자치회의 과정이 원만하게 잘 진행되거나 문제가 다 해결되는 것은 아니다. 처음에는 정말 사소한 문제로 길게 회의를 해야 하는 과정 자체를 힘들어하는 아이들도 많다. 서로 합의하고 약속했지만 이를 잘 지키지 않아 또 다시 회의 안건으로 올라오는 경우도 많다. 서로의 잘못을 지적하는 내용이 안건으로 올라오면, 그것을 논의하는 과정에서 감정이 상하거나 폭발 직전까지 가는 경우도 있다. 아무리 이야기해도 결론을 낼 수 없는 문제를 반복해서 이야기하다 보면 무력감에 빠지기도 한다. 그럼에도 중요한 것은 거기서 끝내지 않고 집요하게 물고늘어지는 것이다. 이 과정을 온전히 겪다 보면 아이들은 같은 사안에 대해서도 정말 생각이 다를 수 있다는 것을 인정하고, 그 다른 생각을 가진 사람들을 존중하고 어떻게 공존할 수 있을지를 체득해간다. 그리고 이렇게 서로 다른 생각들을 충분히 드러내고 끝까지 논쟁하는 과정이 얼마나 공동체를 안전하게 지켜가는 과정인가 하는 것도 배운다. 이 과정을 통해 서로를 신뢰하는 법을 배우고 민주주의를 구체적인 일상 가운데서 실천할 수 있는 힘을 키워간다.

6) 학력 인정에 필요한 교과 수업 _ 보통교과

오디세이학교 교과 수업은 크게 보통교과와 대안교과로 구성된다. 보통교과는 일반계 고등학교 1학년 교육과정을 수업 시수를 축소하여 이루어지고, 대안교과는 자신을 성찰하고 세상을 탐색해가는 오디세이학교의 교육목표에 맞춰서 구성된다. 특히 보통교과는 고등학교 1학년 학력인정을 위한 장치로, 오디세이의

공통 교육과정	선택 교육과정
글쓰기 자치활동 여행 멘토 특강 기획 활동 보통교과수업 등	스스로 기획하고 실행하는 힘을 기르는 프로젝트 과정
	일을 경험하며 미래를 설계하는 인턴십 과정
	문화적 상상력을 기르는 다양한 표현 창작을 하는 문화·예술 과정
	다양한 문화를 만나며 자신을 알고 더불어 사는 힘을 기르는 인문학 과정
	사회 참여 활동을 통해 민주시민으로 성장하는 시민참여 과정
	삶과 세상을 성찰하는 힘을 기르는 문학과 성장 과정

오디세이학교 공통 교육과정 및 선택 교육과정

장점이자 한계를 품고 있는 것이기도 하다.

보통교과는 2015 개정 교육과정을 따라 국어, 영어, 수학, 통합사회, 통합과학, 한국사, 여섯 과목이 운영된다. 일반학교에서 8단위로 운영하는 교과를 3단위로 운영해야 하기 때문에, 핵심 성취 기준을 따라 교과 내용을 대폭 축소하여 재구성한다. 수업의 내용이나 방법도 오디세이학교의 교육목표에 맞추어 학생주도적인 수업으로 구성한다. 보통교과는 공교육 교사들이 담당하는데, 이들이 오디세이교육에 대한 이해가 깊어지고 길잡이 활동을 통해 아이들의 삶을 더 깊이 이해하면서 보통교과 수업도 오디세이학교 전체 교육과정에 점점 녹아들고 있다.

하지만 어려움이 없는 것은 아니다. 우선 보통교과는 평가를 피해갈 수 없다. 물론 수행평가 중심으로 평가하고 지필평가를 최소화하기는 하지만, 그 결과는 9등급 상대평가로 나오기 때문에 이로 인해 학생들이 긴장하기도 한다. 그리고 오디세이학교의 전체 교육과정에 조화롭게 재구성한다 해도 영어나 수학같이 다음 학년과 연계성이 큰 과목의 경우 입시 교육과정의 틀을 완전히 무시할 수 없다는 어려움은 여전히 존재한다.

7) 마무리 _ 수업발표회

오디세이학교 1년의 과정은 수업발표회로 마무리된다. 수업발표회는 1년 동안 오디세이학교에서의 배움을 정리하고 이를 학부모나 지인들과 공유하는 시간이다.

오디세이민들레의 경우 학교에서의 모든 배움과 활동, 그리고 그 가운데서 자신이 느끼고 성장한 모든 기록을 한 권의 책으로 정리하고, 그 책의 내용을 발표한다. 오디세이꿈틀은 문화예술 중점과정 학생들의 경우 음악, 미술, 문학 등 자신의 관심 분야에 대해 집중 작업을 통해 한 가지 결과물로 정리해 발표하고, 인턴십 중점과정 학생들의 경우 자신이 준비하고 경험한 직업 세계의 인턴십 과정을 정리해서 발표한다. 그리고 공통적으로 각 수업을 통해 배웠던 내용들을 공연 및 다양한 형태로 표현한다. 오디세이하자와 혁신파크는 일 년 동안 자신의 배움과 성장의 과정을 각각 한 편의 완성된 글로 표현하고 이를 낭독한다. 그리고 각자 일 년 동안의 배움을 책, 전시물, 음반 같은 결과물로 정리해서 전시한다. 1등도 꼴등도 없는 교실에서 모두 최선을 다한 한 해를 돌아보며 서로를 격려하고 응원하는 자리다. 모두가 주인공이 되어 "잘 다녀왔습니다. 오디세이학교!"를 외친다.

4. 나가며

오디세이학교의 1년은 3월에 시작해 12월이면 끝난다. 여름방학을 빼면 9개월 남짓한 시간이다. 만나면 헤어질 일을 떠올려야 하는 게 오디세이 활동이기도 하다. 짧은 시간 탓에 자칫 서두르게 되고 조급해지기 쉽다. 그래서 할 일을 정돈하고 욕심을 자주 내려놓아야 한다. 할 수 있는 일과 할 수 없는 일을 구분하고, 우선순위도 잘 정해야 한다. 교사들끼리는 서둘러 실망하거나 지치지 않도록 서로 격려하고 다독거리며 한 해를 보내야 한다.

오디세이교육은 현재진행형이다. 모든 아이들이 전환학년을 거칠 필요는 없겠지만, 잠시 멈춰 서서 방향을 가늠해보고 싶거나 열일곱의 삶을 음미하면서 천천히 걷고 싶은 아이들에게는 그런 기회를 줄 수 있는 사회가 되었으면 좋겠다. 누구나 자기 삶의 리듬대로 걸어도 괜찮은 사회가 좋은 사회일 것이다.

오디세이민들레 1학기

구분	교과영역	교과군	과목	총 수업 시수	단위 수
교과	보통교과	기초	국어	국어	51	3
			한국사	한국사	51	3
		탐구	과학	통합과학	51	3
				과학탐구실험	17	1
	보통교과 소계			170	10

구분	과정	과목	총 수업 시수	단위 수
교과	문학과 성장/ 프로젝트	그룹미팅	102	6
		자치회의	34	2
		프로젝트	102	6
		문학과 성장	68	4
		이야기가 있는 심리학/ 통기타/세계사	34	2
		바디퍼커션	34	2
		시민학	34	2
	대안교과 소계		408	24
창의적 체험활동		자율활동	74	
		동아리활동	17	
		봉사활동	12	
		진로활동	16	
		창의적 체험활동 소계	119	7

1학기	교과	창의적 체험활동	총계
시수(단위)	578 (34)	119 (7)	697 (41)

오디세이민들레 2학기

구분	교과영역	교과군	과목	총 수업 시수	단위 수
교과	보통교과	기초	영어	영어	51	3
			수학	수학	51	3
		탐구	사회	통합사회	51	3
	보통교과 소계			153	9

구분	과정	과목	총 수업 시수	단위 수
교과	대안교과	문학과 성장 / 프로젝트	그룹미팅	102	6
			자치회의	34	2
			프로젝트	102	6
			문학과성장	68	4
			기타/중창/사진	34	2
			배드민턴/탁구	34	2
			세계사/시민학/심리학	34	2
	대안교과 소계		408	24
창의적 체험활동		자율활동	22	
		동아리활동	17	
		봉사활동	8	
		진로활동	28	
	창의적 체험활동 소계		75	4

2학기	교과	창의적 체험활동	총계
	561 (33)	75 (4)	634 (37)

오디세이꿈틀 1학기

구분	교과영역		교과군	과목	총 수업 시수	단위 수
교과	보통 교과	기초	영어	영어	51	3
			수학	수학	51	3
		탐구	사회	통합사회	51	3
	보통교과 소계				153	9

구분		과정	과목	총 수업 시수	단위 수
교과	대안교과	문화예술 / 인턴십	주제탐구	34	2
			합창 (소리모음)	34	2
			세상 알기	34	2
			세상 만나기	68	4
			말과 글	34	2
			예술 선택 (미디어, 보컬, 관찰과 표현, 난타)	68	4
			공동체 회의	34	2
			스포츠	34	2
			프로젝트	68	4
	대안교과 소계			408	24
창의적	자율활동			64	
	동아리활동			17	
	봉사활동			24	
	진로활동			12	
	창의적 체험활동 소계			117	6

2학기	교과	창의적 체험활동	총계
시수(단위)	561 (33)	117 (6)	678 (39)

오디세이꿈틀 2학기

구분	교과영역		교과군	과목	총 수업 시수	단위 수
교과	보통 교과	기초	국어	국어	51	3
			한국사	한국사	51	3
		탐구	과학	통합과학	51	3
				과학탐구실험	17	1
			보통교과 소계		170	10

구분		과정	과목	총 수업 시수	단위 수
교과	대안교과	문화예술 / 인턴십	공동체회의	34	2
			개인프로젝트	34	2
			세상 알기	34	2
			세상 만나기	68	4
			선택수업1 (몸활동) (뉴스포츠, 격투기, 요가)	34	2
			선택수업2 (예술) (미술, 음악, 철학)	34	2
			선택수업3 (표현) (관찰과 표현, 소리와 몸짓, 연극, 바디퍼커션)	68	4
			주제탐구	34	2
			예술특강	17	1
			팀프로젝트	51	3
		대안교과 소계		408	24
창의적 체험활동			자율활동	38	
			동아리활동	17	
			봉사활동	6	
			진로활동	36	
		창의적 체험활동 소계		97	

2학기	교과	창의적 체험활동	총계
	578 (34)	97 (4)	675 (38)

오디세이하자 1학기

구분	교과영역	교과군	과목	총 수업 시수	단위 수
교과	보통 교과	기초	국어	국어	51	3
			한국사	한국사	51	3
		탐구	과학	통합과학	51	3
				과학탐구실험	17	1
	보통교과 소계			170	10

구분		과정	과목	총 수업 시수	단위 수
교과	대안교과	인문학 / 프로젝트	자치활동	51	3
			그룹미팅	51	3
			파쿠르	51	3
			인문학	51	3
			프로젝트	51	3
			관찰	51	3
			음악/미술	51	3
			공존	17	1
			농사	34	2
	대안교과 소계			408	24
창의적 체험활동	자율활동			76	
	동아리활동			17	
	봉사활동			0	
	진로활동			8	
	창의적 체험활동 소계			101	5
2학기	교과		창의적 체험활동	총계	
	578 (34)		101 (5)	679 (39)	

오디세이하자 2학기

구분	교과영역	교과군	과목	총 수업 시수	단위 수
교과	보통 교과	기초	영어	영어	51	3
			수학	수학	51	3
		탐구	사회	통합사회	51	3
	보통교과 소계			153	9

구분		과정	과목	총 수업 시수	단위 수
교과	대안교과	인문학 / 프로젝트	자치활동	51	3
			나침반	51	3
			파쿠르	51	3
			인문학 / 글쓰기	51	3
			프로젝트	102	6
			관찰 / 바디톡	51	3
			음악 / 미술	51	3
	대안교과 소계			408	24
창의적	자율활동			44	
	동아리활동			17	
	봉사활동			0	
	진로활동			18	
	창의적 체험활동 소계			79	4

2학기	교과	창의적 체험활동	총계
시수(단위)	561(33)	79 (4)	640 (37)

오디세이혁신파크 1학기

구분	교과영역		교과군	과목	총 수업 시수	단위 수
교과	보통 교과	기초	영어	영어	51	3
			수학	수학	51	3
		탐구	사회	통합사회	51	3
	보통교과 소계				153	9

구분		과정	과목	총 수업 시수	단위 수
교과	대안교과	문학과 성장 / 시민 참여	문학과 성장(글쓰기)	51	3
			몸활동 (신비한 움직임 사전)	51	3
			시민 참여(세상과 나)	51	3
			사진 / 타악기	51	3
			시민 참여 (혁신파크 연계 수업)	51	3
			주간나눔	51	3
			자치회의	51	3
			기획활동	51	3
	대안교과 소계			408	24
창의적	자율활동			70	
	동아리활동			17	
	봉사활동			0	
	진로활동			12	
	창의적 체험활동 소계			99	5

2학기	교과	창의적 체험활동	총계
	561 (33)	99 (5)	660 (38)

오디세이혁신파크 2학기

구분	교과영역	교과군	과목	총 수업 시수	단위 수
교과	보통 교과	기초	국어	국어	51	3
			한국사	한국사	51	3
		탐구	과학	통합과학	51	3
				과학탐구실험	17	1
	보통교과 소계				170	10

구분	과정	과목	총 수업 시수	단위 수
교과	문학과 성장 / 시민 참여	문학과 성장(글쓰기)	51	3
		몸활동(신비한 움직임 사전)	51	3
		시민 참여(세상과 나)	51	3
		학생기획수업	51	3
		시민 참여 (혁신파크 연계 수업)	51	3
		주간나눔	51	3
		자치회의	51	3
		진로 탐색	51	3
	대안교과 소계		408	24
창의적	자율활동		42	
	동아리활동		17	
	봉사활동		0	
	진로활동		22	
	창의적 체험활동 소계		81	4

2학기	교과	창의적 체험활동	총계
	578 (34)	73 (4)	651 (38)

참고자료2 _ 오디세이학교 일과표 (2019년 1학기)

오디세이민들레

교시	시간	월	화	수	목	금
	09:30~10:00	아침 열기				
1	10:00~10:50	그룹미팅	보통교과 (국어)	문학과 성장1 문학과 성장2	프로젝트	바디퍼커션
2	11:00~11:50					
	12:00~13:00	점 심 시 간				
3	13:00~13:50	그룹미팅	보통교과 (국어, 통합과학)	문학과 성장1 문학과 성장2	프로젝트	이야기가 있는 심리학/통기타/ 세계사
4	14:00~15:00					
5	15:10~15:50	자치회의	보통교과 (통합과학)	시민학1 시민학2		그룹미팅
6	16:00~17:00					
7	17:10~17:50	하루 닫기	보통교과 (과학탐구실험)	하루 닫기		동아리활동
			하루 닫기			하루 닫기

오디세이꿈틀

교시	시간	월	화	수	목	금
	09:30~10:00	아침 열기				
1	10:00~10:50	공동체회의	세상 알기	말과 글	보통교과 (영어, 수학)	주제탐구
2	11:00~11:50					
	12:00~13:00	점 심 시 간				
3	13:00~13:50	소리모음	세상 만나기	문화예술 (미디어, 보컬, 관찰과 표현, 난타)	보통교과 (영어, 수학)	팀프로젝트
4	14:00~14:50					
5	15:00~15:50	스포츠				
6	16:00~16:50					
7	17:00~17:50	하루 닫기				동아리활동
						하루 닫기

오디세이하자

교시	시간	월	화	수		목	금
	09:30~10:00	아침 열기					
1	10:00~10:50	그룹미팅	인문학	미술	음악	보통교과 (국어)	농사
2	11:00~11:50						
3	12:00~12:50						공존
	13:00~13:50	점 심 시 간					
4	14:00~14:50	자치활동	프로젝트	관찰		보통교과 (통합과학)	파쿠르
5	15:00~15:50						
6	16:00~16:50						
7	17:00~17:50	하루 닫기 및 반별 리뷰				보통교과	동아리활동
						하루 닫기 및 반별 리뷰	

오디세이혁신파크

교시	시간	월	화	수	목	금
	09:30~10:00	아침 열기				
1	10:00~10:50	주간나눔	보통교과 (영어)	시민 참여 (세상과나)	문학과 성장 (글쓰기)	자치회의
2	11:00~11:50					
3	12:00~12:50					
	13:00~14:00	점 심 시 간				
4	14:00~14:50	몸 활동 (신비한 움직임 사전)	보통교과 (수학)	시민 참여 (혁신파크 연계수업)	사진/타악기	기획활동
5	15:00~15:50					
6	16:00~16:50					
7	17:00~17:50	하루 닫기				동아리활동

부록

오디세이학교를 만든
사람들의 이야기

학기 초, 목공수업에서 일 년 동안 자신이 쓸 책상을 만든다 _ ⓒ 오디세이하자

정책을 넘어
교육의 변화를 이끌어내려면

이름도 운영 방식도 특이한 '오디세이학교'. 시작부터 우려의 목소리가 앞섰다. 누군가는 "대책도 없이 교육을 실험한다"고 비판했고, 누군가는 "입시는 어떻게 책임질 거냐"고 했다. 무모한 실험 같았던 오디세이학교가 교육현장에 새로운 실천으로 자리 잡을 수 있었던 배경에는 정책 이전에 아이들을 생각하는 '사람들'이 있었다. 서울시교육청에서 오디세이학교라는 생소한 그림을 그려나갔던 TF 멤버들 중 몇 명이 다시 한자리에 모여 오디세이학교의 출발과 성장, 앞으로의 전망에 대한 이야기를 나누었다. 처음 '고교자유학년제'라는 정책의 그림을 제시한 서울시교육청 조희연 교육감과 우리나라 최초의 시민기자 언론사인 '오마이뉴스'의 오연호 대표도 자리를 함께했고, 김찬호 성공회대 교수가 사회를 맡았다.

함께한 사람들 (가나다 순)

김경옥 _ 오디세이학교 민간협력기관 중 하나인 '공간민들레' 대표. 2014년 오디세이학교 TF팀에 참여해 지금까지 함께하고 있다.

김찬호 _ 성공회대학교 교수. 오디세이학교 출범 당시 하자센터 부센터장으로 교육활동에 참여했고, 학부모 모임에서 강의와 상담을 진행했다.

오연호 _ 오마이뉴스 대표. 2013년 처음 덴마크를 방문한 뒤 『우리도 행복할 수 있을까』라는 저서와 강연을 통해 덴마크 교육을 알리는 데 힘쓰고 있다. 2016년부터 강화도에 애프터스콜레의 한국형 모델인 꿈틀리인생학교를 비인가 형태로 열었다.

임유원 _ 서울시교육청 교육연구정보원 교육연구관. 2014년 서울시교육청 중등교육과 장학관으로 오디세이학교를 출범시키는 업무를 담당했다.

정병오 _ 오디세이학교 부장교사. 중학교 교사로 있던 2011년 덴마크와 핀란드를 탐방 중 애프터스콜레를 보면서 영감을 받고, 2014년 오디세이학교 TF팀에 참여해 지금까지 함께하고 있다.

조희연 _ 서울시 교육감. 2014년 6월 당선 이후 일반고 살리기를 주요 정책으로 세우고, 교실에서 무기력하게 엎드려 있거나 경쟁에 지쳐가는 고교생들을 만나면서, 그들이 바라는 쉼과 성찰이 있는 '방황의 학교'를 약속하며 오디세이학교의 씨앗을 뿌렸다.

황윤옥 _ 하자센터장. 초등대안학교인 산어린이학교를 만든 대안교육 1세대 학부모로, 2014년 서울시교육청의 정책 보좌관으로 있을 당시 오디세이학교를 함께 기획하고 추진했다.

학교를 준비하면서

김찬호 2015년 5월에 시작한 오디세이학교가 어느덧 5년차에 접어들었다. 오디세이학교를 단순히 교육청의 정책으로만 접근했다면 이렇게 내실을 다지며 지속되긴 쉽지 않았으리라 생각한다. 고교자유학년제라는 혁신적인 정책을 추진하면서 오디세이학교를 만들어온 이들의 철학과 관점이 무엇이었는지 되짚어 보고, 오디세이학교가 우리 교육의 변화에 미치는 영향이나 비전에 대해 살펴보고자 이런 자리를 마련했다.

조희연 많은 변화를 꾀하고 있지만, 공교육에서는 여전히 아이들이 숨 쉴 공간이 없는 것이 현실이다. 인공지능 시대에 기계가 인간화되고 있는데 우리는 아이들에게, 말하자면 기계처럼 공부하라면서 인간의 기계화를 강요하는 게 아닐까 싶다. 교육이라는 건 한 인간이 사회적 존재로 자아를 형성하고 인생을 구성해가는 과정인데, 내가 어떤 인생을 꾸려갈지 자신이 어떤 존재인지 탐색할 시간도 없고 창의성을 발휘할 공간도 없다. 그런 면에서 오디세이학교는 기존의 교육을 뛰어넘는 미래학교의 본질적 요소를 갖고 있다고 본다. 서울시교육청에서 처음으로 그러한 구상을 정책으로 구현해 이제 자리를 확실히 잡아가고 있고, 다른 시·도교육청에서도 비슷한 실천 사례들이 생겨나고 있는 것을 보면서 보람을 느낀다.

임유원　오디세이학교라는 이름이 정해지기 전에는 '인생학교', '쉼표학교'라는 이름으로 논의를 시작했다. 교육과정 담당 장학관으로 발령 받은 후 처음 이 사업을 대했을 때는 나도 이해가 부족해, 구상하신 분들의 이야기를 들으면서 그 개념부터 정리하고 표현해보고자 노력했다. 입시 중심의 교육에서 번아웃 되어가는 아이들에게 쉼의 학교, 방황과 성찰의 학교가 필요하다는 취지에 기본적으로 공감했기 때문이다. 그러나 이 정책을 어느 부서에서 맡아야 할지 정하는 것부터 모호한 측면이 있었고, 교육청 내부에서 이해와 협조를 얻는 일도 쉽지 않았다.

교육계 안팎의 여러 분들을 모시고 자문도 구하고, 교원단체와 학부모단체 대표들, 교장선생님 몇 분과 교사들을 모시고 이 정책에 대해 설명했지만 대부분 회의적이었다. 지지 의견을 주었던 이들은 의외로 공교육 교사들이었다. 간담회 때 '무모한 실험'이라는 비판에 대해 "이것을 무모한 실험이라고 한다면 할 수 있는 건 아무것도 없다. 지금까지 아이들을 이렇게 힘들게 한 것도 미안한데 이제라도 새로운 교육 모델이 생겨야 하지 않겠느냐"며 교사들이 목소리를 내고 힘을 보태주었다.

수도권에 있는 대안교육 관계자들을 초청해서 "대안교육의 힘으로 공교육의 변화를 꾀하고자 하는데 도와 달라"고 요청했을 때, 대부분은 의아해하며 선뜻 나서려고 하지 않았지만, 공간민들레의 김경옥 선생님이 취지와 진정성을 이해하고 다른 현장들을 설득하는 데 도움을 주셨다. 그렇게 해서 꿈틀학교의 김선옥 선생님, 아름다운학교의 염병훈 선생님. 하자센터의 박형주, 이충한 선생님들과 만나 참여와 협력을 얻게 되었다.

처음에는 대안교육의 내용을 기능적으로 결합하고 조합해서 학교 교육과정을 짜고 운영하면 되겠다고 생각했었는데, TF를 꾸려 본격적인 논의를 거듭하는 과정에 아이들의 성장에 대한 새로운 관점과 '길잡이 교사'라는 개념을 이해하게 되면서 그때부터 오디세이학교의 철학과 운영 방향이 제대로 잡혔던 것 같다.

김경옥 2015년 당시는 제도 밖에 있던 사람들도 4·16 이후의 교육에 대해 함께 고민하고 헤쳐 나가야 한다는 소명감이 있던 시절이었다. 공교육 아이들에게 숨통을 열어주는 계기가 될 수 있다면 그간 대안교육의 실천을 모아서 함께하면 좋겠다고 생각했다. 당시 박근혜 정부 시절에는 특히 교육청이라는 '관'에 대한 불신이 있을 때인데, 그래도 진보 교육감이 추진하는 정책이었고 대안교육계에 오래 계셨던 황윤옥 선생님이 교육청 안에 들어가 이 정책을 챙기는 것도 신뢰의 바탕이 되었다. 처음엔 저도 반신반의하면서 돌다리를 두드리는 느낌이었지만, 회의를 할수록 해도 되겠다는 확신이 생겼다.

김찬호 회의를 하는 과정에 그런 확신이 들게 된 어떤 계기가 있었는가.

김경옥　회의는 인생설계학교 추진단이라는 이름으로 진행되었
다. 추진단에는 대안교육 쪽 참여자로 저랑 하자센터에서 이충
한, 박형주, 교육청에서 임유원 장학관과 황윤옥 정책보좌관, 공
교육에서는 정병오 선생님 해서 모두 6명이 모였다. 9월에 시작
해 거의 매주, 11월 이후에는 주 2~3회 모여 갑론을박했던 것
으로 기억한다. 모인 사람들은 선 자리는 서로 달랐지만, 아이들
에게 지금과는 다른 시간이 필요하다는 데 이견이 없었다. 열일
곱 인생을 제대로 살 기회 또는 시간을 돌려주기 위해 지금 우리
가 할 수 있는 일이 무엇인지를 중심에 놓고 계속 토론하고 논쟁
했다. 회의가 시작되고 한참 동안 각자의 생각을 맘껏 털어놓느
라 꽤 긴 시간을 보냈다. 각자 선 자리가 다르고 문제 해결 방식도
다르지만 뭔가 만들어지겠구나 하는 확신이 들기 시작한 건 그런
과정을 거치면서였다.

정병오　현장에서 중학생들을 만나보면 제일 두드러지는 특징이
수동성이다. 입시경쟁의 선두에서 학교와 학원을 오가며 정말 바
쁘게 사는 아이들도 자신의 생각이 없다. 여기서 멈추면 남들보
다 뒤처질 거라는 불안감에 쫓겨 달릴 뿐이다. 충분히 가능성과
잠재력을 가지고 있는데도 경쟁에서 뒤처진 아이들은 열등감과
패배감에 짓눌려 무기력하다.
2011년, 중학교 교사로 있을 때 교사들과 북유럽 탐방 중 덴마크
애프터스콜레에서 일 년 동안 삶을 탐색하는 아이들을 보면서 내

가 가르쳤던 그 아이들이 눈에 밟혔다. 공교육에서도 입시경쟁에 대한 부담 없이 자유롭게 배울 수 있는 덴마크 같은 나라에서도 16세, 17세에 자신을 성찰하고 미래를 탐색하는 시간이 필요하다면, 어려서부터 입시경쟁에 치여 주눅 들어 있는 우리 아이들에게는 이런 시간이 더 필요할 거라는 생각이 들었다. 한국에서 애프터스콜레 같은 학교를 꼭 해보고 싶다는 마음을 품고 돌아왔다. 그래서 2012년에 중학교 자유학기제 논의가 시작될 때 애프터스콜레 모델로 가야 한다고 적극 주장하기도 했다. 그러다가 2014년 조희연 교육감 당선자 인수위원회에서 일한 것이 계기가 되어 교육감의 공약 중 하나인 (가칭)인생학교 TF에 참여하게 되었다.

황윤옥 오디세이학교는 공교육과 대안교육이 서로 용기를 낸 지점에서 만났다. 지금까지 공교육과 대안교육은 긴밀하게 영향을 주고받는 관계라기보다는 각자의 영역에서 각자 진화해가는 방식이었다. 그런데 오디세이학교는 영향을 주고받는 관계를 넘어서 서로 결합하여 새로운 교육현장을 만들어냈다. 공교육은 비인가 교육현장에서의 경험을 학력으로 인정하기로 결정했고, 대안교육에서는 교육청의 제안을 받아들여 자신들의 교육력을 제도권의 용어나 기준에 맞춰 설명했다.
이런 교육정책이 등장하게 된 배경에는 '공公'과 '탈脫' 모두 자기영역을 지키기가 힘들어진 사회적 변화의 흐름이 있다고 본다.

예전 청소년들은 '공'이나 '탈' 중 한쪽에 있었다면 요즘은 몸은 '공'에 있지만 영혼은 '탈'한 아이들이 많아졌고, 또 '탈'했다가 다시 학교로 돌아오고 싶어도 지금 공교육 시스템에서는 쉽지 않은 문제가 있다.

오연호 2013년부터 덴마크가 왜 행복지수 세계 1위인지를 분석해왔는데 그 뿌리가 교육에 있다는 걸 알았다. 덴마크 학생들에게는 '쉬었다 가도 괜찮아' '다른 길로 가도 괜찮아' '잘하지 않아도 괜찮아' 이 3가지의 '괜찮아' 정신이 일종의 청소년복지 차원에서 작동되고 있었다. 이를 상징적으로 보여주는 것이 1년 과정의 전환교육인 애프터스콜레였다. 『우리도 행복할 수 있을까』 (2014년) 책에서 애프터스콜레를 소개하고, 당시 조희연 교육감께도 책을 드리면서 우리도 이런 학교를 만들 수 있으면 좋겠다고 말씀드렸다. 2016년 2월에는 인천 강화에 비인가 기숙 형태로 '꿈틀리인생학교'를 시작했다.

오디세이학교 교육실천의 핵심은

김찬호 오디세이학교는 본래의 취지를 유지하면서 계속 진화하고 있다고 생각한다. 그 실천을 추동하는 핵심적인 가치가 무엇인지, 또 오디세이 교육의 핵심이 무엇인지 궁금하다.

임유원 오디세이학교의 비전은 청소년 성장의 전환기에 '삶의 의미와 방향을 찾도록 돕는' 것이다. 핵심 가치는 '여유와 성찰', '자율성과 시민성' 그리고 '지혜와 용기'라고 정리했다. '쉼의 학교', '방황의 학교'라는 표현에도 담겨 있듯이 일 년의 과정이 맹목적 경쟁에서 벗어나 여유와 성찰의 시간이 되기를 바라면서, 스스로 삶과 배움의 주체가 되는 '자율성'과 더불어 살아가는 '시민성'을 기르는 것을 교육목표로 분명히 했다. 또한 오디세이학교를 선택하는 아이들은 이미 지혜와 용기를 가지고 있음을 증명한 것이자 그것이 미래의 삶을 위해 더욱 큰 역량으로 성숙되기를 바랐다. 지금 돌아봐도 비교적 명료한 설정이 아니었나 싶다.

그러나 오디세이학교를 바라보는 사람들의 마음속에는 다양한 기대와 욕망이 응축되어 있다. 전인교육, 인성교육을 바라는 순수한 마음으로 자녀를 보내는 학부모도 있지만, 단지 학교에 부적응하는 아이를 맡기기 위해서 등 다양한 동기들이 있다. 심지어 어떤 학부모들은 대학가는 데 도움이 되는 특별한 스펙 쌓기를 위해 이 학교를 지원해도 될까 하는 마음을 드러내기도 한다. 하지만 초창기부터 구호로 내세웠던 "옆을 볼 수 있는 자유" "늦게 가도 괜찮아"라는 말이 오디세이학교를 만든 이들의 바람을 가장 잘 담고 있다고 본다.

조희연 교육의 이상적 모습을 상정하더라도 교육청 입장에선 제도로 그것을 어떻게 구체적으로 설계하고 구현할 것인가 하는 고민을 하게 된다. 대안학교는 공교육의 테두리 바깥으로 뛰어나가 새로운 교육을 실천했던 모델이다. 공교육의 혁신교육이나 오디세이학교는 대안교육의 이런 도전 정신, 실험 정신을 이어받는 일련의 과정이라고 생각한다. 공교육 안에 대안학교 주체가 들어와 결합한 모델이라는 점에서 공교육의 자체 혁신이나 기존의 대안학교와는 크게 다른 시도다. 그게 가장 큰 특징이다. 또한 자유롭게 이상을 추구할 수 있는 대안학교와 다르게, 교육과정을 설계할 때 분명 한계가 있다. 그런 현실을 고려하면서 최대한 대안적인 교육과정을 구현하는 방식이었다고 이해한다.

정병오 교육과정에서도 대안학교의 경험을 고스란히 받아 안았다고 할 수 있다. 오디세이의 독자적인 교육과정을 짤 시간도 부족했지만 그럴 필요성도 못 느꼈다. 지향하는 바를 이미 잘 실천해온 대안교육의 노하우를 적용하는 게 좋겠다고 판단했다. 교육과정뿐만 아니라 대안교육 현장의 교사와 문화까지도 결합할 수 있었던 것은 오디세이학교가 빨리 안정되는 데 큰 힘이 되었다고 본다.

대안학교 선생님들과 함께 지내보니 대안교육이 가진 생명력의 핵심이 뭔지 알겠더라. 단순하게 말해 공교육의 중심은 '수업'이다. 학교의 모든 구조가 수업에 맞추어져 있고, 담임 역할은 두발, 복장 같은 통제 중심이다 보니 아이들을 깊이 만나기가 힘들다. 그런데 대안교육은 형식적 교육과정을 넘어 '생활' 중심으로 아이들을 만난다. 길잡이교사가 아이들을 꿰고 있으면서 필요할 때 적절한 도움을 준다. 개인적인 만남이 가능한 것이 대안교육의 가장 큰 장점이다.

황윤옥 오디세이학교 효과라는 것은 관계, 태도, 감수성으로 나타난다. 이런 것들은 눈에 보이는 점수나 성과로 나타나는 것이 아니라 일상적인 몸이 바뀌고, 자신과 세상을 바라보는 시선과 감각이 바뀌는 것이다. 그것은 역량, 기능이라기보다 결국 시간 구성을 어떻게 하는가에 있다고 본다. 오디세이는 시간을 다르게 쓸 수 있는 기회가 있고, 인정의 기준이 다르다. 좋은 성적을 받는 것보다 회의시간에 의견을 적극적으로 내는 것이 더 인정받는다든지, 이런 것이 공교육에서는 쉬운 일이 아니다. 사실 오디세이의 확산에서 가장 어려운 게 역설적으로 바로 이 지점이다. '관계'라는 이 핵심은 매뉴얼화하기가 불가능하기 때문이다.

김경옥 시스템으로 보면 오디세이학교는 실험적인 시도이지만 하루하루의 실천, 교육력은 이미 오랫동안 검증된 것이다. 민들레만 해도 20여 년 가까이 학교 밖에서 나름의 실천을 해왔다. 그 핵심은 자기를 사랑하는 존재로 자라려면 어떤 교육이 필요할까, 더불어 사는 힘을 기르려면 어떤 문화를 만들어야 할까, 이런 질문을 놓치지 않는 것이다. 이것이 대안학교들의 교육력이라고 본다. 그런 면에서 오디세이학교에서 더 중요한 것은 시간표에 들어 있는 교육과정이 아니라 비형식적 교육과정이라 할 수 있다.

정병오 그렇다. 스스로 무언가를 할 수 있다는 것과 자신이 있는 그대로 존중받고 있다는 것이 아이들을 변화시킨 가장 큰 동력이라고 느꼈다. 아이들이 처음에는 탐색을 하다가 이곳에선 등수나 성적이 아무런 힘을 갖지 않는다는 것, 자기 색깔이 고스란히 드러나도 아무런 문제가 되지 않는 것을 차츰 경험하면서 말문이 열리고 다양한 의사표현과 도전을 시도하더라. 진짜 자기로 사는 경험을 하면서 조금씩 마음도 열고 자신감도 생기니까, 세상에 대해서도 감을 잡아가는 것 같았다. 가까이 지켜보면서 이것이 주체성을 찾아가는 과정이라는 생각이 들었다.

오디세이에서는 무기력하게 도피하거나 숨도록 내버려두지 않기 때문에 어떤 면에서 초반에는 스트레스가 더 클 수 있다. 그러나 이후로 역동적인 변화를 겪는다. 교사들이 아이들을 존중하는 문화도 큰 영향을 주지만, 다양한 친구들이 서로 피할 수 없이 함께해야 하는 구조 속에서 성장해가는 것도 큰 특징 중 하나이다.

김경옥 뭔가를 배우고 성장하기 위해서는, 동굴 속에서 면벽수도하기보다 배움의 공동체 안에서 서로 영향을 주고받는 것이 더 낫다고 생각한다. 서로의 이야기를 경청하고 응원과 격려를 통해 서로의 성장을 돕는 과정이 네 개 캠퍼스에 공통적으로 중요한 과정으로 구성되어 있다.

정병오 끝없이 토론하고 이야기를 나누는 것도 오디세이의 핵심적인 문화다. 매일 아침마다 30분 동안 서로의 일상을 나누고, 프로젝트수업을 하면서 생각을 나누고, 자치회의를 하면서 일상을 토론하고, 매주 집중적으로 미팅을 하면서 계속 같이 논의할 수밖에 없다.

이런 운영원리는 굳이 오디세이가 아니어도 어느 교육현장에나 적용할 수 있다. 공교육도 강사를 투입해서라도 담임의 수업시수를 줄이고 아이들을 좀 더 깊이 만날 수 있도록 시도해볼 필요가 있다. 수업시수에 얽매이지 않고 학기 초 1~2주 정도라도 아이들과 관계를 맺는 데 집중하면 한 학기나 일 년의 교육과정이 훨씬 의미 있게 풀리지 않을까 싶다.

김경옥 오디세이 친구들이 공교육으로 돌아가면 어떻게 지내느냐는 질문을 많이 받는데, 돌아가서 힘들어 하는 아이들도 있지만 그곳에서도 자기 목소리를 내면서 헤쳐 나가는 아이들도 적지 않다. 학교문화를 바꾸는 역할을 해주기를 기대하지만 도중에 자퇴하는 친구들도 있다. 그것도 하나의 진로이자 선택이라고 생각한다. 일 년 간 제대로 숨 쉬고 자기 목소리를 내는 경험을 하면 어디 가서든 제대로 숨 쉬고 배우고 성장하는 사람이 될 수 있을 거라고 생각하면서 아이들을 만나고 있다. 물론 쉬운 일도 아니고 모든 아이들이 그런 성취를 보이지는 않지만 그걸 기대하며 최선을 다한다. 십대 시절에는 일 년이라는 시간이 생각보다 긴 시간이고 많은 변화가 가능하다고 본다.

오연호 오디세이학교를 준비하면서 서울 시내 4개 권역으로 학부모 설명회를 할 때 같이 다녔다. 학교 관계자들은 '뭘 또 하려는 거야' 하는 표정이었던 것 같고, 오히려 학부모들이 더 많은 관심을 갖고 경청했다. 지금 오디세이학교에 자녀를 보내는 부모 세대가 사오십대 초반이다. 시키는 대로 열심히 경쟁 속에서 살아왔는데 자기 인생을 돌아보니 이렇게 살아야 하나, 내가 행복한가, 근본적으로 돌아보는 세대인 것 같다. 나름 경제성장과 민주화를 했지만 개인적으로 삶의 질이 낮다고 느끼고, 자식에게 이런 삶을 되물림 하는 게 맞나 고민한다. 또 시키는 것만 해오면서 주도적으로 뭔가를 해본 경험이 없는 아이들은 불안해하며, 뭔가 다른 길이 필요하다는 걸 느낀다. 바로 이런 시점에 오디세이학교라는 길이 제시된 것이 아닌가 싶다. 우리 사회의 거대한 변화, 그 흐름에 타이밍이 잘 맞게 결합됐다고 본다.

임유원 몇 해가 지나면서 기대한 것과 다르다는 이유로 중간에 원적 학교로 돌려보내는 학부모도 있고, 오히려 오디세이학교에서 애가 망가졌다고 주장하는 분도 없지 않다. 아이는 부모의 요구에서 벗어나서 자기 자신으로 살고자 노력하는 과정일 텐데, 부모가 보기에는 아이가 시키는 대로 안 하니까 부정적으로 생각하시기도 한다. 그러나 대단히 만족하고 감격하는 학부모들이 대부분인 것으로 알고 있다. "대한민국에 이런 학교가 생겼다니 너무나 놀랍고 고맙다"고 인사하시는 분들도 적지 않았다.

오디세이학교 첫해 아이들 중에, 살면서 이렇게 믿을 수 있고 속을 터놓을 수 있는 어른을 만난 경험이 처음이라는 아이들이 있었다. 이들은 진정으로 신뢰할 수 있는 어른과 대화할 수 있고 그렇게 존중받고 있는 것이 놀라웠던 모양이다. 공교육 선생님들도 오디세이학교에 와서 함께 지내면서 아이들과 새로운 소통을 경험할 수 있다는 게 엄청난 충격이고 성장이었다고 말한다. 아이들이 이곳에서 느끼는 편안함도 거기에서 기인하는 것이고, 그것을 경험한 공교육 교사들의 변화도 그 지점에서 일어난다.

김찬호 오디세이학교가 교사들을 위한 학교이기도 한 셈이다.

임유원 오디세이학교 협력기관에 공교육 교사들을 파견한 것이 실질적인 교사연수 과정이 되었다. 처음엔 협력기관 현장마다 한 명씩 파견했는데 3년차부터는 공교육 교사들이 별도의 현장을 만들어 운영하고 있다. 이 과정에 함께한 교사들의 교육철학도 많이 변하고 성장했다. 서로 신뢰하면서 대화를 통해 교육적 역량을 키우면서 교사들은 아이들과 함께 성장했다. 아이들도 교사들도 전환교육을 경험하면서 자신을 새롭게 발견하고 일반학교로 돌아간 후에도 주변에 영향을 미치는 것이 큰 의미가 있다고 생각한다. '경직된 공교육 현장에 충격을 주고 공교육에 다양성을 넓히는 혁신적 모델'이 되고자 했던 것은 처음부터 오디세이 학교가 내세운 목적 중 하나이기도 했다.

김경옥 오디세이학교에서는 교사를 길잡이라고 한다. 가르치기 보다는 안내하는 사람으로서의 정체성에 방점을 둔 호칭이다. 시민으로 안내하고, 지식인으로 안내한다. 오디세이의 교사는 코디네이터 역할도 한다. 한 명 한 명 관찰하고 그의 상태나 조건을 고려해 적절한 대응을 한다는 의미다. 흔히 말하는 개별 맞춤 교육이 여기에 해당될 것이다. 또 어디 가면 뭘 배울 수 있는지 알려주고 연결해주는 사람, 말하자면 네트워커의 역할도 크다.

이런 역할은 어떤 특정한 활동 시간에 국한해서 이뤄지는 건 아니다. 교사는 언제 어디서나 어떤 방법으로든 개입하고 관여한다. 그러므로 당연하게 초반에 학생과 신뢰관계를 만드는 게 무엇보다 중요하다. '저 어른은 나를 도와주는 사람이고, 그래서 시시때때로 내게 필요한 걸 제공하거나 알려주거나 잔소리도 한다'고 아이가 생각하는 순간부터 교사의 길잡이 역할은 본격 가동된다. 3월 한 달은 그 순간을 만들기 위해 여행도 가고 대화도 하고 놀기도 하고 공부도 한다.

조희연 말씀처럼, 공교육에서도 교사의 역할이 지식 전달자에서 사회적 인격을 길러주는 방향으로 바뀌어야 할 것이다. 초기 산업화시대 학교의 역할이 불가피하게 국민교육이라는 이름으로 산업인력을 양성해왔다면 이제는 조건 자체가 달려졌으므로 교육도 달라져야 한다. 넓은 의미에서 앞으로의 교사란, 아이들의 정서와 생활을 보듬는 생활교육을 돕는 사람이라 할 수 있겠다. 상담과 회복적 생활교육, 청소년 심리 등 전문성을 기를 수 있도록 연수과정도 강화되어야 하고, 임용시험 등도 크게 바뀌어야 한다고 본다.

오연호 꿈틀리인생학교의 경우, 기숙학교라서 일 년 동안 24시간을 아이들과 교사들이 함께 먹고 자고, 일하고, 공부하면서 나와 우리를 재발견하는 시간을 갖게 된다. 농사수업도 3월에 볍씨 소독하는 것부터, 논에 거름 내기, 벼 심기, 10월에 수확하기까지 거의 일 년 내내 이뤄진다. 학생들은 저녁식사 후 교무실에서 당직 선생님과 어울리면서 수다 떠는 걸 매우 좋아한다. 민간이 운영하는 비인가 학교이고, 기숙형이라는 점, 비인가여서 필수과목이 없다는 점에서 오디세이와 크게 다르다. '삶을 위한 학교'를 표방한다면 가급적 기숙형이 좋겠다는 생각을 한다.

오디세이학교의 교육적 전망

김찬호 열심히 해오셨지만, 그럼에도 아쉬운 부분이 있을 것이다. 오디세이학교의 어떤 부분을 보완하고 개선해야 한다고 보는

가? 시즌2로 도약하기 위해, 그리고 서울시교육청의 정책으로 끝나지 않고 대한민국 교육에 긍정적인 영향을 주기 위해 어떤 비전을 제시할 수 있는가.

조희연 사회적 사건에 따라 교육을 바라보는 관점과 시선이 달라지고 있다. 세월호 참사 당시에는 오디세이학교의 시도 자체가 미래적이고, 현재 죽음의 교육을 뛰어넘는 상징성이 있었지만 최근에는 또 다른 역할이 기대된다. 4차 산업혁명, 교육의 보수화, 중산층 부모의 우려 등이 영향을 주는 것 같다.

김경옥 최근 일부 학부모들 사이에서 혁신학교에 대한 반대 여론이 일어나고 있다. 대학입시에 불리하다는 것이 그 이유다. 최근 입시제도의 공정성 문제가 이슈로 떠오르면서 정시확대가 다시 힘을 얻고 있는 실정이다. 교육감님 말씀처럼 세월호 참사 이후 아이들의 미래와 교육을 깊이 고민하면서 오디세이학교가 출발했다면, 혁신을 대하는 사회의 태도가 보수화되고 있는 이 시점에 '혁신의 씨앗을 살려가는 것'이 우리의 큰 역할이자 숙제가 아닐까 싶다.

황윤옥 20여 년 동안 교육실천을 해온 비인가 대안학교들도 최근 신입생이 줄어드는 추세라 안팎으로 변화가 필요한 시점이다. 공교육과 대안교육이 저마다 위기를 느끼는 가운데 서로 신뢰하면서 오디세이학교를 만들어냈다. 교육문제를 잘 풀어가려면 앞으로 민관협력에 더 공을 들여야 한다고 본다. 민과 관이 동료로서 서로를 어떻게 규정하고 역할을 존중하는가가 쉬운 문제는 아니다. 늘 의논하고 변화해가는 것이 필요하다. 민관협력형 오디세이학교는 주체들의 협력을 넘어서 공교육의 제도와 대안교육의 문화, 교육과정의 복합적인 결합에 더 가깝다고 할 수 있다.

정병오 다른 교육청 관계자를 만나보면 대안교육을 고민할 때 '공립형 대안학교를 만들어야 한다'는 결론을 이미 갖고 있는 경우가 많다. 하지만 학교 하나 만드는 데 수백 억의 예산이 들고, 교사들도 준비되어 있지 않다 보니 시행착오가 많다. 각 지역에서 잘하고 있는 대안학교와 협력하면 예산도 덜 들고, 내용도 더 알차게 만들 수 있을 텐데, 그런 의식의 전환이 필요한 것 같다.

임유원 오디세이학교의 취지가 확장되기 위해서는 선발 방식에도 변화가 필요하다고 본다. 학생 모집에서 지금은 일반고, 자공고로 진학하는 학생들만 지원할 수 있는데, 특성화고 진학 학생들에게도 기회를 주는 것이 어떨까 생각한다. 특성화고에서 고1부터 직업교육으로 전공과목을 많이 가르치는 것이 아이들 입장에서는 바람직하지 않을 것이다. 중3 학생들은 고교 진학할 때 주체적인 선택을 내리기 힘들고, 진학 후 일 년 동안 진로에 대해 정말로 많이 방황한다. 고2로 진급하기 전에 특성화고와 일반고

사이에 전학생들이 무척 많고, 오디세이학교를 수료한 후 특성화고로 전학을 결심하는 사례도 있다. 예측하기 힘든 미래사회 직업의 변화에 대해 교육계는 아이들에게 진로 탐색과 변경 선택의 가능성을 더 넓혀줄 필요가 있다. 이제 학교 안팎의 교육과 학습생태계 자체가 지각 변동을 하게 될 가능성에도 대비해야 하는데, 아직까지 교육청에서는 기존의 학교제도의 틀과 경계 내에서만 업무에 몰두하고 있는 듯하다.

김경옥 오디세이의 교육공간도 고민해볼 필요가 있다. 시작할 때는 사실 공간의 중요성을 크게 생각하지 않았다. 학교 밖, 제도 밖에서 대안을 추구해온 사람들은 주어진 조건 속에서 최선을 다하는 데 익숙해 있다. 최소한의 공간을 확보하고서 세상의 모든 곳이 우리의 배움터라는 생각으로, 네트워크 방식으로 해결해왔다. 그런데 그런 상황이 반복되다 보니 아이들의 교육활동이 안정적이지 않고 오디세이의 교육적 상상력을 구현하는 데도 어려움이 있다. 오디세이학교가 다음 단계로 넘어가려면, 교육 실천에 적합한 공간을 갖출 필요가 있다.

조희연 오디세이만의 별도 공간을 만들 수도 있다고 생각한다. 기숙형 오디세이는 초반부터 고민해왔는데, 도시 근교에 적당한 공간을 마련해서 시도해볼 수도 있을 것이다. 특성화고 오디세이학교도 좋은 생각이다. 특성화고 학생을 따로 모아서 교육하기보다는 오디세이학교의 확장 개념으로 생각해볼 수 있다. 특성화고 1학년 과정을 오디세이처럼 운영하는 것도 가능하지 않겠나. 외부에 오디세이 코스를 두는 것도 한번 고민해볼 만하다.

오연호 오디세이 현장이 예술, 스포츠, 인문학 등으로 특화되면 좋겠다. 캠퍼스 확보 등 예산 문제는 서울시와 협력하는 방안을 찾아볼 필요가 있다. 덴마크는 주요 도시마다 지방정부가 운영하는 1년짜리 전환학교인 '10학년 학교'가 있다. 기숙형이 아니고 집에서 통학한다는 점에서 그리고 공립이라는 점에서 오디세이와 비슷한데, 지방정부가 전폭적인 지원을 하기 때문에 안정적으로 잘 운영되고 있다.

황윤옥 오디세이학교의 핵심은 자아의 상실과 세계의 상실을 겪고 있는 청소년들이 세계관을 가질 수 있도록 경로를 마련해주는 것이라고 본다. 자신과 세계를 연결하면서 자신의 세계관을 만들어가는 세계관학교라고 할까.
지금 청소년들에게는 가족이라는 제1의 세계, 학교라는 제2의 세계가 더 이상 진정한 세계가 아니다. 청소년들이 존중할 수 있는 세계가 사라지고, 가족이나 학교로부터 배우고 누려야 할 가치가 습득되지 못하는 상황은 청소년들의 자아의 상실로 이어진다. 청소년들은 어디에서 다시 스스로를 추슬러야 할까. 안전한 신뢰의 공간, 쉼을 할 수 있는 공간, 그래서 오히려 모험이 가능한 공간이 필요하다. 오디세이학교가 그런 제3의 세계가 되기를 바란다.

오연호 전환학교가 아이들뿐 아니라 부모들에게도 매우 필요하다고 본다. 꿈틀리인생학교를 4년째 운영하면서 느낀 것인데, 여기에 자녀를 보낸 부모들이 자기 아이가 그렇게 일 년을 지내는 걸 보며 매우 부러워 한다. 우리 학교의 모토 중 하나가 '인생은 내내 성장기다, 내 안에 또 다른 내가 있다'인데 부모들이 '맞아, 나도 저걸 느낄 시간이 필요해'라고 생각하는 거다.

그래서 꿈틀리인생학교를 만든 '사단법인 꿈틀리'가 올 4월부터 전남 신안에 성인과 가족을 위한 전환학교인 '섬마을인생학교'를 개교해 운영하고 있다. 지금은 2박3일, 3박4일 코스를 주로 하고 있지만 2020년부터는 1개월 코스, 2021년부터는 최장 3개월 코스를 열려고 한다.

우리나라 청소년들이 유치원, 초등학교 때의 밝은 표정을 잃어가는 것은 두려움이 있기 때문이다. 지금의 내 성적, 성격, 외모가 내 인생을 내내 규정할 것만 같은, 인생이 중3, 고3 때 다 결정돼버릴 것만 같은. 우리는 전환학교를 통해 이런 두려움을 없애줘야 한다.

그러려면 학교 혼자 힘으로는 안 되고 가정과 사회가 협력해야 효과가 제대로 난다. 엄마 아빠, 사회의 어른들, 40대든 60대든 인생은 내내 성장기다. 내 안에 또 다른 내가 있다를 믿고 꿈틀거릴 때 아이들도 그걸 본받을 수 있으리라 생각한다.

섬마을인생학교는 기숙형 학교를 민관협력으로 운영한다는 점에서 새로운 시도다. 신안군에서 캠퍼스와 교원 인건비 100%를 지원하고, 프로그램 운영비의 75%를 지원한다. 이를 위해 신안군 의회는 〈인생학교 설립과 지원을 위한 조례〉를 만들었다. 경기도 시흥, 강원도 춘천, 전북 전주, 전남 곡성에서도 지방정부가 나서서 민간과 협력해 인생학교 설립을 검토하고 있는 것으로 안다. 학교와 교육계뿐 아니라 가정과 사회에서, 정부와 정치권에서도 전환학교, 인생학교에 대한 관심이 높아졌으면 한다.

조희연 혁신학교와 오디세이학교가 뭐가 같고 다른가. 혁신학교는 국가 교육과정을 동일하게 적용하면서도 수업, 교사 문화 그리고 민주적 운영체계 이런 것을 바꿔나가는데, 오디세이학교는 문화적 변화는 물론 교육과정까지 창의적으로 유연하게 운영하는 것 아닌가. 이런 맥락에서 혁신학교보다 오디세이학교가 더 미래지향적인 요소를 갖고 있는 듯하다. 2015 교육과정 이후에 교육과정의 유연성이 커지면서 오디세이학교의 미래지향적 요소를 일반화하기 위한 적극적 고민을 해도 좋겠다. 공교육이 배워가야 하는 지점들이 분명히 있다.

혁신학교의 경험은 그 요소가 일반학교용으로 일반화되어 있다. 질문이 있는 교실, 교사 연구모임과 토론이 있는 조직문화 등이 혁신학교에서 나온 것이다. 오디세이학교도 그런 요소를 추출하고 정리하면 좋겠다. 오디세이학교를 적극적으로 탐색해서 일반 정책으로 재구성해내는 것이 오디세이학교의 의미를 더 살리는 계기가 아닐까 싶다.

학교의 역할이 일등주의 교육에서 '한 사람, 한 사람을 위한 교육' 으로 전환해야 한다는 얘기를 이전부터 하고 있는데, 요즘에는 더욱 절박하게 그런 생각이 든다. 이제 우리 사회는 표준화된 인력이 필요한 산업사회가 아니다. 초기 산업화 시대 학교의 역할이 불가피하게 국민교육이라는 이름으로 산업인력을 양성해왔다면, 이제는 조건 자체가 달려졌으므로 교육도 달라져야 한다. 과거와 다른 환경에 있는 아이들이 저마다 잠재력을 키우고 각자의 재능을 살려 성장할 수 있게 도와주는 것이 학교의 역할이라고 본다. 산업화 시대를 거치면서 한국의 교육은 교육 본래의 모습에서 너무 멀리 떨어져 나왔다. 그런 의미에서 오디세이학교가 '학교의 비정상성'을 돌아보는 비교의 준거가 되어주면 좋겠다.

임유원 혁신적인 모델을 추진하는 모든 정책에는 일반화의 과제가 필연적으로 뒤따른다. 그런데 오디세이학교가 공교육에 기여하려면 오히려 오디세이학교의 특별한 성격과 목적에 맞는 교육 활동의 타당성, 전문성을 강화하는 데서 찾아야 한다고 본다. 오디세이학교는 혁신학교와 달리 일반적 조건에서 벗어난 교육과정을 선택적으로 이수하게 하는 학교이기 때문이다.

오늘날 세계적으로 학교교육의 공통된 위기는 많은 학생들이 무기력과 무의욕 상태에 있다는 것이다. 오디세이학교가 일반학교의 교육적 위기에 확실한 비교 준거가 될 수 있으려면, 교육의 본질에 가까우면서 동시에 미래교육의 비전을 구현하는 교육으로 학교와 사회의 공감을 얻을 수 있어야 할 것이다. 따라서 오디세이학교에서 이루어지는 수업 방법이나 활동 사례 같은 측면의 기능적 특이성을 일반학교에 확산시키기보다는, 학생을 삶과 배움의 주체로 바로세우는 교육철학적 바탕 위에 학생중심의 교육과 교사의 교육적 성장을 확고하게 드러내는 것이 일반화의 과제가 될 수 있을 것이라고 생각한다.

또, 최근에 서울시와 자치구청에서 청소년의 성장과 삶을 위한 갭이어gap year 대안학교를 다양하게 모색하고 있는데, 오디세이학교가 학교 안과 밖의 학습활동을 넘나들며 일반학교의 교육과정을 더욱 풍부하고 유연하게 확장시키는 교육생태계의 변화에서 의미 있는 역할을 할 수 있기를 기대한다.

정병오 오디세이학교의 성과를 공교육에 소개하고 접목할 수 있는 분야로, 현재 공교육에 가장 필요한 부분은 '생활교육'일 것이다. 오디세이학교에서는 생활교육을 교과교육 못지않게 중요하게 여긴다. 학교의 모든 교과 수업과 활동을 통해 아이들 개개인에게 어떤 배움이 일어나고 또 그 배움이 아이들의 삶에 어떻게 연결되어야 할지 맥락을 잡아주는 활동으로, 생활교육의 의미를 포괄적으로 이해하고 있다. 교사가 아이들 개개인과 소통할 뿐 아니라 아이들이 서로에 대해 또 모든 배움과 관련된 활동에 대해 피드백을 주고받을 수 있도록 구조화가 잘 되어 있다. 그렇게 함으로써 학생들의 삶 가운데 실제적인 배움과 성장이 훨씬 풍성하게 이루어진다.

공교육 내에도 이런 포괄적인 생활교육의 필요성에 대한 공감대는 넓게 퍼져 있다. 다만 거기에 필요한 인식과 실천의 전환, 학교 생활교육의 변화 모델이 없다. 그러기에 오디세이학교의 생활교육의 원리를 일반학교의 현실에 접목하는 시도를 하면서 학교교육의 혁신을 도울 수 있을 것이다. 오디세이학교의 성과가 공교육의 변화로 확대되는 선순환이 이어진다면 오디세이학교도 교육의 본질에 다가가기 위한 새로운 도전을 더 담대하게 수행할 수 있을 것이다.

오디세이학교 연혁

2014. 11	(가칭)인생학교 TF 구성(대안교육 전문가, 공교육 교사, 교육청 담당자 등)
2015. 02	(가칭)인생학교 기본계획 수립
2015. 03	오디세이학교 이름 확정, 오디세이학교 운영지원센터 개설
	공모를 통해 협력운영기관 3곳 선정(공간민들레, 꿈틀학교, 아름다운학교)
2015. 04	정독도서관 내 오디세이학교 교육 공간 마련
2015. 05	아현산업정보학교 병설로 1학년 2학급 개설 (오디세이학교 학생 위탁을 위한 행정 지원 체제 구축)
2015. 05. 26	1기 학생 40명 입학
2016. 01	1기 학생 34명 수료
2016. 02	종로산업정보학교 별관 2개 층을 오디세이학교 교육 공간으로 추가 마련
	오디세이학교 학생 위탁 지원 기관을 종로산업정보학교로 변경
	협력운영기관 일부 변경(아름다운학교 협약 해지, 하자센터 추가)
2016. 03	2기 학생 82명 입학
2017. 01	2기 학생 74명 수료
2017. 02	서울혁신파크 참여동 3층에 오디세이학교 교육공간 임대 협약 체결
	서울혁신파크 내 공교육 교사로 구성된 운영기관 신설(오디세이혁신파크)
2017. 03	3기 학생 75명 입학
2017. 09. 21	오디세이학교 각종학교 설립 조례안 통과
2017. 01	덴마크 애프터스콜레협회와 서울시교육청 교육 교류 협약 체결
2018. 01	3기 학생 65명 수료
2018. 01.15	서울특별시교육청 민관협력형 고교자유학년제 운영 학교 지원에 관한 규칙(서울특별시교육규칙 제970호) 제정
2018. 03	오디세이학교 각종학교로 개교
	4기 학생 90명 입학
2018. 12	4기 학생 78명 수료
2019. 03	5기 학생 83명 입학

삶의 힘을 키우는 오디세이학교

초판 1쇄 발행 2019년 11월 1일 │ 초판 3쇄 발행 2021년 9월 15일

엮은이 정병오, 김경옥 │ 펴낸이 현병호 │ 편집 장희숙
펴낸곳 도서출판 민들레 │ 출판등록 1998년 8월 28일 제10-1632호
전자우편 mindlebook@google.com │ 페이스북 facebook.com/mindle9898
주소 서울시 성북구 동소문로 47-15 │ 전화 02) 322-1603 │ 홈페이지 mindle.org

ISBN 89-88613-92-4(03370) │ 잘못 만들어진 책은 바꾸어 드립니다.